T&P BOOKS

I0168770

ESTONIANO
VOCABULÁRIO

PALAVRAS MAIS ÚTEIS

PORTUGUÊS
ESTONIANO

Para alargar o seu léxico e apurar
as suas competências linguísticas

9000 palavras

Vocabulário Português-Estoniano - 9000 palavras

Por Andrey Taranov

Os vocabulários da T&P Books destinam-se a ajudar a aprender, a memorizar, e a rever palavras estrangeiras. O dicionário é dividido em temas, cobrindo todas as principais esferas de atividades quotidianas, negócios, ciência, cultura, etc.

O processo de aprendizagem, utilizando os dicionários baseados em temáticas da T&P Books dá-lhe as seguintes vantagens:

- Informação de origem corretamente agrupada predetermina o sucesso em fases subsequentes da memorização de palavras
- Disponibilização de palavras derivadas da mesma raiz, o que permite a memorização de unidades de texto (em vez de palavras separadas)
- Pequenas unidades de palavras facilitam o processo de estabelecimento de vínculos associativos necessários para a consolidação do vocabulário
- O nível de conhecimento da língua pode ser estimado pelo número de palavras aprendidas

Copyright © 2019 T&P Books Publishing

Todos os direitos reservados. Nenhuma parte desta publicação pode ser reproduzida, total ou parcialmente, por quaisquer métodos ou processos, sejam eles eletrónicos, mecânicos, de fotocópia ou outros, sem a autorização escrita do editor. Esta publicação não pode ser divulgada, copiada ou distribuída em nenhum formato.

T&P Books Publishing
www.tpbooks.com

ISBN: 978-1-78400-872-7

Este livro também está disponível em formato E-book.
Por favor visite www.tpbooks.com ou as principais livrarias on-line.

VOCABULÁRIO ESTONIANO
palavras mais úteis

Os vocabulários da T&P Books destinam-se a ajudar a aprender, a memorizar, e a rever palavras estrangeiras. O vocabulário contém mais de 9000 palavras de uso comum organizadas tematicamente.

O vocabulário contém as palavras mais comummente usadas

Recomendado como adicional para qualquer curso de línguas

Satisfaz as necessidades dos iniciados e dos alunos avançados de línguas estrangeiras

Conveniente para o uso diário, sessões de revisão e atividades de auto-teste

Permite avaliar o seu vocabulário

Características especias do vocabulário

- As palavras estão organizadas de acordo com o seu significado, e não por ordem alfabética
- As palavras são apresentadas em três colunas para facilitar os processos de revisão e auto-teste
- As palavras compostas são divididas em pequenos blocos para facilitar o processo de aprendizagem
- O vocabulário oferece uma transcrição simples e adequada de cada palavra estrangeira

O vocabulário contém 256 tópicos incluindo:

Conceitos básicos, Números, Cores, Meses, Estações do ano, Unidades de medida, Roupas & Acessórios, Alimentos & Nutrição, Restaurante, Membros da Família, Parentes, Caráter, Sentimentos, Emoções, Doenças, Cidade, Passeios, Compras, Dinheiro, Casa, Lar, Escritório, Trabalho no Escritório, Importação & Exportação, Marketing, Pesquisa de Emprego, Desportos, Educação, Computador, Internet, Ferramentas, Natureza, Países, Nacionalidades e muito mais ...

TABELA DE CONTEÚDOS

GUIA DE PRONUNCIAÇÃO

Letra	Exemplo Estoniano	Alfabeto fonético T&P	Exemplo Português

Vogais

Letra	Exemplo Estoniano	Alfabeto fonético T&P	Exemplo Português
a	vana	[ɑ]	chamar
aa	poutaa	[ɑ:]	rapaz
e	ema	[e]	metal
ee	Ameerika	[e:]	plateia
i	ilus	[i]	sinónimo
ii	viia	[i:]	cair
o	orav	[o]	lobo
oo	antiloop	[o:]	albatroz
u	surma	[u]	bonita
uu	arbuus	[u:]	blusa
õ	võõras	[ɔu]	chow-chow
ä	pärn	[æ]	semana
ö	köha	[ø]	orgulhoso
ü	üks	[y]	questionar

Consoantes

Letra	Exemplo Estoniano	Alfabeto fonético T&P	Exemplo Português
b	tablett	[b]	barril
d	delfiin	[d]	dentista
f	faasan	[f]	safári
g	flamingo	[g]	gosto
h	haamer	[h]	[h] aspirada
j	harjumus	[j]	géiser
k	helikopter	[k]	kiwi
l	ingel	[l]	libra
m	magnet	[m]	magnólia
n	nöör	[n]	natureza
p	poolsaar	[p]	presente
r	ripse	[r]	riscar
s	sõprus	[s]	sanita
š	šotlane	[ʃ]	mês
t	tantsima	[t]	tulipa
v	pilves	[ʋ]	fava
z	zookauplus	[z]	sésamo
ž [1]	žonglöör	[ʒ]	voz

Comentários

[1] apenas em estrangeirismos

ABREVIATURAS
usadas no vocabulário

Abreviaturas do Português

adj	-	adjetivo
adv	-	advérbio
anim.	-	animado
conj.	-	conjunção
desp.	-	desporto
etc.	-	etecetra
ex.	-	por exemplo
f	-	nome feminino
f pl	-	feminino plural
fem.	-	feminino
inanim.	-	inanimado
m	-	nome masculino
m pl	-	masculino plural
m, f	-	masculino, feminino
masc.	-	masculino
mat.	-	matemática
mil.	-	militar
pl	-	plural
prep.	-	preposição
pron.	-	pronome
sb.	-	sobre
sing.	-	singular
v aux	-	verbo auxiliar
vi	-	verbo intransitivo
vi, vt	-	verbo intransitivo, transitivo
vr	-	verbo reflexivo
vt	-	verbo transitivo

CONCEITOS BÁSICOS

Conceitos básicos. Parte 1

1. Pronomes

eu	mina	[mina]
tu	sina	[sina]
ele	tema	[tema]
ela	tema	[tema]
ele, ela (neutro)	see	[se:]
nós	meie	[meje]
vocês	teie	[teje]
eles, elas	nemad	[nemat]

2. Cumprimentos. Saudações. Despedidas

Olá!	Tere!	[tere!]
Bom dia! (formal)	Tere!	[tere!]
Bom dia! (de manhã)	Tere hommikust!	[tere hommikusʲt!]
Boa tarde!	Tere päevast!	[tere pææʋasʲt!]
Boa noite!	Tere õhtust!	[tere ɜhtusʲt!]
cumprimentar (vt)	teretama	[teretama]
Olá!	Tervist!	[terʋisʲt!]
saudação (f)	tervitus	[terʋitus]
saudar (vt)	tervitama	[terʋitama]
Como vai?	Kuidas läheb?	[kuidas lʲæheb?]
O que há de novo?	Mis uudist?	[mis u:disʲt?]
Até à vista!	Nägemist!	[nægemisʲt!]
Até breve!	Kohtumiseni!	[kohtumiseni!]
Adeus!	Hüvasti!	[hʉʋasʲti!]
despedir-se (vr)	hüvasti jätma	[hʉʋasʲti jætma]
Até logo!	Hüva!	[hʉʋa!]
Obrigado! -a!	Aitäh!	[aitæh!]
Muito obrigado! -a!	Suur tänu!	[su:r tænu!]
De nada	Palun.	[palun]
Não tem de quê	Pole tänu väärt.	[pole tænu ʋæ:rt]
De nada	Pole tänu väärt.	[pole tænu ʋæ:rt]
Desculpa!	Vabanda!	[ʋabanda!]
Desculpe!	Vabandage!	[ʋabandage!]
desculpar (vt)	vabandama	[ʋabandama]

desculpar-se (vr)	vabandama	[ʋabandama]
As minhas desculpas	Minu kaastunne	[minu ka:sᴵtunne]
Desculpe!	Andke andeks!	[andke andeks!]
perdoar (vt)	andeks andma	[andeks andma]
Não faz mal	Pole hullu!	[pole hulᴵu]
por favor	palun	[palun]

Não se esqueça!	Pidage meeles!	[pidage me:les!]
Certamente! Claro!	Muidugi!	[mujdugi!]
Claro que não!	Muidugi mitte!	[mujdugi mitte!]
Está bem! De acordo!	Ma olen nõus!	[ma olen nɔus!]
Basta!	Aitab küll!	[aitab kʉlᴵ!]

3. Como se dirigir a alguém

Desculpe (para chamar a atenção)	Vabandage, ...	[ʋabandage, ...]
senhor	Härra	[hærra]
senhora	Proua	[proua]
rapariga	Preili	[prejli]
rapaz	Noormees	[no:rme:s]
menino	Poiss	[pojss]
menina	Tüdruk	[tʉdruk]

4. Números cardinais. Parte 1

zero	null	[nulᴵ]
um	üks	[ʉks]
dois	kaks	[kaks]
três	kolm	[kolᴵm]
quatro	neli	[neli]
cinco	viis	[ʋi:s]
seis	kuus	[ku:s]
sete	seitse	[sejtse]
oito	kaheksa	[kaheksa]
nove	üheksa	[ʉheksa]
dez	kümme	[kʉmme]
onze	üksteist	[ʉksᴵtejsᴵt]
doze	kaksteist	[kaksᴵtejsᴵt]
treze	kolmteist	[kolᴵmtejsᴵt]
catorze	neliteist	[nelitejsᴵt]
quinze	viisteist	[ʋi:sᴵtejsᴵt]
dezasseis	kuusteist	[ku:sᴵtejsᴵt]
dezassete	seitseteist	[sejtsetejsᴵt]
dezoito	kaheksateist	[kaheksatejsᴵt]
dezanove	üheksateist	[ʉheksatejsᴵt]
vinte	kakskümmend	[kakskʉmment]
vinte e um	kakskümmend üks	[kakskʉmment ʉks]

15

| vinte e dois | kakskümmend kaks | [kakskumment kaks] |
| vinte e três | kakskümmend kolm | [kakskumment kolʲm] |

trinta	kolmkümmend	[kolʲmkumment]
trinta e um	kolmkümmend üks	[kolʲmkumment uks]
trinta e dois	kolmkümmend kaks	[kolʲmkumment kaks]
trinta e três	kolmkümmend kolm	[kolʲmkumment kolʲm]

quarenta	nelikümmend	[nelikumment]
quarenta e um	nelikümmend üks	[nelikumment uks]
quarenta e dois	nelikümmend kaks	[nelikumment kaks]
quarenta e três	nelikümmend kolm	[nelikumment kolʲm]

cinquenta	viiskümmend	[ʋi:skumment]
cinquenta e um	viiskümmend üks	[ʋi:skumment uks]
cinquenta e dois	viiskümmend kaks	[ʋi:skumment kaks]
cinquenta e três	viiskümmend kolm	[ʋi:skumment kolʲm]

sessenta	kuuskümmend	[ku:skumment]
sessenta e um	kuuskümmend üks	[ku:skumment uks]
sessenta e dois	kuuskümmend kaks	[ku:skumment kaks]
sessenta e três	kuuskümmend kolm	[ku:skumment kolʲm]

setenta	seitsekümmend	[sejtsekumment]
setenta e um	seitsekümmend üks	[sejtsekumment uks]
setenta e dois	seitsekümmend kaks	[sejtsekumment kaks]
setenta e três	seitsekümmend kolm	[sejtsekumment kolʲm]

oitenta	kaheksakümmend	[kaheksakumment]
oitenta e um	kaheksakümmend üks	[kaheksakumment uks]
oitenta e dois	kaheksakümmend kaks	[kaheksakumment kaks]
oitenta e três	kaheksakümmend kolm	[kaheksakumment kolʲm]

noventa	üheksakümmend	[uheksakumment]
noventa e um	üheksakümmend üks	[uheksakumment uks]
noventa e dois	üheksakümmend kaks	[uheksakumment kaks]
noventa e três	üheksakümmend kolm	[uheksakumment kolʲm]

5. Números cardinais. Parte 2

cem	sada	[sada]
duzentos	kakssada	[kakssada]
trezentos	kolmsada	[kolʲmsada]
quatrocentos	nelisada	[nelisada]
quinhentos	viissada	[ʋi:ssada]

seiscentos	kuussada	[ku:ssada]
setecentos	seitsesada	[sejtsesada]
oitocentos	kaheksasada	[kaheksasada]
novecentos	üheksasada	[uheksasada]

mil	tuhat	[tuhat]
dois mil	kaks tuhat	[kaks tuhat]
De quem são ...?	kolm tuhat	[kolʲm tuhat]

dez mil	kümme tuhat	[kʉmme tuhat]
cem mil	sada tuhat	[sada tuhat]
um milhão	miljon	[miljon]
mil milhões	miljard	[miljart]

6. Números ordinais

primeiro	esimene	[esimene]
segundo	teine	[tejne]
terceiro	kolmas	[kolʲmas]
quarto	neljas	[neljas]
quinto	viies	[ʋiːes]

sexto	kuues	[kuːes]
sétimo	seitsmes	[sejtsmes]
oitavo	kaheksas	[kaheksas]
nono	üheksas	[ʉheksas]
décimo	kümnes	[kʉmnes]

7. Números. Frações

fração (f)	murd	[murt]
um meio	pool	[poːlʲ]
um terço	kolmandik	[kolʲmandik]
um quarto	neljandik	[neljandik]

um oitavo	kaheksandik	[kaheksandik]
um décimo	kümnendik	[kʉmnendik]
dois terços	kaks kolmandikku	[kaks kolʲmandikku]
três quartos	kolm neljandikku	[kolʲm neljandikku]

8. Números. Operações básicas

subtração (f)	lahutamine	[lahutamine]
subtrair (vi, vt)	lahutama	[lahutama]
divisão (f)	jagamine	[jagamine]
dividir (vt)	jagama	[jagama]

adição (f)	liitmine	[liːtmine]
somar (vt)	liitma	[liːtma]
adicionar (vt)	lisama	[lisama]
multiplicação (f)	korrutamine	[korrutamine]
multiplicar (vt)	korrutama	[korrutama]

9. Números. Diversos

| algarismo, dígito (m) | number | [number] |
| número (m) | arv | [arʋ] |

numeral (m)	arvsõna	[arʋsɜna]
menos (m)	miinus	[mi:nus]
mais (m)	pluss	[pluss]
fórmula (f)	valem	[ʋalem]

cálculo (m)	arvutamine	[arʋutamine]
contar (vt)	lugema	[lugema]
calcular (vt)	arvestama	[arʋesʲtama]
comparar (vt)	võrdlema	[ʋɜrtlema]

| Quanto? | Kui palju? | [kui palju?] |
| Quantos? -as? | Mitu? | [mitu?] |

soma (f)	summa	[summa]
resultado (m)	tulemus	[tulemus]
resto (m)	jääk	[jæ:k]

alguns, algumas ...	mõni	[mɜni]
um pouco de ...	natuke	[natuke]
resto (m)	ülejäänud	[ʉlejæ:nut]
um e meio	poolteist	[po:lʲtejsʲt]
dúzia (f)	tosin	[tosin]

ao meio	pooleks	[po:leks]
em partes iguais	võrdselt	[ʋɜrdselʲt]
metade (f)	pool	[po:lʲ]
vez (f)	üks kord	[ʉks kort]

10. Os verbos mais importantes. Parte 1

abrir (vt)	lahti tegema	[lahti tegema]
acabar, terminar (vt)	lõpetama	[lɜpetama]
aconselhar (vt)	soovitama	[so:ʋitama]
adivinhar (vt)	ära arvama	[æra arʋama]
advertir (vt)	hoiatama	[hojatama]

ajudar (vt)	aitama	[aitama]
almoçar (vi)	lõunat sööma	[lɜunat sø:ma]
alugar (~ um apartamento)	üürima	[ʉ:rima]
amar (vt)	armastama	[armasʲtama]
ameaçar (vt)	ähvardama	[æhʋardama]

anotar (escrever)	üles kirjutama	[ʉles kirjutama]
apanhar (vt)	püüdma	[pʉ:dma]
apressar-se (vr)	kiirustama	[ki:rusʲtama]
arrepender-se (vr)	kahetsema	[kahetsema]
assinar (vt)	allkirjastama	[alʲkirjasʲtama]

atirar, disparar (vi)	tulistama	[tulisʲtama]
brincar (vi)	nalja tegema	[nalja tegema]
brincar, jogar (crianças)	mängima	[mæŋgima]
buscar (vt)	otsima ...	[otsima ...]
caçar (vi)	jahil käima	[jahilʲ kæjma]
cair (vi)	kukkuma	[kukkuma]

cavar (vt)	kaevama	[kaeʋama]
cessar (vt)	katkestama	[katkesᶴtama]
chamar (~ por socorro)	kutsuma	[kutsuma]
chegar (vi)	saabuma	[sa:buma]
chorar (vi)	nutma	[nutma]

comparar (vt)	võrdlema	[ʋɜrtlema]
compreender (vt)	aru saama	[aru sa:ma]
concordar (vi)	nõustuma	[nɜusᶴtuma]
confiar (vt)	usaldama	[usalᶦdama]

confundir (equivocar-se)	segi ajama	[segi ajama]
conhecer (vt)	tundma	[tundma]
contar (fazer contas)	lugema	[lugema]
contar com (esperar)	lootma ...	[lo:tma ...]
continuar (vt)	jätkama	[jætkama]

controlar (vt)	kontrollima	[kontrolᶦima]
convidar (vt)	kutsuma	[kutsuma]
correr (vi)	jooksma	[jo:ksma]
criar (vt)	looma	[lo:ma]
custar (vt)	maksma	[maksma]

11. Os verbos mais importantes. Parte 2

dar (vt)	andma	[andma]
dar uma dica	vihjama	[ʋihjama]
decorar (enfeitar)	ehtima	[ehtima]
defender (vt)	kaitsma	[kaitsma]
deixar cair (vt)	pillama	[pilᶦæma]

descer (para baixo)	laskuma	[laskuma]
desculpar (vt)	vabandama	[ʋabandama]
desculpar-se (vr)	vabandama	[ʋabandama]
dirigir (~ uma empresa)	juhtima	[juhtima]
discutir (notícias, etc.)	arutama	[arutama]
dizer (vt)	ütlema	[ɥtlema]

duvidar (vt)	kahtlema	[kahtlema]
encontrar (achar)	leidma	[lejdma]
enganar (vt)	petma	[petma]
entrar (na sala, etc.)	sisse tulema	[sisse tulema]
enviar (uma carta)	saatma	[sa:tma]

errar (equivocar-se)	eksima	[eksima]
escolher (vt)	valima	[ʋalima]
esconder (vt)	peitma	[pejtma]
escrever (vt)	kirjutama	[kirjutama]
esperar (o autocarro, etc.)	ootama	[o:tama]
esperar (ter esperança)	lootma	[lo:tma]
esquecer (vt)	unustama	[unusᶴtama]
estudar (vt)	uurima	[u:rima]
exigir (vt)	nõudma	[nɜudma]
existir (vi)	olemas olema	[olemas olema]

explicar (vt)	seletama	[seletama]
falar (vi)	rääkima	[ræ:kima]
faltar (clases, etc.)	puuduma	[pu:duma]
fazer (vt)	tegema	[tegema]
ficar em silêncio	vaikima	[ʋaikima]
gabar-se, jactar-se (vr)	kiitlema	[ki:tlema]

gostar (apreciar)	meeldima	[me:lʲdima]
gritar (vi)	karjuma	[karjuma]
guardar (cartas, etc.)	säilitama	[sæjlitama]
informar (vt)	teavitama	[teaʋitama]
insistir (vi)	nõudma	[nɜudma]

insultar (vt)	solvama	[solʲuama]
interessar-se (vr)	huvi tundma	[huʋi tundma]
ir (a pé)	minema	[minema]
ir nadar	suplema	[suplema]
jantar (vi)	õhtust sööma	[ɜhtusʲt sø:ma]

12. Os verbos mais importantes. Parte 3

ler (vt)	lugema	[lugema]
libertar (cidade, etc.)	vabastama	[ʋabasʲtama]
matar (vt)	tapma	[tapma]
mencionar (vt)	meelde tuletama	[me:lʲde tuletama]
mostrar (vt)	näitama	[næjtama]

mudar (modificar)	muutma	[mu:tma]
nadar (vi)	ujuma	[ujuma]
negar-se a ...	keelduma	[ke:lʲduma]
objetar (vt)	vastu vaidlema	[ʋasʲtu ʋaitlema]

observar (vt)	jälgima	[jælʲgima]
ordenar (mil.)	käskima	[kæskima]
ouvir (vt)	kuulma	[ku:lʲma]
pagar (vt)	maksma	[maksma]
parar (vi)	peatuma	[peatuma]

participar (vi)	osa võtma	[osa ʋɜtma]
pedir (comida)	tellima	[telʲima]
pedir (um favor, etc.)	paluma	[paluma]
pegar (tomar)	võtma	[ʋɜtma]
pensar (vt)	mõtlema	[mɜtlema]

perceber (ver)	märkama	[mærkama]
perdoar (vt)	andeks andma	[andeks andma]
perguntar (vt)	küsima	[kʉsima]
permitir (vt)	lubama	[lubama]
pertencer a ...	kuuluma	[ku:luma]

planear (vt)	planeerima	[plane:rima]
poder (vi)	võima	[ʋɜima]
possuir (vt)	valdama	[ʋalʲdama]
preferir (vt)	eelistama	[e:lisʲtama]

preparar (vt)	süüa tegema	[suː:a tegema]
prever (vt)	ette nägema	[ette nægema]
prometer (vt)	lubama	[lubama]
pronunciar (vt)	hääldama	[hæːlʲdama]
propor (vt)	pakkuma	[pakkuma]
punir (castigar)	karistama	[karisʲtama]

13. Os verbos mais importantes. Parte 4

quebrar (vt)	murdma	[murdma]
queixar-se (vr)	kaebama	[kaebama]
querer (desejar)	tahtma	[tahtma]
recomendar (vt)	soovitama	[soːʊitama]
repetir (dizer outra vez)	kordama	[kordama]

repreender (vt)	sõimama	[sɜimama]
reservar (~ um quarto)	reserveerima	[reserʊeːrima]
responder (vt)	vastama	[ʊasʲtama]
rezar, orar (vi)	palvetama	[palʲʊetama]
rir (vi)	naerma	[naerma]

roubar (vt)	varastama	[ʊarasʲtama]
saber (vt)	teadma	[teadma]
sair (~ de casa)	välja tulema	[ʊæɛlja tulema]
salvar (vt)	päästma	[pæːsʲtma]
seguir ...	järgnema ...	[jærgnema ...]

sentar-se (vr)	istuma	[isʲtuma]
ser necessário	tarvis olema	[tarʊis olema]
ser, estar	olema	[olema]
significar (vt)	tähendama	[tæhendama]

sorrir (vi)	naeratama	[naeratama]
subestimar (vt)	alahindama	[alahindama]
surpreender-se (vr)	imestama	[imesʲtama]
tentar (vt)	proovima	[proːʊima]

| ter (vt) | omama | [omama] |
| ter fome | süüa tahtma | [suː:a tahtma] |

| ter medo | kartma | [kartma] |
| ter sede | juua tahtma | [juː:a tahtma] |

tocar (com as mãos)	puudutama	[puːdutama]
tomar o pequeno-almoço	hommikust sööma	[hommikusʲt søː:ma]
trabalhar (vi)	töötama	[tøː:tama]

| traduzir (vt) | tõlkima | [tɜlʲkima] |
| unir (vt) | ühendama | [ʉhendama] |

vender (vt)	müüma	[muː:ma]
ver (vt)	nägema	[nægema]
virar (ex. ~ à direita)	pöörama	[pøː:rama]
voar (vi)	lendama	[lendama]

14. Cores

cor (f)	värv	[ʋæɾʋ]
matiz (m)	varjund	[ʋarjunt]
tom (m)	toon	[toːn]
arco-íris (m)	vikerkaar	[ʋikerkaːr]

branco	valge	[ʋalʲge]
preto	must	[musʲt]
cinzento	hall	[halʲ]

verde	roheline	[roheline]
amarelo	kollane	[kolʲæne]
vermelho	punane	[punane]

azul	sinine	[sinine]
azul claro	helesinine	[helesinine]
rosa	roosa	[roːsa]
laranja	oranž	[oranʒ]
violeta	violetne	[ʋioletne]
castanho	pruun	[pruːn]

dourado	kuldne	[kulʲdne]
prateado	hõbedane	[hɔbedane]

bege	beež	[beːʒ]
creme	kreemjas	[kreːmjas]
turquesa	türkiissinine	[tɤrkiːssinine]
vermelho cereja	kirsipunane	[kirsipunane]
lilás	lilla	[lilʲæ]
carmesim	vaarikpunane	[ʋaːrikpunane]

claro	hele	[hele]
escuro	tume	[tume]
vivo	erk	[erk]

de cor	värvipliiats	[ʋæɾʋipliːats]
a cores	värvi-	[ʋæɾʋi-]
preto e branco	must-valge	[musʲt-ʋalʲge]
unicolor	ühevärviline	[ɤheʋæɾʋiline]
multicor	mitmevärviline	[mitmeʋæɾʋiline]

15. Questões

Quem?	Kes?	[kes?]
Que?	Mis?	[mis?]
Onde?	Kus?	[kus?]
Para onde?	Kuhu?	[kuhu?]
De onde?	Kust?	[kusʲt?]
Quando?	Millal?	[milʲæl?]
Para quê?	Milleks?	[milʲeks?]
Porquê?	Miks?	[miks?]
Para quê?	Mille jaoks?	[milʲe jaoks?]

Como?	Kuidas?	[kuidas?]
Qual?	Missugune?	[missugune?]
Qual? (entre dois ou mais)	Mis?	[mis?]

A quem?	Kellele?	[kelʲele?]
Sobre quem?	Kellest?	[kelʲesʲt?]
Do quê?	Millest?	[milʲesʲt?]
Com quem?	Kellega?	[kelʲega?]

Quantos? -as?	Mitu?	[mitu?]
Quanto?	Kui palju?	[kui palju?]
De quem?	Kelle?	[kelʲe?]

16. Preposições

com (prep.)	koos	[ko:s]
sem (prep.)	ilma	[ilʲma]
a, para (exprime lugar)	sisse	[sisse]
sobre (ex. falar ~)	kohta	[kohta]
antes de ...	enne	[enne]
diante de ...	ees	[e:s]

sob (debaixo de)	all	[alʲ]
sobre (em cima de)	kohal	[kohalʲ]
sobre (~ a mesa)	peal	[pealʲ]
de (vir ~ Lisboa)	seest	[se:sʲt]
de (feito ~ pedra)	millest tehtud	[milʲesʲt tehtut]

| dentro de (~ dez minutos) | pärast | [pærasʲt] |
| por cima de ... | läbi | [lʲæbi] |

17. Palavras funcionais. Advérbios. Parte 1

Onde?	Kus?	[kus?]
aqui	siin	[si:n]
lá, ali	seal	[sealʲ]

| em algum lugar | kuskil | [kuskilʲ] |
| em lugar nenhum | mitte kuskil | [mitte kuskilʲ] |

| ao pé de ... | juures | [ju:res] |
| ao pé da janela | akna juures | [akna ju:res] |

Para onde?	Kuhu?	[kuhu?]
para cá	siia	[si:a]
para lá	sinna	[sinna]
daqui	siit	[si:t]
de lá, dali	sealt	[sealʲt]

perto	lähedal	[lʲæhedalʲ]
longe	kaugel	[kaugelʲ]
perto de ...	kõrval	[kɜrualʲ]

ao lado de	**lähedal**	[lʲæhedalʲ]
perto, não fica longe	**lähedale**	[lʲæhedale]
esquerdo	**vasak**	[ʋasak]
à esquerda	**vasakul**	[ʋasakulʲ]
para esquerda	**vasakule**	[ʋasakule]
direito	**parem**	[parem]
à direita	**paremal**	[paremalʲ]
para direita	**paremale**	[paremale]
à frente	**eest**	[e:sʲt]
da frente	**eesmine**	[e:smine]
em frente (para a frente)	**edasi**	[edasi]
atrás de ...	**taga**	[taga]
por detrás (vir ~)	**tagant**	[tagant]
para trás	**tagasi**	[tagasi]
meio (m), metade (f)	**keskkoht**	[keskkoht]
no meio	**keskel**	[keskelʲ]
de lado	**kõrvalt**	[kɜrʋalʲt]
em todo lugar	**igal pool**	[igalʲ po:lʲ]
ao redor (olhar ~)	**ümberringi**	[ʉmberringi]
de dentro	**seest**	[se:sʲt]
para algum lugar	**kuhugi**	[kuhugi]
diretamente	**otse**	[otse]
de volta	**tagasi**	[tagasi]
de algum lugar	**kuskilt**	[kuskilʲt]
de um lugar	**kuskilt**	[kuskilʲt]
em primeiro lugar	**esiteks**	[esiteks]
em segundo lugar	**teiseks**	[tejseks]
em terceiro lugar	**kolmandaks**	[kolʲmandaks]
de repente	**äkki**	[ækki]
no início	**alguses**	[alʲguses]
pela primeira vez	**esimest korda**	[esimesʲt korda]
muito antes de ...	**enne ...**	[enne ...]
de novo, novamente	**uuesti**	[u:esʲti]
para sempre	**päriseks**	[pæriseks]
nunca	**mitte kunagi**	[mitte kunagi]
de novo	**jälle**	[jælʲe]
agora	**nüüd**	[nʉ:t]
frequentemente	**sageli**	[sageli]
então	**siis**	[si:s]
urgentemente	**kiiresti**	[ki:resʲti]
usualmente	**tavaliselt**	[taʋaliselʲt]
a propósito, ...	**muuseas, ...**	[mu:seas, ...]
é possível	**võimalik**	[ʋɜimalik]
provavelmente	**tõenäoliselt**	[tɜenæoliselʲt]

talvez	võib olla	[uɜib olʲæ]
além disso, ...	peale selle ...	[peale selʲe ...]
por isso ...	sellepärast	[selʲepærasʲt]
apesar de ...	... vaatamata	[... ʋa:tamata]
graças a ...	tänu ...	[tænu ...]

que (pron.)	mis	[mis]
que (conj.)	et	[et]
algo	miski	[miski]
alguma coisa	miski	[miski]
nada	mitte midagi	[mitte midagi]

quem	kes	[kes]
alguém (~ teve uma ideia ...)	keegi	[ke:gi]
alguém	keegi	[ke:gi]

ninguém	mitte keegi	[mitte ke:gi]
para lugar nenhum	mitte kuhugi	[mitte kuhugi]
de ninguém	ei kellegi oma	[ej kelʲegi oma]
de alguém	kellegi oma	[kelʲegi oma]

tão	nii	[ni:]
também (gostaria ~ de ...)	samuti	[samuti]
também (~ eu)	ka	[ka]

18. Palavras funcionais. Advérbios. Parte 2

Porquê?	Miks?	[miks?]
por alguma razão	millegi pärast	[milʲegi pærasʲt]
porque ...	sest ...	[sesʲt ...]
por qualquer razão	millekski	[milʲekski]

e (tu ~ eu)	ja	[ja]
ou (ser ~ não ser)	või	[uɜi]
mas (porém)	kuid	[kuit]
para (~ a minha mãe)	jaoks	[jaoks]

demasiado, muito	liiga	[li:ga]
só, somente	ainult	[ainulʲt]
exatamente	täpselt	[tæpselʲt]
cerca de (~ 10 kg)	umbes	[umbes]

aproximadamente	ligikaudu	[ligikaudu]
aproximado	ligikaudne	[ligikaudne]
quase	peaaegu	[pea:egu]
resto (m)	ülejäänud	[ʉlejæ:nut]

o outro (segundo)	teine	[tejne]
outro	teiste	[tejsʲte]
cada	iga	[iga]
qualquer	mis tahes	[mis tahes]
muito	palju	[palju]
muitas pessoas	paljud	[paljut]
todos	kõik	[kɜik]

em troca de ...	... vastu	[... ʋasʲtu]
em troca	asemele	[asemele]
à mão	käsitsi	[kæsitsi]
pouco provável	vaevalt	[ʋaeʋalʲt]

provavelmente	vist	[ʋisʲt]
de propósito	meelega	[meːlega]
por acidente	juhuslikult	[juhuslikulʲt]

muito	väga	[ʋæga]
por exemplo	näiteks	[næjteks]
entre	vahel	[ʋahelʲ]
entre (no meio de)	keskel	[keskelʲ]
tanto	niipalju	[niːpalju]
especialmente	eriti	[eriti]

Conceitos básicos. Parte 2

19. Opostos

rico	**rikas**	[rikas]
pobre	**vaene**	[ʋaene]
doente	**haige**	[haige]
são	**terve**	[terʋe]
grande	**suur**	[suːr]
pequeno	**väike**	[ʋæjke]
rapidamente	**kiiresti**	[kiːresʲti]
lentamente	**aeglaselt**	[aeglaselʲt]
rápido	**kiire**	[kiːre]
lento	**aeglane**	[aeglane]
alegre	**lõbus**	[lɜbus]
triste	**kurb**	[kurb]
juntos	**koos**	[koːs]
separadamente	**eraldi**	[eralʲdi]
em voz alta (ler ~)	**valjusti**	[ʋaljusʲti]
para si (em silêncio)	**omaette**	[omaette]
alto	**kõrge**	[kɜrge]
baixo	**madal**	[madalʲ]
profundo	**sügav**	[sʉgaʊ]
pouco fundo	**madal**	[madalʲ]
sim	**jaa**	[jaː]
não	**ei**	[ej]
distante (no espaço)	**kauge**	[kauge]
próximo	**lähedane**	[lʲæhedane]
longe	**kaugel**	[kaugelʲ]
perto	**lähedal**	[lʲæhedalʲ]
longo	**pikk**	[pikk]
curto	**lühike**	[lʉhike]
bom, bondoso	**hea**	[hea]
mau	**kuri**	[kuri]
casado	**abielus**	[abielus]

solteiro	vallaline	[ual'æline]

proibir (vt)	keelama	[ke:lama]
permitir (vt)	lubama	[lubama]

fim (m)	lõpp	[lɜpp]
começo (m)	algus	[al'gus]

esquerdo	vasak	[uasak]
direito	parem	[parem]

primeiro	esimene	[esimene]
último	viimane	[ui:mane]

crime (m)	kuritegu	[kuritegu]
castigo (m)	karistus	[karis'tus]

ordenar (vt)	käskima	[kæskima]
obedecer (vt)	alluma	[al'uma]

reto	sirge	[sirge]
curvo	kõver	[kɜuer]

paraíso (m)	paradiis	[paradi:s]
inferno (m)	põrgu	[pɜrgu]

nascer (vi)	sündima	[sʉndima]
morrer (vi)	surema	[surema]

forte	tugev	[tugeu]
fraco, débil	nõrk	[nɜrk]

idoso	vana	[uana]
jovem	noor	[no:r]

velho	vana	[uana]
novo	uus	[u:s]

duro	kõva	[kɜua]
mole	pehme	[pehme]

tépido	soe	[soe]
frio	külm	[kʉl'm]

gordo	paks	[paks]
magro	kõhn	[kɜhn]

estreito	kitsas	[kitsas]
largo	lai	[lai]

bom	hea	[hea]
mau	halb	[hal'b]

valente	vapper	[uapper]
cobarde	arg	[arg]

20. Dias da semana

segunda-feira (f)	esmaspäev	[esmaspæəu]
terça-feira (f)	teisipäev	[tejsipæəu]
quarta-feira (f)	kolmapäev	[kolʲmapæəu]
quinta-feira (f)	neljapäev	[neljapæəu]
sexta-feira (f)	reede	[re:de]
sábado (m)	laupäev	[laupæəu]
domingo (m)	pühapäev	[pʉhapæəu]

hoje	täna	[tæna]
amanhã	homme	[homme]
depois de amanhã	ülehomme	[ʉlehomme]
ontem	eile	[ejle]
anteontem	üleeile	[ʉle:jle]

dia (m)	päev	[pæəu]
dia (m) de trabalho	tööpäev	[tø:pæəu]
feriado (m)	pidupäev	[pidupæəu]
dia (m) de folga	puhkepäev	[puhkepæəu]
fim (m) de semana	nädalavahetus	[nædalauahetus]

o dia todo	terve päev	[terue pæəu]
no dia seguinte	järgmiseks päevaks	[jærgmiseks pæəuaks]
há dois dias	kaks päeva tagasi	[kaks pæəua tagasi]
na véspera	eile õhtul	[ejle ɜhtulʲ]
diário	igapäevane	[igapæəuane]
todos os dias	iga päev	[iga pæəu]

semana (f)	nädal	[nædalʲ]
na semana passada	möödunud nädalal	[mø:dunut nædalalʲ]
na próxima semana	järgmisel nädalal	[jærgmiselʲ nædalalʲ]
semanal	iganädalane	[iganædalane]
cada semana	igal nädalal	[igalʲ nædalalʲ]
duas vezes por semana	kaks korda nädalas	[kaks korda nædalas]
cada terça-feira	igal teisipäeval	[igalʲ tejsipæəualʲ]

21. Horas. Dia e noite

manhã (f)	hommik	[hommik]
de manhã	hommikul	[hommikulʲ]
meio-dia (m)	keskpäev	[keskpæəu]
à tarde	pärast lõunat	[pærasʲt lɜunat]

noite (f)	õhtu	[ɜhtu]
à noite (noitinha)	õhtul	[ɜhtulʲ]
noite (f)	öö	[ø:]
à noite	öösel	[ø:selʲ]
meia-noite (f)	kesköö	[keskø:]

segundo (m)	sekund	[sekunt]
minuto (m)	minut	[minut]
hora (f)	tund	[tunt]

meia hora (f)	pool tundi	[po:lʲ tundi]
quarto (m) de hora	veerand tundi	[ʋe:rant tundi]
quinze minutos	viisteist minutit	[ʋi:sʲtejsʲt minutit]
vinte e quatro horas	ööpäev	[ø:pæəʋ]

nascer (m) do sol	päikesetõus	[pæjkesetɜus]
amanhecer (m)	koit	[kojt]
madrugada (f)	varahommik	[ʋarahommik]
pôr do sol (m)	loojang	[lo:jang]

de madrugada	hommikul vara	[hommikulʲ ʋara]
hoje de manhã	täna hommikul	[tæna hommikulʲ]
amanhã de manhã	homme hommikul	[homme hommikulʲ]

hoje à tarde	täna päeval	[tæna pæəʋalʲ]
à tarde	pärast lõunat	[pærasʲt lɜunat]
amanhã à tarde	homme pärast lõunat	[homme pærasʲt lɜunat]

hoje à noite	täna õhtul	[tæna ɜhtulʲ]
amanhã à noite	homme õhtul	[homme ɜhtulʲ]

às três horas em ponto	täpselt kell kolm	[tæpselʲt kelʲ kolʲm]
por volta das quatro	umbes kell neli	[umbes kelʲ neli]
às doze	kella kaheteistkümneks	[kelʲæ kahetejsʲtkumneks]

dentro de vinte minutos	kahekümne minuti pärast	[kahekumne minuti pærasʲt]
dentro duma hora	tunni aja pärast	[tunni aja pærasʲt]
a tempo	õigeks ajaks	[ɜigeks ajaks]

menos um quarto	kolmveerand	[kolʲmʋe:rant]
durante uma hora	tunni aja jooksul	[tunni aja jo:ksulʲ]
a cada quinze minutos	iga viieteist minuti tagant	[iga ʋi:etejsʲt minuti tagant]
as vinte e quatro horas	terve ööpäev	[terʋe ø:pæəʋ]

22. Meses. Estações

janeiro (m)	jaanuar	[ja:nuar]
fevereiro (m)	veebruar	[ʋe:bruar]
março (m)	märts	[mærts]
abril (m)	aprill	[aprilʲ]
maio (m)	mai	[mai]
junho (m)	juuni	[ju:ni]

julho (m)	juuli	[ju:li]
agosto (m)	august	[augusʲt]
setembro (m)	september	[september]
outubro (m)	oktoober	[okto:ber]
novembro (m)	november	[noʋember]
dezembro (m)	detsember	[detsember]

primavera (f)	kevad	[keʋat]
na primavera	kevadel	[keʋadelʲ]
primaveril	kevadine	[keʋadine]
verão (m)	suvi	[suʋi]

| no verão | suvel | [suʋelʲ] |
| de verão | suvine | [suʋine] |

outono (m)	sügis	[sʉgis]
no outono	sügisel	[sʉgiselʲ]
outonal	sügisene	[sʉgisene]

inverno (m)	talv	[talʲʊ]
no inverno	talvel	[talʲʋelʲ]
de inverno	talvine	[talʲʋine]
mês (m)	kuu	[ku:]
este mês	selles kuus	[selʲes ku:s]
no próximo mês	järgmises kuus	[jærgmises ku:s]
no mês passado	möödunud kuus	[mø:dunut ku:s]

há um mês	kuu aega tagasi	[ku: aega tagasi]
dentro de um mês	kuu aja pärast	[ku: aja pærasʲt]
dentro de dois meses	kahe kuu pärast	[kahe ku: pærasʲt]
todo o mês	terve kuu	[terʋe ku:]
um mês inteiro	terve kuu	[terʋe ku:]

mensal	igakuine	[igakuine]
mensalmente	igas kuus	[igas ku:s]
cada mês	iga kuu	[iga ku:]
duas vezes por mês	kaks korda kuus	[kaks korda ku:s]

ano (m)	aasta	[a:sʲta]
este ano	sel aastal	[selʲ a:sʲtalʲ]
no próximo ano	järgmisel aastal	[jærgmiselʲ a:sʲtalʲ]
no ano passado	möödunud aastal	[mø:dunut a:sʲtalʲ]
há um ano	aasta tagasi	[a:sʲta tagasi]
dentro dum ano	aasta pärast	[a:sʲta pærasʲt]
dentro de 2 anos	kahe aasta pärast	[kahe a:sʲta pærasʲt]
todo o ano	kogu aasta	[kogu a:sʲta]
um ano inteiro	terve aasta	[terʋe a:sʲta]

cada ano	igal aastal	[igalʲ a:sʲtalʲ]
anual	iga-aastane	[iga-a:sʲtane]
anualmente	igal aastal	[igalʲ a:sʲtalʲ]
quatro vezes por ano	neli korda aastas	[neli korda a:sʲtas]

data (~ de hoje)	kuupäev	[ku:pææʋ]
data (ex. ~ de nascimento)	kuupäev	[ku:pææʋ]
calendário (m)	kalender	[kalender]

meio ano	pool aastat	[po:lʲ a:sʲtat]
seis meses	poolaasta	[po:la:sʲta]
estação (f)	hooaeg	[ho:aeg]
século (m)	sajand	[sajant]

23. Tempo. Diversos

| tempo (m) | aeg | [aeg] |
| momento (m) | hetk | [hetk] |

instante (m)	silmapilk	[siˈmapilˈk]
instantâneo	silmapilkselt	[silˈmapilˈkselˈt]
lapso (m) de tempo	ajavahemik	[ajaʋahemik]
vida (f)	elu	[elu]
eternidade (f)	igavik	[igaʋik]

época (f)	ajastu	[ajasˈtu]
era (f)	ajajärk	[ajajærk]
ciclo (m)	tsükkel	[tsɐkkelˈ]
período (m)	periood	[perioːt]
prazo (m)	tähtaeg	[tæhtaeg]

futuro (m)	tulevik	[tuleʋik]
futuro	tulevane	[tuleʋane]
da próxima vez	järgmine kord	[jærgmine kort]
passado (m)	minevik	[mineʋik]
passado	möödunud	[møːdunut]
na vez passada	eelmine kord	[eːlˈmine kort]
mais tarde	hiljem	[hiljem]
depois	pärast	[pærasˈt]
atualmente	praegu	[praegu]
agora	nüüd	[nɐːt]
imediatamente	kohe	[kohe]
em breve, brevemente	varsti	[ʋarsˈti]
de antemão	varakult	[ʋarakulˈt]

há muito tempo	ammu	[ammu]
há pouco tempo	hiljuti	[hiljuti]
destino (m)	saatus	[saːtus]
recordações (f pl)	mälestused	[mælesˈtuset]
arquivo (m)	arhiiv	[arhiːʋ]
durante ...	... ajal	[... ajalˈ]
durante muito tempo	kaua	[kaua]
pouco tempo	lühikest aega	[lɐhikesˈt aega]
cedo (levantar-se ~)	vara	[ʋara]
tarde (deitar-se ~)	hilja	[hilja]

para sempre	alatiseks	[alatiseks]
começar (vt)	alustama	[alusˈtama]
adiar (vt)	edasi lükkama	[edasi lɐkkama]

simultaneamente	üheaegselt	[ɐheaegselˈt]
permanentemente	pidevalt	[pideʋalˈt]
constante (ruído, etc.)	pidev	[pideʋ]
temporário	ajutine	[ajutine]

às vezes	mõnikord	[mɔnikort]
raramente	harva	[harʋa]
frequentemente	sageli	[sageli]

24. Linhas e formas

| quadrado (m) | ruut | [ruːt] |
| quadrado | kandiline | [kandiline] |

círculo (m)	ring	[ring]
redondo	ümmargune	[ummargune]
triângulo (m)	kolmnurk	[kolʲmnurk]
triangular	kolmnurkne	[kolʲmnurkne]

oval (f)	ovaal	[oʋa:lʲ]
oval	ovaalne	[oʋa:lʲne]
retângulo (m)	ristkülik	[risʲtkʉlik]
retangular	ristkülikuline	[risʲtkʉlikuline]

pirâmide (f)	püramiid	[pʉrami:t]
rombo, losango (m)	romb	[romb]
trapézio (m)	trapets	[trapets]
cubo (m)	kuup	[ku:p]
prisma (m)	prisma	[prisma]

circunferência (f)	ringjoon	[ringjo:n]
esfera (f)	sfäär	[sfæ:r]
globo (m)	kera	[kera]
diâmetro (m)	diameeter	[diame:ter]
raio (m)	raadius	[ra:dius]
perímetro (m)	ümbermõõt	[ʉmbermɜ:t]
centro (m)	keskpunkt	[keskpunkt]

horizontal	horisontaalne	[horisonta:lʲne]
vertical	vertikaalne	[ʋertika:lʲne]
paralela (f)	paralleel	[paralʲe:lʲ]
paralelo	paralleelne	[paralʲe:lʲne]

linha (f)	joon	[jo:n]
traço (m)	joon	[jo:n]
reta (f)	sirgjoon	[sirgjo:n]
curva (f)	kõver	[kɜʋer]
fino (linha ~a)	peenike	[pe:nike]
contorno (m)	kontuur	[kontu:r]

interseção (f)	läbilõige	[lʲæbilɜige]
ângulo (m) reto	täisnurk	[tæjsnurk]
segmento (m)	segment	[segment]
setor (m)	sektor	[sektor]
lado (de um triângulo, etc.)	külg	[kʉlʲg]
ângulo (m)	nurk	[nurk]

25. Unidades de medida

peso (m)	kaal	[ka:lʲ]
comprimento (m)	pikkus	[pikkus]
largura (f)	laius	[laius]
altura (f)	kõrgus	[kɜrgus]
profundidade (f)	sügavus	[sʉgaʊus]
volume (m)	maht	[maht]
área (f)	pindala	[pindala]
grama (m)	gramm	[gramm]
miligrama (m)	milligramm	[milʲigramm]

33

quilograma (m)	kilogramm	[kilogramm]
tonelada (f)	tonn	[tonn]
libra (453,6 gramas)	nael	[naelʲ]
onça (f)	unts	[unts]

metro (m)	meeter	[meːter]
milímetro (m)	millimeeter	[milʲimeːter]
centímetro (m)	sentimeeter	[sentimeːter]
quilómetro (m)	kilomeeter	[kilomeːter]
milha (f)	miil	[miːlʲ]

polegada (f)	toll	[tolʲ]
pé (304,74 mm)	jalg	[jalʲg]
jarda (914,383 mm)	jard	[jart]

| metro (m) quadrado | ruutmeeter | [ruːtmeːter] |
| hectare (m) | hektar | [hektar] |

litro (m)	liiter	[liːter]
grau (m)	kraad	[kraːt]
volt (m)	volt	[uolʲt]
ampere (m)	amper	[amper]
cavalo-vapor (m)	hobujõud	[hobujɜut]

quantidade (f)	hulk	[hulʲk]
um pouco de ...	veidi ...	[uejdi ...]
metade (f)	pool	[poːlʲ]
dúzia (f)	tosin	[tosin]
peça (f)	tükk	[tʉkk]

| dimensão (f) | suurus | [suːrus] |
| escala (f) | mastaap | [masʲtaːp] |

mínimo	minimaalne	[minimaːlʲne]
menor, mais pequeno	kõige väiksem	[kɜige uæjksem]
médio	keskmine	[keskmine]
máximo	maksimaalne	[maksimaːlʲne]
maior, mais grande	kõige suurem	[kɜige suːrem]

26. Recipientes

boião (m) de vidro	klaaspurk	[klaːspurk]
lata (~ de cerveja)	plekkpurk	[plekkpurk]
balde (m)	ämber	[æmber]
barril (m)	tünn	[tʉnn]

bacia (~ de plástico)	pesukauss	[pesukauss]
tanque (m)	paak	[paːk]
cantil (m) de bolso	plasku	[plasku]
bidão (m) de gasolina	kanister	[kanisʲter]
cisterna (f)	tsistern	[tsisʲtern]

| caneca (f) | kruus | [kruːs] |
| chávena (f) | tass | [tass] |

pires (m)	alustass	[alusʲtass]
copo (m)	klaas	[kla:s]
taça (f) de vinho	veiniklaas	[ʋejnikla:s]
panela, caçarola (f)	pott	[pott]

| garrafa (f) | pudel | [pudelʲ] |
| gargalo (m) | pudelikael | [pudelikaelʲ] |

jarro, garrafa (f)	karahvin	[karahʋin]
jarro (m) de barro	kann	[kann]
recipiente (m)	nõu	[nɜu]
pote (m)	pott	[pott]
vaso (m)	vaas	[ʋa:s]

frasco (~ de perfume)	pudel	[pudelʲ]
frasquinho (ex. ~ de iodo)	rohupudel	[rohupudelʲ]
tubo (~ de pasta dentífrica)	tuub	[tu:b]

saca (ex. ~ de açúcar)	kott	[kott]
saco (~ de plástico)	kilekott	[kilekott]
maço (m)	pakk	[pakk]

caixa (~ de sapatos, etc.)	karp	[karp]
caixa (~ de madeira)	kast	[kasʲt]
cesta (f)	korv	[korʋ]

27. Materiais

material (m)	materjal	[materjalʲ]
madeira (f)	puu	[pu:]
de madeira	puust	[pu:sʲt]

| vidro (m) | klaas | [kla:s] |
| de vidro | klaas- | [kla:s-] |

| pedra (f) | kivi | [kiʋi] |
| de pedra | kivist | [kiʋisʲt] |

| plástico (m) | plastik | [plasʲtik] |
| de plástico | plastik- | [plasʲtik-] |

| borracha (f) | kumm | [kumm] |
| de borracha | kummi- | [kummi-] |

| tecido, pano (m) | kangas | [kangas] |
| de tecido | riidest | [ri:desʲt] |

| papel (m) | paber | [paber] |
| de papel | paber- | [paber-] |

cartão (m)	papp	[papp]
de cartão	papp-	[papp-]
polietileno (m)	polüetüleen	[polʉetʉle:n]
celofane (m)	tsellofaan	[tselʲofa:n]

35

contraplacado (m)	vineer	[ʋine:r]
porcelana (f)	portselan	[portselan]
de porcelana	portselan-	[portselan-]
barro (f)	savi	[saʋi]
de barro	savi-	[saʋi-]
cerâmica (f)	keraamika	[kera:mika]
de cerâmica	keraamiline	[kera:miline]

28. Metais

metal (m)	metall	[metalʲ]
metálico	metall-	[metalʲ-]
liga (f)	sulam	[sulam]

ouro (m)	kuld	[kulʲt]
de ouro	kuldne	[kulʲdne]
prata (f)	hõbe	[hɔbe]
de prata	hõbedane	[hɔbedane]

ferro (m)	raud	[raut]
de ferro	raudne	[raudne]
aço (m)	teras	[teras]
de aço	teras-	[teras-]
cobre (m)	vask	[ʋask]
de cobre	vaskne	[ʋaskne]

alumínio (m)	alumiinium	[alumi:nium]
de alumínio	alumiinium-	[alumi:nium-]
bronze (m)	pronks	[pronks]
de bronze	pronks-	[pronks-]

latão (m)	valgevask	[ʋalʲgeʋask]
níquel (m)	nikkel	[nikkelʲ]
platina (f)	plaatina	[pla:tina]
mercúrio (m)	elavhõbe	[elaʋhɔbe]
estanho (m)	tina	[tina]
chumbo (m)	seatina	[seatina]
zinco (m)	tsink	[tsink]

O SER HUMANO

O ser humano. O corpo

29. Humanos. Conceitos básicos

ser (m) humano	inimene	[inimene]
homem (m)	mees	[me:s]
mulher (f)	naine	[naine]
criança (f)	laps	[laps]
menina (f)	tüdruk	[tʉdruk]
menino (m)	poiss	[pojss]
adolescente (m)	nooruk	[no:ruk]
velho (m)	vanamees	[ʋaname:s]
velha, anciã (f)	vanaeit	[ʋanaejt]

30. Anatomia humana

organismo (m)	organism	[organism]
coração (m)	süda	[sʉda]
sangue (m)	veri	[ʋeri]
artéria (f)	arter	[arter]
veia (f)	veen	[ʋe:n]
cérebro (m)	aju	[aju]
nervo (m)	närv	[næerʋ]
nervos (m pl)	närvid	[næerʋit]
vértebra (f)	selgroolüli	[selʲgro:lʉli]
coluna (f) vertebral	selgroog	[selʲgro:g]
estômago (m)	magu	[magu]
intestinos (m pl)	soolestik	[so:lesʲtik]
intestino (m)	soolikas	[so:likas]
fígado (m)	maks	[maks]
rim (m)	neer	[ne:r]
osso (m)	luu	[lu:]
esqueleto (m)	luukere	[lu:kere]
costela (f)	roie	[roje]
crânio (m)	pealuu	[pealu:]
músculo (m)	lihas	[lihas]
bíceps (m)	biitseps	[bi:tseps]
tríceps (m)	kolmpealihas	[kolʲmpealihas]
tendão (m)	kõõlus	[kɜ:lus]
articulação (f)	liiges	[li:ges]

pulmões (m pl)	kops	[kops]
órgãos (m pl) genitais	suguelundid	[suguelundit]
pele (f)	nahk	[nahk]

31. Cabeça

cabeça (f)	pea	[pea]
cara (f)	nägu	[nægu]
nariz (m)	nina	[nina]
boca (f)	suu	[su:]

olho (m)	silm	[silʲm]
olhos (m pl)	silmad	[silʲmat]
pupila (f)	silmatera	[silʲmatera]
sobrancelha (f)	kulm	[kulʲm]
pestana (f)	ripse	[ripse]
pálpebra (f)	silmalaug	[silʲmalaug]

língua (f)	keel	[ke:lʲ]
dente (m)	hammas	[hammas]
lábios (m pl)	huuled	[hu:let]
maçãs (f pl) do rosto	põsesarnad	[pɜsesarnat]
gengiva (f)	ige	[ige]
palato (m)	suulagi	[su:lagi]

narinas (f pl)	sõõrmed	[sɜ:rmet]
queixo (m)	lõug	[lɜug]
mandíbula (f)	lõualuu	[lɜualu:]
bochecha (f)	põsk	[pɜsk]

testa (f)	laup	[laup]
têmpora (f)	meelekoht	[me:lekoht]
orelha (f)	kõrv	[kɜrʊ]
nuca (f)	kukal	[kukalʲ]
pescoço (m)	kael	[kaelʲ]
garganta (f)	kõri	[kɜri]

cabelos (m pl)	juuksed	[ju:kset]
penteado (m)	soeng	[soeng]
corte (m) de cabelo	juukselõikus	[ju:kselɜikus]
peruca (f)	parukas	[parukas]

bigode (m)	vuntsid	[ʊuntsit]
barba (f)	habe	[habe]
usar, ter (~ barba, etc.)	kandma	[kandma]
trança (f)	pats	[pats]
suíças (f pl)	bakenbardid	[bakenbardit]

ruivo	punapea	[punapea]
grisalho	hall	[halʲ]
calvo	kiilas	[ki:las]
calva (f)	kiilaspea	[ki:laspea]
rabo-de-cavalo (m)	hobusesaba	[hobusesaba]
franja (f)	tukk	[tukk]

32. Corpo humano

mão (f)	käelaba	[kæelaba]
braço (m)	käsi	[kæsi]

dedo (m)	sõrm	[sɜrm]
dedo (m) do pé	varvas	[ʋarʋas]
polegar (m)	pöial	[pøialʲ]
dedo (m) mindinho	väike sõrm	[ʋæjke sɜrm]
unha (f)	küüs	[ku:s]

punho (m)	rusikas	[rusikas]
palma (f) da mão	peopesa	[peopesa]
pulso (m)	ranne	[ranne]
antebraço (m)	küünarvars	[ku:narʋars]
cotovelo (m)	küünarnukk	[ku:narnukk]
ombro (m)	õlg	[ɜlʲg]

perna (f)	säär	[sæ:r]
pé (m)	jalalaba	[jalalaba]
joelho (m)	põlv	[pɜlʲʋ]
barriga (f) da perna	sääremari	[sæ:remari]
anca (f)	puus	[pu:s]
calcanhar (m)	kand	[kant]

corpo (m)	keha	[keha]
barriga (f)	kõht	[kɜht]
peito (m)	rind	[rint]
seio (m)	rind	[rint]
lado (m)	külg	[kulʲg]
costas (f pl)	selg	[selʲg]
região (f) lombar	ristluud	[risʲtlu:t]
cintura (f)	talje	[talje]

umbigo (m)	naba	[naba]
nádegas (f pl)	tuharad	[tuharat]
traseiro (m)	tagumik	[tagumik]

sinal (m)	sünnimärk	[sunnimærk]
sinal (m) de nascença	sünnimärk	[sunnimærk]
tatuagem (f)	tätoveering	[tætoʋe:ring]
cicatriz (f)	arm	[arm]

Vestuário & Acessórios

33. Roupa exterior. Casacos

roupa (f)	riided	[ri:det]
roupa (f) exterior	üleriided	[ʉleri:det]
roupa (f) de inverno	talveriided	[talʲʉeri:det]
sobretudo (m)	mantel	[mantelʲ]
casaco (m) de peles	kasukas	[kasukas]
casaco curto (m) de peles	poolkasukas	[po:lʲkasukas]
casaco (m) acolchoado	sulejope	[sulejope]
casaco, blusão (m)	jope	[jope]
impermeável (m)	vihmamantel	[ʋihmamantelʲ]
impermeável	veekindel	[ʋe:kindelʲ]

34. Vestuário de homem & mulher

camisa (f)	särk	[særk]
calças (f pl)	püksid	[pʉksit]
calças (f pl) de ganga	teksapüksid	[teksapʉksit]
casaco (m) de fato	pintsak	[pintsak]
fato (m)	ülikond	[ʉlikont]
vestido (ex. ~ vermelho)	kleit	[klejt]
saia (f)	seelik	[se:lik]
blusa (f)	pluus	[plu:s]
casaco (m) de malha	villane jakk	[ʋilʲæne jakk]
casaco, blazer (m)	pluus	[plu:s]
T-shirt, camiseta (f)	T-särk	[t-særk]
calções (Bermudas, etc.)	põlvpüksid	[pɔlʲʋupʉksit]
fato (m) de treino	dress	[dress]
roupão (m) de banho	hommikumantel	[hommikumantelʲ]
pijama (m)	pidžaama	[pidʒa:ma]
suéter (m)	sviiter	[sʋi:ter]
pulôver (m)	pullover	[pulʲoʋer]
colete (m)	vest	[ʋesʲt]
fraque (m)	frakk	[frakk]
smoking (m)	smoking	[smoking]
uniforme (m)	vormiriietus	[ʋormiri:etus]
roupa (f) de trabalho	tööriietus	[tø:ri:etus]
fato-macaco (m)	kombinesoon	[kombineso:n]
bata (~ branca, etc.)	kittel	[kittelʲ]

35. Vestuário. Roupa interior

roupa (f) interior	pesu	[pesu]
cuecas boxer (f pl)	trussikud	[trussikut]
cuecas (f pl)	trussikud	[trussikut]
camisola (f) interior	alussärk	[alussærk]
peúgas (f pl)	sokid	[sokit]
camisa (f) de noite	öösärk	[ø:særk]
sutiã (m)	rinnahoidja	[rinnahojdja]
meias longas (f pl)	põlvikud	[pɜlʲʋikut]
meia-calça (f)	sukkpüksid	[sukkpʉksit]
meias (f pl)	sukad	[sukat]
fato (m) de banho	trikoo	[triko:]

36. Adereços de cabeça

chapéu (m)	müts	[mʉts]
chapéu (m) de feltro	kaabu	[ka:bu]
boné (m) de beisebol	pesapallimüts	[pesapalʲimʉts]
boné (m)	soni	[soni]
boina (f)	barett	[barett]
capuz (m)	kapuuts	[kapu:ts]
panamá (m)	panama	[panama]
gorro (m) de malha	kootud müts	[ko:tut mʉts]
lenço (m)	rätik	[rætik]
chapéu (m) de mulher	kübar	[kʉbar]
capacete (m) de proteção	kiiver	[ki:ʋer]
bibico (m)	pilotka	[pilotka]
capacete (m)	lendurimüts	[lendurimʉts]
chapéu-coco (m)	kübar	[kʉbar]
chapéu (m) alto	silinder	[silinder]

37. Calçado

calçado (m)	jalatsid	[jalatsit]
botinas (f pl)	poolsaapad	[po:lʲsa:pat]
sapatos (de salto alto, etc.)	kingad	[kingat]
botas (f pl)	saapad	[sa:pat]
pantufas (f pl)	sussid	[sussit]
ténis (m pl)	tossud	[tossut]
sapatilhas (f pl)	ketsid	[ketsit]
sandálias (f pl)	sandaalid	[sanda:lit]
sapateiro (m)	kingsepp	[kingsepp]
salto (m)	konts	[konts]

par (m)	paar	[pa:r]
atacador (m)	kingapael	[kingapaelʲ]
apertar os atacadores	kingapaelu siduma	[kingapaelu siduma]
calçadeira (f)	kingalusikas	[kingalusikas]
graxa (f) para calçado	kingakreem	[kingakre:m]

38. Têxtil. Tecidos

algodão (m)	puuvill	[pu:ʋilʲ]
de algodão	puuvillane	[pu:ʋilʲæne]
linho (m)	lina	[lina]
de linho	linane	[linane]

seda (f)	siid	[si:t]
de seda	siidi-	[si:di-]
lã (f)	vill	[ʋilʲ]
de lã	villane	[ʋilʲæne]

veludo (m)	samet	[samet]
camurça (f)	seemisnahk	[se:misnahk]
bombazina (f)	velvet	[ʋelʲʋet]

náilon (m)	nailon	[nailon]
de náilon	nailonist	[nailonisʲt]
poliéster (m)	polüester	[polʉesʲter]
de poliéster	polüestrist	[polʉesʲtrisʲt]

couro (m)	nahk	[nahk]
de couro	nahast	[nahasʲt]
pele (f)	karusnahk	[karusnahk]
de peles, de pele	karusnahkne	[karusnahkne]

39. Acessórios pessoais

luvas (f pl)	sõrmkindad	[sɜrmkindat]
mitenes (f pl)	labakindad	[labakindat]
cachecol (m)	sall	[salʲ]

óculos (m pl)	prillid	[prilʲit]
armação (f) de óculos	prilliraamid	[prilʲira:mit]
guarda-chuva (m)	vihmavari	[ʋihmaʋari]
bengala (f)	jalutuskepp	[jalutuskepp]
escova (f) para o cabelo	juuksehari	[ju:ksehari]
leque (m)	lehvik	[lehʋik]

gravata (f)	lips	[lips]
gravata-borboleta (f)	kikilips	[kikilips]
suspensórios (m pl)	traksid	[traksit]
lenço (m)	taskurätik	[taskurætik]

| pente (m) | kamm | [kamm] |
| travessão (m) | juukseklamber | [ju:kseklamber] |

gancho (m) de cabelo	juuksenõel	[ju:ksenзelʲ]
fivela (f)	pannal	[pannalʲ]
cinto (m)	vöö	[ʋøː]
correia (f)	rihm	[rihm]
mala (f)	kott	[kott]
mala (f) de senhora	käekott	[kææəkott]
mochila (f)	seljakott	[seljakott]

40. Vestuário. Diversos

moda (f)	mood	[moːt]
na moda	moodne	[moːdne]
estilista (m)	moekunstnik	[moekunsʲtnik]
colarinho (m), gola (f)	krae	[krae]
bolso (m)	tasku	[tasku]
de bolso	tasku-	[tasku-]
manga (f)	varrukas	[ʋarrukas]
alcinha (f)	tripp	[tripp]
braguilha (f)	püksiauk	[pʉksiauk]
fecho (m) de correr	tõmblukk	[tзmblukk]
fecho (m), colchete (m)	kinnis	[kinnis]
botão (m)	nööp	[nøːp]
casa (f) de botão	nööpauk	[nøːpauk]
soltar-se (vr)	eest ära tulema	[eːsʲt æra tulema]
coser, costurar (vi)	õmblema	[зmblema]
bordar (vt)	tikkima	[tikkima]
bordado (m)	tikkimine	[tikkimine]
agulha (f)	nõel	[nзelʲ]
fio (m)	niit	[niːt]
costura (f)	õmblus	[зmblus]
sujar-se (vr)	ära määrima	[æra mæːrima]
mancha (f)	plekk	[plekk]
engelhar-se (vr)	kortsu minema	[kortsu minema]
rasgar (vt)	katki minema	[katki minema]
traça (f)	koi	[koj]

41. Cuidados pessoais. Cosméticos

pasta (f) de dentes	hambapasta	[hambapasʲta]
escova (f) de dentes	hambahari	[hambahari]
escovar os dentes	hambaid pesema	[hambait pesema]
máquina (f) de barbear	pardel	[pardelʲ]
creme (m) de barbear	habemeajamiskreem	[habemeajamiskreːm]
barbear-se (vr)	habet ajama	[habet ajama]
sabonete (m)	seep	[seːp]

champô (m)	šampoon	[ʃampoːn]
tesoura (f)	käärid	[kæːrit]
lima (f) de unhas	küüneviil	[kʉːnevɪːlʲ]
corta-unhas (m)	küünekäärid	[kʉːnekæːrit]
pinça (f)	pintsett	[pintsett]

cosméticos (m pl)	kosmeetika	[kosmeːtika]
máscara (f) facial	mask	[mask]
manicura (f)	maniküür	[manikʉːr]
fazer a manicura	maniküüri tegema	[manikʉːri tegema]
pedicure (f)	pediküür	[pedikʉːr]

mala (f) de maquilhagem	kosmeetikakott	[kosmeːtikakott]
pó (m)	puuder	[puːder]
caixa (f) de pó	puudritoos	[puːdritoːs]
blush (m)	põsepuna	[pɜsepuna]

perfume (m)	lõhnaõli	[lɜhnaɜli]
água (f) de toilette	tualettvesi	[tualettʋesi]
loção (f)	näovesi	[næoʋesi]
água-de-colónia (f)	odekolonn	[odekolonn]

sombra (f) de olhos	lauvärv	[lauʋærʋ]
lápis (m) delineador	silmapliiats	[silʲmapliːats]
máscara (f), rímel (m)	ripsmetušš	[ripsmetuʃʃ]

batom (m)	huulepulk	[huːlepulʲk]
verniz (m) de unhas	küünelakk	[kʉːnelakk]
laca (f) para cabelos	juukselakk	[juːkselakk]
desodorizante (m)	desodorant	[desodorant]

creme (m)	kreem	[kreːm]
creme (m) de rosto	näokreem	[næokreːm]
creme (m) de mãos	kätekreem	[kætekreːm]
creme (m) antirrugas	kortsudevastane kreem	[kortsudeʋasʲtane kreːm]
creme (m) de dia	päevakreem	[pææʋakreːm]
creme (m) de noite	öökreem	[øːkreːm]
de dia	päeva-	[pææʋa-]
da noite	öö-	[øː-]

tampão (m)	tampoon	[tampoːn]
papel (m) higiénico	tualettpaber	[tualettpaber]
secador (m) elétrico	föön	[føːn]

42. Joalheria

joias (f pl)	väärtesemed	[ʋæːrtesemet]
precioso	väärtuslik	[ʋæːrtuslik]
marca (f) de contraste	proov	[proːʋ]

anel (m)	sõrmus	[sɜrmus]
aliança (f)	laulatussõrmus	[laulatussɜrmus]
pulseira (f)	käevõru	[kææʋɜru]
brincos (m pl)	kõrvarõngad	[kɜrʋarɜngat]

colar (m)	kaelakee	[kaelake:]
coroa (f)	kroon	[kro:n]
colar (m) de contas	helmed	[helʲmet]

diamante (m)	briljant	[briljant]
esmeralda (f)	smaragd	[smaragt]
rubi (m)	rubiin	[rubi:n]
safira (f)	safiir	[safi:r]
pérola (f)	pärlid	[pærlit]
âmbar (m)	merevaik	[mereʋaik]

43. Relógios de pulso. Relógios

relógio (m) de pulso	käekell	[kæəkelʲ]
mostrador (m)	sihverplaat	[sihʋerpla:t]
ponteiro (m)	osuti	[osuti]
bracelete (f) em aço	kellarihm	[kelʲærihm]
bracelete (f) em couro	kellarihm	[kelʲærihm]

pilha (f)	patarei	[patarej]
descarregar-se	tühjaks saama	[tᵾhjaks sa:ma]
trocar a pilha	patareid vahetama	[patarejt ʋahetama]
estar adiantado	ette käima	[ette kæjma]
estar atrasado	taha jääma	[taha jæ:ma]

relógio (m) de parede	seinakell	[sejnakelʲ]
ampulheta (f)	liivakell	[li:ʋakelʲ]
relógio (m) de sol	päiksekell	[pæjksekelʲ]
despertador (m)	äratuskell	[æratuskelʲ]
relojoeiro (m)	kellassepp	[kelʲæssepp]
reparar (vt)	parandama	[parandama]

Alimentação. Nutrição

44. Comida

carne (f)	liha	[liha]
galinha (f)	kana	[kana]
frango (m)	kanapoeg	[kanapoeg]
pato (m)	part	[part]
ganso (m)	hani	[hani]
caça (f)	metslinnud	[metslinnut]
peru (m)	kalkun	[kalʲkun]
carne (f) de porco	sealiha	[sealiha]
carne (f) de vitela	vasikaliha	[ʋasikaliha]
carne (f) de carneiro	lambaliha	[lambaliha]
carne (f) de vaca	loomaliha	[loːmaliha]
carne (f) de coelho	küülik	[kɤːlik]
chouriço, salsichão (m)	vorst	[ʋorsʲt]
salsicha (f)	viiner	[ʋiːner]
bacon (m)	peekon	[peːkon]
fiambre (f)	sink	[sink]
presunto (m)	sink	[sink]
patê (m)	pasteet	[pasʲteːt]
fígado (m)	maks	[maks]
carne (f) moída	hakkliha	[hakkliha]
língua (f)	keel	[keːlʲ]
ovo (m)	muna	[muna]
ovos (m pl)	munad	[munat]
clara (f) do ovo	munavalge	[munaʋalʲge]
gema (f) do ovo	munakollane	[munakolʲæne]
peixe (m)	kala	[kala]
mariscos (m pl)	mereannid	[mereannit]
crustáceos (m pl)	koorikloomad	[koːriklo:mat]
caviar (m)	kalamari	[kalamari]
caranguejo (m)	krabi	[krabi]
camarão (m)	krevett	[kreʋett]
ostra (f)	auster	[ausʲter]
lagosta (f)	langust	[langusʲt]
polvo (m)	kaheksajalg	[kaheksajalʲg]
lula (f)	kalmaar	[kalʲmaːr]
esturjão (m)	tuurakala	[tuːrakala]
salmão (m)	lõhe	[lɜhe]
halibute (m)	paltus	[palʲtus]
bacalhau (m)	tursk	[tursk]

cavala, sarda (f)	skumbria	[skumbria]
atum (m)	tuunikala	[tu:nikala]
enguia (f)	angerjas	[angerjas]

truta (f)	forell	[foreli]
sardinha (f)	sardiin	[sardi:n]
lúcio (m)	haug	[haug]
arenque (m)	heeringas	[he:ringas]

pão (m)	leib	[lejb]
queijo (m)	juust	[ju:sit]
açúcar (m)	suhkur	[suhkur]
sal (m)	sool	[so:li]

arroz (m)	riis	[ri:s]
massas (f pl)	makaronid	[makaronit]
talharim (m)	lintnuudlid	[lintnu:tlit]

manteiga (f)	või	[uɜi]
óleo (m) vegetal	taimeõli	[taimeɜli]
óleo (m) de girassol	päevalilleõli	[pæeualilieɜli]
margarina (f)	margariin	[margari:n]

| azeitonas (f pl) | oliivid | [oli:uit] |
| azeite (m) | oliivõli | [oli:uɜli] |

leite (m)	piim	[pi:m]
leite (m) condensado	kondenspiim	[kondenspi:m]
iogurte (m)	jogurt	[jogurt]
nata (f) azeda	hapukoor	[hapuko:r]
nata (f) do leite	koor	[ko:r]

| maionese (f) | majonees | [majone:s] |
| creme (m) | kreem | [kre:m] |

grãos (m pl) de cereais	tangud	[tangut]
farinha (f)	jahu	[jahu]
enlatados (m pl)	konservid	[konseruit]

flocos (m pl) de milho	maisihelbed	[maisihelibet]
mel (m)	mesi	[mesi]
doce (m)	džemm	[dʒemm]
pastilha (f) elástica	närimiskumm	[næriskumm]

45. Bebidas

água (f)	vesi	[uesi]
água (f) potável	joogivesi	[jo:giuesi]
água (f) mineral	mineraalvesi	[minera:liuesi]

sem gás	gaasita	[ga:sita]
gaseificada	gaseeritud	[gase:ritut]
com gás	gaasiga	[ga:siga]
gelo (m)	jää	[jæ:]

com gelo	jääga	[jæ:ga]
sem álcool	alkoholivaba	[al'koholiʋaba]
bebida (f) sem álcool	alkoholivaba jook	[al'koholiʋaba jo:k]
refresco (m)	karastusjook	[karas'tusjo:k]
limonada (f)	limonaad	[limona:t]

bebidas (f pl) alcoólicas	alkoholsed joogid	[al'koho:l'set jo:git]
vinho (m)	vein	[ʋejn]
vinho (m) branco	valge vein	[ʋal'ge ʋejn]
vinho (m) tinto	punane vein	[punane ʋejn]

licor (m)	liköör	[likø:r]
champanhe (m)	šampus	[ʃampus]
vermute (m)	vermut	[ʋermut]

uísque (m)	viski	[ʋiski]
vodka (f)	viin	[ʋi:n]
gim (m)	džinn	[dʒinn]
conhaque (m)	konjak	[konjak]
rum (m)	rumm	[rumm]

café (m)	kohv	[kohʋ]
café (m) puro	must kohv	[mus't kohʋ]
café (m) com leite	piimaga kohv	[pi:maga kohʋ]
cappuccino (m)	koorega kohv	[ko:rega kohʋ]
café (m) solúvel	lahustuv kohv	[lahus'tuʋ kohʋ]

leite (m)	piim	[pi:m]
coquetel (m)	kokteil	[koktejl']
batido (m) de leite	piimakokteil	[pi:makoktejl']

sumo (m)	mahl	[mahl']
sumo (m) de tomate	tomatimahl	[tomatimahl']
sumo (m) de laranja	apelsinimahl	[apel'sinimahl']
sumo (m) fresco	värskelt pressitud mahl	[ʋærskel't pressitut mahl']

cerveja (f)	õlu	[ɜlu]
cerveja (f) clara	hele õlu	[hele ɜlu]
cerveja (f) preta	tume õlu	[tume ɜlu]

chá (m)	tee	[te:]
chá (m) preto	must tee	[mus't te:]
chá (m) verde	roheline tee	[roheline te:]

46. Vegetais

legumes (m pl)	juurviljad	[ju:rʋiljat]
verduras (f pl)	maitseroheline	[maitseroheline]

tomate (m)	tomat	[tomat]
pepino (m)	kurk	[kurk]
cenoura (f)	porgand	[porgant]
batata (f)	kartul	[kartul']
cebola (f)	sibul	[sibul']

alho (m)	küüslauk	[kʉːslauk]
couve (f)	kapsas	[kapsas]
couve-flor (f)	lillkapsas	[lilʲkapsas]
couve-de-bruxelas (f)	brüsseli kapsas	[brʉsseli kapsas]
brócolos (m pl)	brokkoli	[brokkoli]

beterraba (f)	peet	[peːt]
beringela (f)	baklažaan	[baklaʒaːn]
curgete (f)	suvikõrvits	[suʋikɜrʋits]
abóbora (f)	kõrvits	[kɜrʋits]
nabo (m)	naeris	[naeris]

salsa (f)	petersell	[peterselʲ]
funcho, endro (m)	till	[tilʲ]
alface (f)	salat	[salat]
aipo (m)	seller	[selʲer]
espargo (m)	aspar	[aspar]
espinafre (m)	spinat	[spinat]

ervilha (f)	hernes	[hernes]
fava (f)	oad	[oat]
milho (m)	mais	[mais]
feijão (m)	aedoad	[aedoat]

pimentão (m)	pipar	[pipar]
rabanete (m)	redis	[redis]
alcachofra (f)	artišokk	[artiʃokk]

47. Frutos. Nozes

fruta (f)	puuvili	[puːʋili]
maçã (f)	õun	[ɜun]
pera (f)	pirn	[pirn]
limão (m)	sidrun	[sidrun]
laranja (f)	apelsin	[apelʲsin]
morango (m)	aedmaasikas	[aedmaːsikas]

tangerina (f)	mandariin	[mandariːn]
ameixa (f)	ploom	[ploːm]
pêssego (m)	virsik	[ʋirsik]
damasco (m)	aprikoos	[aprikoːs]
framboesa (f)	vaarikas	[ʋaːrikas]
ananás (m)	ananass	[ananass]

banana (f)	banaan	[banaːn]
melancia (f)	arbuus	[arbuːs]
uva (f)	viinamarjad	[ʋiːnamarjat]
ginja (f)	kirss	[kirss]
cereja (f)	murel	[murelʲ]
meloa (f)	melon	[melon]

toranja (f)	greip	[grejp]
abacate (m)	avokaado	[aʋoka:do]
papaia (f)	papaia	[papaia]

manga (f)	mango	[mango]
romã (f)	granaatõun	[granaːtʒun]

groselha (f) vermelha	punane sõstar	[punane sɜsʲtar]
groselha (f) preta	must sõstar	[musʲt sɜsʲtar]
groselha (f) espinhosa	karusmari	[karusmari]
mirtilo (m)	mustikas	[musʲtikas]
amora silvestre (f)	põldmari	[pɜlʲdmari]

uvas (f pl) passas	rosinad	[rosinat]
figo (m)	ingver	[inguer]
tâmara (f)	dattel	[dattelʲ]

amendoim (m)	maapähkel	[maːpæhkelʲ]
amêndoa (f)	mandlipähkel	[mantlipæhkelʲ]
noz (f)	kreeka pähkel	[kreːka pæhkelʲ]
avelã (f)	sarapuupähkel	[sarapuːpæhkelʲ]
coco (m)	kookospähkel	[koːkospæhkelʲ]
pistáchios (m pl)	pistaatsiapähkel	[pisʲtaːtsiapæhkelʲ]

48. Pão. Bolaria

pastelaria (f)	kondiitritooted	[kondiːtritoːtet]
pão (m)	leib	[lejb]
bolacha (f)	küpsis	[kʉpsis]

chocolate (m)	šokolaad	[ʃokolaːt]
de chocolate	šokolaadi-	[ʃokolaːdi-]
rebuçado (m)	komm	[komm]
bolo (cupcake, etc.)	kook	[koːk]
bolo (m) de aniversário	tort	[tort]

tarte (~ de maçã)	pirukas	[pirukas]
recheio (m)	täidis	[tæjdis]

doce (m)	moos	[moːs]
geleia (f) de frutas	marmelaad	[marmelaːt]
waffle (m)	vahvlid	[uahʋlit]
gelado (m)	jäätis	[jæːtis]

49. Pratos cozinhados

prato (m)	roog	[roːg]
cozinha (~ portuguesa)	köök	[køːk]
receita (f)	retsept	[retsept]
porção (f)	portsjon	[portsjon]

salada (f)	salat	[salat]
sopa (f)	supp	[supp]

caldo (m)	puljong	[puljong]
sandes (f)	võileib	[uʒjlejb]

ovos (m pl) estrelados	munaroog	[munaro:g]
hambúrguer (m)	hamburger	[hamburger]
bife (m)	biifsteek	[bi:fsⁱte:k]

conduto (m)	lisand	[lisant]
espaguete (m)	spagetid	[spagetit]
puré (m) de batata	kartulipüree	[kartulipʉre:]
pizza (f)	pitsa	[pitsa]
papa (f)	puder	[puder]
omelete (f)	omlett	[omlett]

cozido em água	keedetud	[ke:detut]
fumado	suitsutatud	[suitsutatut]
frito	praetud	[praetut]
seco	kuivatatud	[kuiʋatatut]
congelado	külmutatud	[kʉlⁱmutatut]
em conserva	marineeritud	[marine:ritut]

doce (açucarado)	magus	[magus]
salgado	soolane	[so:lane]
frio	külm	[kʉlⁱm]
quente	kuum	[ku:m]
amargo	mõru	[mᴣru]
gostoso	maitsev	[maitseʋ]

cozinhar (em água a ferver)	keetma	[ke:tma]
fazer, preparar (vt)	süüa tegema	[sʉ:a tegema]
fritar (vt)	praadima	[pra:dima]
aquecer (vt)	soojendama	[so:jendama]

salgar (vt)	soolama	[so:lama]
apimentar (vt)	pipardama	[pipardama]
ralar (vt)	riivima	[ri:ʋima]
casca (f)	koor	[ko:r]
descascar (vt)	koorima	[ko:rima]

50. Especiarias

sal (m)	sool	[so:lⁱ]
salgado	soolane	[so:lane]
salgar (vt)	soolama	[so:lama]

pimenta (f) preta	must pipar	[musⁱt pipar]
pimenta (f) vermelha	punane pipar	[punane pipar]
mostarda (f)	sinep	[sinep]
raiz-forte (f)	mädarõigas	[mædarᴣigas]

condimento (m)	maitseaine	[maitseaine]
especiaria (f)	vürts	[ʋʉrts]
molho (m)	kaste	[kasⁱte]
vinagre (m)	äädikas	[æ:dikas]

anis (m)	aniis	[ani:s]
manjericão (m)	basiilik	[basi:lik]

cravo (m)	nelk	[nelʲk]
gengibre (m)	ingver	[ingʋer]
coentro (m)	koriander	[koriander]
canela (f)	kaneel	[kane:lʲ]

sésamo (m)	seesamiseemned	[se:samise:mnet]
folhas (f pl) de louro	loorber	[lo:rber]
páprica (f)	paprika	[paprika]
cominho (m)	köömned	[kø:mnet]
açafrão (m)	safran	[safran]

51. Refeições

comida (f)	söök	[sø:k]
comer (vt)	sööma	[sø:ma]

pequeno-almoço (m)	hommikusöök	[hommikusø:k]
tomar o pequeno-almoço	hommikust sööma	[hommikusʲt sø:ma]
almoço (m)	lõuna	[lɜuna]
almoçar (vi)	lõunat sööma	[lɜunat sø:ma]
jantar (m)	õhtusöök	[ɜhtusø:k]
jantar (vi)	õhtust sööma	[ɜhtusʲt sø:ma]

apetite (m)	söögiisu	[sø:gi:su]
Bom apetite!	Head isu!	[heat isu!]

abrir (~ uma lata, etc.)	avama	[aʋama]
derramar (vt)	maha valama	[maha ʋalama]
derramar-se (vr)	maha voolama	[maha ʋo:lama]

ferver (vi)	keema	[ke:ma]
ferver (vt)	keetma	[ke:tma]
fervido	keedetud	[ke:detut]

arrefecer (vt)	jahutama	[jahutama]
arrefecer-se (vr)	jahtuma	[jahtuma]

sabor, gosto (m)	maitse	[maitse]
gostinho (m)	kõrvalmaitse	[kɜrʋalʲmaitse]

fazer dieta	kaalus alla võtma	[ka:lus alʲæ ʋɜtma]
dieta (f)	dieet	[die:t]
vitamina (f)	vitamiin	[ʋitami:n]
caloria (f)	kalor	[kalor]

vegetariano (m)	taimetoitlane	[taimetojtlane]
vegetariano	taimetoitluslik	[taimetojtluslik]

gorduras (f pl)	rasvad	[rasʋat]
proteínas (f pl)	valgud	[ʋalʲgut]
carboidratos (m pl)	süsivesikud	[süsiʋesikut]
fatia (~ de limão, etc.)	viil	[ʋi:lʲ]
pedaço (~ de bolo)	tükk	[tükk]
migalha (f)	puru	[puru]

52. Por a mesa

colher (f)	lusikas	[lusikas]
faca (f)	nuga	[nuga]
garfo (m)	kahvel	[kahʋelʲ]
chávena (f)	tass	[tass]
prato (m)	taldrik	[talʲdrik]
pires (m)	alustass	[alusʲtass]
guardanapo (m)	salvrätik	[salʲʋrætik]
palito (m)	hambaork	[hambaork]

53. Restaurante

restaurante (m)	restoran	[resʲtoran]
café (m)	kohvituba	[kohʋituba]
bar (m), cervejaria (f)	baar	[ba:r]
salão (m) de chá	teesalong	[te:salong]
empregado (m) de mesa	kelner	[kelʲner]
empregada (f) de mesa	ettekandja	[ettekandja]
barman (m)	baarimees	[ba:rime:s]
ementa (f)	menüü	[menɯ:]
lista (f) de vinhos	veinikaart	[ʋejnika:rt]
reservar uma mesa	lauda kinni panema	[lauda kinni panema]
prato (m)	roog	[ro:g]
pedir (vt)	tellima	[telʲima]
fazer o pedido	tellimust andma	[telʲimusʲt andma]
aperitivo (m)	aperitiiv	[aperiti:ʋ]
entrada (f)	suupiste	[su:pisʲte]
sobremesa (f)	magustoit	[magusʲtojt]
conta (f)	arve	[arʋe]
pagar a conta	arvet maksma	[arʋet maksma]
dar o troco	raha tagasi andma	[raha tagasi andma]
gorjeta (f)	jootraha	[jo:traha]

Família, parentes e amigos

54. Informação pessoal. Formulários

nome (m)	eesnimi	[e:snimi]
apelido (m)	perekonnnimi	[perekonnnimi]
data (f) de nascimento	sünniaeg	[sʉnniaeg]
local (m) de nascimento	sünnikoht	[sʉnnikoht]
nacionalidade (f)	rahvus	[rahʋus]
lugar (m) de residência	elukoht	[elukoht]
país (m)	riik	[ri:k]
profissão (f)	elukutse	[elukutse]
sexo (m)	sugu	[sugu]
estatura (f)	kasv	[kasʋ]
peso (m)	kaal	[ka:lʲ]

55. Membros da família. Parentes

mãe (f)	ema	[ema]
pai (m)	isa	[isa]
filho (m)	poeg	[poeg]
filha (f)	tütar	[tʉtar]
filha (f) mais nova	noorem tütar	[no:rem tʉtar]
filho (m) mais novo	noorem poeg	[no:rem poeg]
filha (f) mais velha	vanem tütar	[ʋanem tʉtar]
filho (m) mais velho	vanem poeg	[ʋanem poeg]
irmão (m)	vend	[ʋent]
irmão (m) mais velho	vanem vend	[ʋanem ʋent]
irmão (m) mais novo	noorem vend	[no:rem ʋent]
irmã (f)	õde	[ɜde]
irmã (f) mais velha	vanem õde	[ʋanem ɜde]
irmã (f) mais nova	noorem õde	[no:rem ɜde]
primo (m)	onupoeg	[onupoeg]
prima (f)	onutütar	[onutʉtar]
mamã (f)	mamma	[mamma]
papá (m)	papa	[papa]
pais (pl)	vanemad	[ʋanemat]
criança (f)	laps	[laps]
crianças (f pl)	lapsed	[lapset]
avó (f)	vanaema	[ʋanaema]
avô (m)	vanaisa	[ʋanaisa]
neto (m)	lapselaps	[lapselaps]

| neta (f) | lapselaps | [lapselaps] |
| neto (pl) | lapselapsed | [lapselapset] |

tio (m)	onu	[onu]
tia (f)	tädi	[tædi]
sobrinho (m)	vennapoeg	[ʋennapoeg]
sobrinha (f)	vennatütar	[ʋennatʉtar]

sogra (f)	ämm	[æmm]
sogro (m)	äi	[æj]
genro (m)	väimees	[ʋæjme:s]
madrasta (f)	võõrasema	[ʋɜ:rasema]
padrasto (m)	võõrasisa	[ʋɜ:rasisa]

criança (f) de colo	rinnalaps	[rinnalaps]
bebé (m)	imik	[imik]
menino (m)	väikelaps	[ʋæjkelaps]

mulher (f)	naine	[naine]
marido (m)	mees	[me:s]
esposo (m)	abikaasa	[abika:sa]
esposa (f)	abikaasa	[abika:sa]

casado	abielus	[abielus]
casada	abielus	[abielus]
solteiro	vallaline	[ʋalʲæl̶ine]
solteirão (m)	vanapoiss	[ʋanapojss]
divorciado	lahutatud	[lahutatut]
viúva (f)	lesk	[lesk]
viúvo (m)	lesk	[lesk]

parente (m)	sugulane	[sugulane]
parente (m) próximo	lähedane sugulane	[lʲæhedane sugulane]
parente (m) distante	kaugelt sugulane	[kaugelʲt sugulane]
parentes (m pl)	sugulased	[sugulaset]

órfão (m), órfã (f)	orb	[orb]
tutor (m)	eestkostja	[e:sʲtkosʲtja]
adotar (um filho)	lapsendama	[lapsendama]
adotar (uma filha)	lapsendama	[lapsendama]

56. Amigos. Colegas de trabalho

amigo (m)	sõber	[sɜber]
amiga (f)	sõbranna	[sɜbranna]
amizade (f)	sõprus	[sɜprus]
ser amigos	sõber olla	[sɜber olʲæ]

amigo (m)	sõber	[sɜber]
amiga (f)	sõbranna	[sɜbranna]
parceiro (m)	partner	[partner]

| chefe (m) | šeff | [ʃeff] |
| superior (m) | ülemus | [ʉlemus] |

proprietário (m)	omanik	[omanik]
subordinado (m)	alluv	[aljuʋ]
colega (m)	kolleeg	[kolʲeːg]

conhecido (m)	tuttav	[tuttaʋ]
companheiro (m) de viagem	teekaaslane	[teːkaːslane]
colega (m) de classe	klassikaaslane	[klassikaːslane]

vizinho (m)	naaber	[naːber]
vizinha (f)	naabrinaine	[naːbrinaine]
vizinhos (pl)	naabrid	[naːbrit]

57. Homem. Mulher

mulher (f)	naine	[naine]
rapariga (f)	tütarlaps	[tɥtarlaps]
noiva (f)	pruut	[pruːt]

bonita	ilus	[ilus]
alta	pikka kasvu	[pikka kasʊu]
esbelta	sale	[sale]
de estatura média	lühikest kasvu	[lɥhikesʲt kasʊu]

| loura (f) | blondiin | [blondiːn] |
| morena (f) | brünett | [brɥnett] |

de senhora	daamide	[daːmide]
virgem (f)	neitsi	[nejtsi]
grávida	rase	[rase]

homem (m)	mees	[meːs]
louro (m)	blondiin	[blondiːn]
moreno (m)	brünett	[brɥnett]
alto	pikka kasvu	[pikka kasʊu]
de estatura média	lühikest kasvu	[lɥhikesʲt kasʊu]

rude	jõhker	[jɜhker]
atarracado	jässakas	[jæssakas]
robusto	vastupidav	[ʋasʲtupidaʋ]
forte	tugev	[tugeʋ]
força (f)	jõud	[jɜut]

gordo	täidlane	[tæjtlane]
moreno	tõmmu	[tɜmmu]
esbelto	sihvakas	[sihʋakas]
elegante	elegantne	[elegantne]

58. Idade

idade (f)	vanus	[ʋanus]
juventude (f)	noorus	[noːrus]
jovem	noor	[noːr]

| mais novo | noorem | [no:rem] |
| mais velho | vanem | [ʋanem] |

jovem (m)	noormees	[no:rme:s]
adolescente (m)	nooruk	[no:ruk]
rapaz (m)	poiss	[pojss]

| velho (m) | vanamees | [ʋaname:s] |
| velhota (f) | vanaeit | [ʋanaejt] |

adulto	täiskasvanud	[tæjskasʋanut]
de meia-idade	keskealine	[keskealine]
idoso, de idade	eakas	[eakas]
velho	vana	[ʋana]

reforma (f)	pension	[pension]
reformar-se (vr)	pensionile minema	[pensionile minema]
reformado (m)	pensionär	[pensionær]

59. Crianças

criança (f)	laps	[laps]
crianças (f pl)	lapsed	[lapset]
gémeos (m pl)	kaksikud	[kaksikut]

berço (m)	häll	[hælʲ]
guizo (m)	kõristi	[kɜrisʲti]
fralda (f)	mähe	[mæhe]

chupeta (f)	lutt	[lutt]
carrinho (m) de bebé	lapsevanker	[lapseʋanker]
jardim (m) de infância	lasteaed	[lasʲteaet]
babysitter (f)	lapsehoidja	[lapsehojdja]

infância (f)	lapsepõlv	[lapsepɜlʲʋ]
boneca (f)	nukk	[nukk]
brinquedo (m)	mänguasi	[mænguasi]
jogo (m) de armar	konstruktor	[konsʲtruktor]

bem-educado	hästikasvatatud	[hæsʲtikasʋatatut]
mal-educado	kasvatamatu	[kasʋatamatu]
mimado	hellitatud	[helʲitatut]

ser travesso	mürama	[mɨrama]
travesso, traquinas	vallatu	[ʋalʲætu]
travessura (f)	vallatus	[ʋalʲætus]
criança (f) travessa	vallatu jömpsikas	[ʋalʲætu jɜmpsikas]

| obediente | kuulekas | [ku:lekas] |
| desobediente | sõnakuulmatu | [sɜnaku:lʲmatu] |

dócil	mõistlik	[mɜisʲtlik]
inteligente	tark	[tark]
menino (m) prodígio	imelaps	[imelaps]

60. Casais. Vida de família

beijar (vt)	suudlema	[suːtlema]
beijar-se (vr)	suudlema	[suːtlema]
família (f)	perekond	[perekont]
familiar	perekondlik	[perekontlik]
casal (m)	abielupaar	[abielupaːr]
matrimónio (m)	abielu	[abielu]
lar (m)	kodukolle	[kodukolʲe]
dinastia (f)	dünastia	[dʉnasʲtia]

| encontro (m) | kohtamine | [kohtamine] |
| beijo (m) | suudlus | [suːtlus] |

amor (m)	armastus	[armasʲtus]
amar (vt)	armastama	[armasʲtama]
amado, querido	kallim	[kalʲim]

ternura (f)	õrnus	[ɜrnus] ·
terno, afetuoso	õrn	[ɜrn]
fidelidade (f)	truudus	[truːdus]
fiel	truu	[truː]
cuidado (m)	hoolitsus	[hoːlitsus]
carinhoso	hoolitsev	[hoːlitseʋ]

recém-casados (m pl)	pruutpaar	[pruːtpaːr]
lua de mel (f)	mesinädalad	[mesinædalat]
casar-se (com um homem)	mehele minema	[mehele minema]
casar-se (com uma mulher)	naist võtma	[naisʲt ʋɜtma]

boda (f)	pulmad	[pulʲmat]
bodas (f pl) de ouro	kuldpulm	[kulʲtpulʲm]
aniversário (m)	aastapäev	[aːsʲtapææʋ]

| amante (m) | armuke | [armuke] |
| amante (f) | armuke | [armuke] |

adultério (m)	petmine	[petmine]
cometer adultério	petma	[petma]
divórcio (m)	lahutus	[lahutus]
divorciar-se (vr)	lahutama	[lahutama]

brigar (discutir)	tülitsema	[tʉlitsema]
fazer as pazes	leppima	[leppima]
juntos	koos	[koːs]
sexo (m)	seks	[seks]

felicidade (f)	õnn	[ɜnn]
feliz	õnnelik	[ɜnnelik]
infelicidade (f)	õnnetus	[ɜnnetus]
infeliz	õnnetu	[ɜnnetu]

Caráter. Sentimentos. Emoções

61. Sentimentos. Emoções

sentimento (m)	tunne	[tunne]
sentimentos (m pl)	tunded	[tundet]
sentir (vt)	tundma	[tundma]
fome (f)	nälg	[nælʲg]
ter fome	süüa tahtma	[sʉ:a tahtma]
sede (f)	janu	[janu]
ter sede	juua tahtma	[ju:a tahtma]
sonolência (f)	unisus	[unisus]
estar sonolento	magada tahtma	[magada tahtma]
cansaço (m)	väsimus	[ʋæsimus]
cansado	väsinud	[ʋæsinut]
ficar cansado	väsima	[ʋæsima]
humor (m)	tuju	[tuju]
tédio (m)	igavus	[igaʋus]
aborrecer-se (vr)	igavlema	[igaʋlema]
isolamento (m)	üksindus	[ʉksindus]
isolar-se	üksi olema	[ʉksi olema]
preocupar (vt)	muret tegema	[muret tegema]
preocupar-se (vr)	muretsema	[muretsema]
preocupação (f)	rahutus	[rahutus]
ansiedade (f)	häire	[hæjre]
preocupado	muretsev	[muretseʋ]
estar nervoso	närveerima	[nærʋe:rima]
entrar em pânico	paanikasse sattuma	[pa:nikasse sattuma]
esperança (f)	lootus	[lo:tus]
esperar (vt)	lootma	[lo:tma]
certeza (f)	enesekindlus	[enesekintlus]
certo	enesekindel	[enesekindelʲ]
indecisão (f)	ebakindlus	[ebakintlus]
indeciso	ebakindel	[ebakindelʲ]
ébrio, bêbado	purjus	[purjus]
sóbrio	kaine	[kaine]
fraco	nõrk	[nɜrk]
feliz	õnnelik	[ɜnnelik]
assustar (vt)	ehmatama	[ehmatama]
fúria (f)	märatsushoog	[mæratsusho:g]
ira, raiva (f)	raev	[raeʋ]
depressão (f)	depressioon	[depressio:n]
desconforto (m)	ebamugavus	[ebamugaʋus]

conforto (m)	mugavus	[mugaʋus]
arrepender-se (vr)	kahetsema	[kahetsema]
arrependimento (m)	kahetsus	[kahetsus]
azar (m), má sorte (f)	ebaõnnestumine	[ebaɜnnesʲtumine]
tristeza (f)	kurvastus	[kurʋasʲtus]

vergonha (f)	häbi	[hæbi]
alegria (f)	pidu	[pidu]
entusiasmo (m)	entusiasm	[entusiasm]
entusiasta (m)	entusiast	[entusiasʲt]
mostrar entusiasmo	entusiasmi üles näitama	[entusiasmi üles næjtama]

62. Caráter. Personalidade

caráter (m)	iseloom	[iselo:m]
falha (f) de caráter	nõrkus	[nɜrkus]
mente (f)	mõistus	[mɜisʲtus]
razão (f)	aru	[aru]

consciência (f)	südametunnistus	[südametunnisʲtus]
hábito (m)	harjumus	[harjumus]
habilidade (f)	võimed	[ʋɜimet]
saber (~ nadar, etc.)	oskama	[oskama]

paciente	kannatlik	[kannatlik]
impaciente	kannatamatu	[kannatamatu]
curioso	uudishimulik	[u:dishimulik]
curiosidade (f)	uudishimu	[u:dishimu]

modéstia (f)	tagasihoidlikkus	[tagasihojtlikkus]
modesto	tagasihoidlik	[tagasihojtlik]
imodesto	taktitundetu	[taktitundetu]

preguiça (f)	laiskus	[laiskus]
preguiçoso	laisk	[laisk]
preguiçoso (m)	laiskvorst	[laiskʋorsʲt]

astúcia (f)	kavalus	[kaʋalus]
astuto	kaval	[kaʋalʲ]
desconfiança (f)	umbusaldus	[umbusalʲdus]
desconfiado	umbusklik	[umbusklik]

generosidade (f)	heldus	[helʲdus]
generoso	helde	[helʲde]
talentoso	andekas	[andekas]
talento (m)	anne	[anne]

corajoso	julge	[julʲge]
coragem (f)	julgus	[julʲgus]
honesto	aus	[aus]
honestidade (f)	ausus	[ausus]

| prudente | ettevaatlik | [etteʋa:tlik] |
| valente | vapper | [ʋapper] |

sério	tõsine	[tзsine]
severo	range	[range]

decidido	otsustav	[otsusˈtaʋ]
indeciso	kõhklev	[kзhkleʋ]
tímido	kartlik	[kartlik]
timidez (f)	kartlikkus	[kartlikkus]

confiança (f)	usaldus	[usalʲdus]
confiar (vt)	usaldama	[usalʲdama]
crédulo	usaldav	[usalʲdaʋ]

sinceramente	siiralt	[si:ralʲt]
sincero	siiras	[si:ras]
sinceridade (f)	siirus	[si:rus]
aberto	aval	[aʋalʲ]

calmo	vaikne	[ʋaikne]
franco	avameelne	[aʋame:lʲne]
ingénuo	naiivne	[nai:ʋne]
distraído	hajameelne	[hajame:lʲne]
engraçado	naljakas	[naljakas]

ganância (f)	ahnus	[ahnus]
ganancioso	ahne	[ahne]
avarento	kitsi	[kitsi]
mau	kuri	[kuri]
teimoso	kangekaelne	[kangekaelʲne]
desagradável	ebameeldiv	[ebame:lʲdiʋ]

egoísta (m)	egoist	[egoisʲt]
egoísta	egoistlik	[egoisʲtlik]
cobarde (m)	argpüks	[argpʉks]
cobarde	arg	[arg]

63. O sono. Sonhos

dormir (vi)	magama	[magama]
sono (m)	uni	[uni]
sonho (m)	unenägu	[unenægu]
sonhar (vi)	und nägema	[unt nægema]
sonolento	unine	[unine]

cama (f)	voodi	[ʋo:di]
colchão (m)	madrats	[madrats]
cobertor (m)	tekk	[tekk]
almofada (f)	padi	[padi]
lençol (m)	voodilina	[ʋo:dilina]

insónia (f)	unetus	[unetus]
insone	unetu	[unetu]
sonífero (m)	unerohi	[unerohi]
tomar um sonífero	unerohtu võtma	[unerohtu ʋзtma]
estar sonolento	magada tahtma	[magada tahtma]

bocejar (vi)	haigutama	[haigutama]
ir para a cama	magama minema	[magama minema]
fazer a cama	voodit üles tegema	[ʋo:dit ᴜles tegema]
adormecer (vi)	magama jääma	[magama jæ:ma]

pesadelo (m)	õudusunenägu	[ɜudusunenægu]
ronco (m)	norskamine	[norskamine]
roncar (vi)	norskama	[norskama]

despertador (m)	äratuskell	[æratuskelʲ]
acordar, despertar (vt)	äratama	[æratama]
acordar (vi)	ärkama	[ærkama]
levantar-se (vr)	üles tõusma	[ᴜles tɜusma]
lavar-se (vr)	nägu pesema	[nægu pesema]

64. Humor. Riso. Alegria

humor (m)	huumor	[hu:mor]
sentido (m) de humor	huumorimeel	[hu:morime:lʲ]
divertir-se (vr)	lõbutsema	[lɜbutsema]
alegre	lõbus	[lɜbus]
alegria (f)	lust	[lusʲt]

sorriso (m)	naeratus	[naeratus]
sorrir (vi)	naeratama	[naeratama]
começar a rir	naerma hakkama	[naerma hakkama]
rir (vi)	naerma	[naerma]
riso (m)	naer	[naer]

anedota (f)	anekdoot	[anekdo:t]
engraçado	naljakas	[naljakas]
ridículo	naljakas	[naljakas]

brincar, fazer piadas	nalja tegema	[nalja tegema]
piada (f)	nali	[nali]
alegria (f)	rõõm	[rɜ:m]
regozijar-se (vr)	rõõmustama	[rɜ:musʲtama]
alegre	rõõmus	[rɜ:mus]

65. Discussão, conversação. Parte 1

| comunicação (f) | suhtlemine | [suhtlemine] |
| comunicar-se (vr) | suhtlema | [suhtlema] |

conversa (f)	vestlus	[ʋesʲtlus]
diálogo (m)	dialoog	[dialo:g]
discussão (f)	diskussioon	[diskussio:n]
debate (m)	vaidlus	[ʋaitlus]
debater (vt)	vaidlema	[ʋaitlema]

| interlocutor (m) | vestluskaaslane | [ʋesʲtluskaːslane] |
| tema (m) | teema | [te:ma] |

ponto (m) de vista	seisukoht	[sejsukoht]
opinião (f)	arvamus	[aruamus]
discurso (m)	kõne	[kɜne]

discussão (f)	arutelu	[arutelu]
discutir (vt)	arutama	[arutama]
conversa (f)	vestlus	[ues¹tlus]
conversar (vi)	vestlema	[ues¹tlema]
encontro (m)	kohtumine	[kohtumine]
encontrar-se (vr)	kohtuma	[kohtuma]

provérbio (m)	vanasõna	[uanasɜna]
ditado (m)	kõnekäänd	[kɜnekæ:nt]
adivinha (f)	mõistatus	[mɜis¹tatus]
dizer uma adivinha	mõistatust andma	[mɜis¹tatus¹t andma]
senha (f)	parool	[paro:l¹]
segredo (m)	saladus	[saladus]

juramento (m)	tõotus	[tɜotus]
jurar (vi)	tõotama	[tɜotama]
promessa (f)	lubadus	[lubadus]
prometer (vt)	lubama	[lubama]

conselho (m)	nõu	[nɜu]
aconselhar (vt)	soovitama	[so:uitama]
seguir o conselho	järgima nõuannet	[jærgima nɜuannet]
escutar (~ os conselhos)	sõna kuulma	[sɜna ku:l¹ma]

novidade, notícia (f)	uudis	[u:dis]
sensação (f)	sensatsioon	[sensatsio:n]
informação (f)	andmed	[andmet]
conclusão (f)	kokkuvõte	[kokkuuɜte]
voz (f)	hääl	[hæ:l¹]
elogio (m)	kompliment	[kompliment]
amável	armastusväärne	[armas¹tusuæ:rne]

palavra (f)	sõna	[sɜna]
frase (f)	väljend	[uæljent]
resposta (f)	vastus	[uas¹tus]

verdade (f)	tõde	[tɜde]
mentira (f)	vale	[uale]

pensamento (m)	mõte	[mɜte]
ideia (f)	idee, mõte	[ide:, mɜte]
fantasia (f)	väljamõeldis	[uæljamɜel¹dis]

66. Discussão, conversação. Parte 2

estimado	austatud	[aus¹tatut]
respeitar (vt)	austama	[aus¹tama]
respeito (m)	austus	[aus¹tus]
Estimado ..., Caro ...	Lugupeetud ...	[lugupe:tut ...]
apresentar (vt)	tutvustama	[tutuus¹tama]

travar conhecimento	tutvuma	[tutʋuma]
intenção (f)	kavatsus	[kaʋatsus]
tencionar (vt)	kavatsema	[kaʋatsema]
desejo (m)	soov	[so:ʋ]
desejar (ex. ~ boa sorte)	soovima	[so:ʋima]

surpresa (f)	imestus	[imesʲtus]
surpreender (vt)	üllatama	[ʉlʲætama]
surpreender-se (vr)	imestama	[imesʲtama]

dar (vt)	andma	[andma]
pegar (tomar)	võtma	[ʋɜtma]
devolver (vt)	tagastama	[tagasʲtama]
retornar (vt)	tagasi andma	[tagasi andma]

desculpar-se (vr)	vabandama	[ʋabandama]
desculpa (f)	vabandus	[ʋabandus]
perdoar (vt)	andeks andma	[andeks andma]

falar (vi)	rääkima	[ræ:kima]
escutar (vt)	kuulama	[ku:lama]
ouvir até o fim	ära kuulama	[æra ku:lama]
compreender (vt)	mõistma	[mɜisʲtma]

mostrar (vt)	näitama	[næjtama]
olhar para ...	... vaatama	[... ʋa:tama]
chamar (dizer em voz alta o nome)	kutsuma	[kutsuma]
distrair (vt)	häirida	[hæjrida]
perturbar (vt)	tülitama	[tʉlitama]
entregar (~ em mãos)	üle andma	[ʉle andma]

pedido (m)	palve	[palʲʋe]
pedir (ex. ~ ajuda)	paluma	[paluma]
exigência (f)	nõue	[nɜue]
exigir (vt)	nõudma	[nɜudma]

chamar nomes (vt)	narrima	[narrima]
zombar (vt)	pilkama	[pilʲkama]
zombaria (f)	pilge	[pilʲge]
alcunha (f)	hüüdnimi	[hʉ:dnimi]

insinuação (f)	vihje	[ʋihje]
insinuar (vt)	vihjama	[ʋihjama]
subentender (vt)	silmas pidama	[silʲmas pidama]

descrição (f)	kirjeldus	[kirjelʲdus]
descrever (vt)	kirjeldama	[kirjelʲdama]
elogio (m)	kiitus	[ki:tus]
elogiar (vt)	kiitma	[ki:tma]

desapontamento (m)	pettumus	[pettumus]
desapontar (vt)	petma	[petma]
desapontar-se (vr)	pettuma	[pettuma]
suposição (f)	eeldus	[e:lʲdus]
supor (vt)	eeldama	[e:lʲdama]

advertência (f)	hoiatus	[hojatus]
advertir (vt)	hoiatama	[hojatama]

67. Discussão, conversação. Parte 3

convencer (vt)	veenma	[ʋe:nma]
acalmar (vt)	rahustama	[rahusˈtama]

silêncio (o ~ é de ouro)	vaikimine	[ʋaikimine]
ficar em silêncio	vaikima	[ʋaikima]
sussurrar (vt)	sosistama	[sosisˈtama]
sussurro (m)	sosin	[sosin]

francamente	avameelselt	[aʋame:lˈselʲt]
a meu ver ...	minu arvates ...	[minu arʋates ...]

detalhe (~ da história)	üksikasi	[ʉksikasi]
detalhado	üksikasjalik	[ʉksikasjalik]
detalhadamente	üksikasjalikult	[ʉksikasjalikulʲt]

dica (f)	etteütlemine	[etteʉtlemine]
dar uma dica	ette ütlema	[ette ʉtlema]

olhar (m)	pilk	[pilʲk]
dar uma vista de olhos	pilku heitma	[pilʲku hejtma]
fixo (olhar ~)	liikumatu	[li:kumatu]
piscar (vi)	pilgutama	[pilʲgutama]
pestanejar (vt)	pilgutama	[pilʲgutama]
acenar (com a cabeça)	noogutama	[no:gutama]

suspiro (m)	ohe	[ohe]
suspirar (vi)	ohkama	[ohkama]
estremecer (vi)	võpatama	[ʋɤpatama]
gesto (m)	žest	[ʒesʲt]
tocar (com as mãos)	puudutama	[pu:dutama]
agarrar (~ pelo braço)	haarama	[ha:rama]
bater de leve	patsutama	[patsutama]

Cuidado!	Ettevaatust!	[etteʋa:tusʲtl]
A sério?	Kas tõesti?	[kas tɜesʲti?]
Tem certeza?	Oled sa kindel?	[olet sa kindel?]
Boa sorte!	Õnn kaasa!	[ɜnn ka:sa!]
Compreendi!	Selge!	[selʲge!]
Que pena!	Kahju!	[kahju!]

68. Acordo. Recusa

consentimento (~ mútuo)	nõusolek	[nɜusolek]
consentir (vi)	nõustuma	[nɜusˈtuma]
aprovação (f)	heakskiitmine	[heakski:tmine]
aprovar (vt)	heaks kiitma	[heaks ki:tma]
recusa (f)	keeldumine	[ke:lʲdumine]

negar-se (vt)	keelduma	[ke:lʲduma]
Está ótimo!	Suurepärane!	[su:repærane!]
Muito bem!	Hästi!	[hæsʲti!]
Está bem! De acordo!	Hea küll!	[hea kʉlʲ!]

proibido	keelatud	[ke:latut]
é proibido	ei tohi	[ej tohi]
é impossível	võimatu	[ʋɔimatu]
incorreto	vale	[ʋale]

rejeitar (~ um pedido)	tagasi lükkama	[tagasi lʉkkama]
apoiar (vt)	toetama	[toetama]
aceitar (desculpas, etc.)	vastu võtma	[ʋasʲtu ʋɔtma]

confirmar (vt)	kinnitama	[kinnitama]
confirmação (f)	kinnitus	[kinnitus]
permissão (f)	luba	[luba]
permitir (vt)	lubama	[lubama]
decisão (f)	otsus	[otsus]
não dizer nada	vaikima	[ʋaikima]

condição (com uma ~)	tingimus	[tingimus]
pretexto (m)	ettekääne	[ettekæ:ne]
elogio (m)	kiitus	[ki:tus]
elogiar (vt)	kiitma	[ki:tma]

69. Sucesso. Boa sorte. Insucesso

êxito, sucesso (m)	edu	[edu]
com êxito	edukalt	[edukalʲt]
bem sucedido	edukas	[edukas]

sorte (fortuna)	vedamine	[ʋedamine]
Boa sorte!	Õnn kaasa!	[ɜnn ka:sa!]
de sorte	õnnestunud	[ɜnnesʲtunut]
sortudo, felizardo	õnneseen	[ɜnnese:n]

fracasso (m)	äpardus	[æpardus]
pouca sorte (f)	ebaõnn	[ebaɜnn]
azar (m), má sorte (f)	ebaõnnestumine	[ebaɜnnesʲtumine]

| mal sucedido | ebaõnnestunud | [ebaɜnnesʲtunut] |
| catástrofe (f) | katastroof | [katasʲtro:f] |

orgulho (m)	uhkus	[uhkus]
orgulhoso	uhke	[uhke]
estar orgulhoso	uhkust tundma	[uhkusʲt tundma]

vencedor (m)	võitja	[ʋɔitja]
vencer (vi)	võitma	[ʋɔitma]
perder (vt)	kaotama	[kaotama]
tentativa (f)	katse	[katse]
tentar (vt)	püüdma	[pʉ:dma]
chance (m)	šanss	[ʃanss]

70. Conflitos. Emoções negativas

grito (m)	karje	[karje]
gritar (vi)	karjuma	[karjuma]
começar a gritar	karjuma hakkama	[karjuma hakkama]
discussão (f)	tüli	[tʉli]
discutir (vt)	tülitsema	[tʉlitsema]
escândalo (m)	skandaal	[skanda:lʲ]
criar escândalo	skandaali tegema	[skanda:li tegema]
conflito (m)	konflikt	[konflikt]
mal-entendido (m)	arusaamatus	[arusa:matus]
insulto (m)	solvamine	[solʲʋamine]
insultar (vt)	solvama	[solʲʋama]
insultado	solvatud	[solʲʋatut]
ofensa (f)	solvumine	[solʲʋumine]
ofender (vt)	solvama	[solʲʋama]
ofender-se (vr)	solvuma	[solʲʋuma]
indignação (f)	pahameel	[pahame:lʲ]
indignar-se (vr)	pahane olema	[pahane olema]
queixa (f)	kaebus	[kaebus]
queixar-se (vr)	kaebama	[kaebama]
desculpa (f)	vabandus	[ʋabandus]
desculpar-se (vr)	vabandama	[ʋabandama]
pedir perdão	andeks paluma	[andeks paluma]
crítica (f)	kriitika	[kri:tika]
criticar (vt)	kritiseerima	[kritise:rima]
acusação (f)	süüdistus	[sʉ:disʲtus]
acusar (vt)	süüdistama	[sʉ:disʲtama]
vingança (f)	kättemaks	[kættemaks]
vingar (vt)	kätte maksma	[kætte maksma]
vingar-se (vr)	kätte maksma	[kætte maksma]
desprezo (m)	põlgus	[pɔlʲgus]
desprezar (vt)	põlgama	[pɔlʲgama]
ódio (m)	viha	[ʋiha]
odiar (vt)	vihkama	[ʋihkama]
nervoso	närviline	[nærʋiline]
estar nervoso	närveerima	[nærʋe:rima]
zangado	vihane	[ʋihane]
zangar (vt)	vihale ajama	[ʋihale ajama]
humilhação (f)	alandus	[alandus]
humilhar (vt)	alandama	[alandama]
humilhar-se (vr)	alandust taluma	[alandusʲt taluma]
choque (m)	šokk	[ʃokk]
chocar (vt)	šokeerima	[ʃoke:rima]
aborrecimento (m)	ebameeldivus	[ebame:lʲdiʋus]

desagradável	ebameeldiv	[ebame:lʲdiʊ]
medo (m)	hirm	[hirm]
terrível (tempestade, etc.)	hirmus	[hirmus]
assustador (ex. história ~a)	kole	[kole]
horror (m)	õudus	[ɜudus]
horrível (crime, etc.)	õudne	[ɜudne]
começar a tremer	värisema hakkama	[ʋærisema hakkama]
chorar (vi)	nutma	[nutma]
começar a chorar	nutma hakkama	[nutma hakkama]
lágrima (f)	pisar	[pisar]
falta (f)	süü	[su:]
culpa (f)	süütunne	[su:tunne]
desonra (f)	häbi	[hæbi]
protesto (m)	protest	[protesʲt]
stresse (m)	stress	[sʲtress]
perturbar (vt)	segama	[segama]
zangar-se com …	vihastama	[ʋihasʲtama]
zangado	vihane	[ʋihane]
terminar (vt)	katkestama	[katkesʲtama]
praguejar	sõimama	[sɜimama]
assustar-se	ehmuma	[ehmuma]
golpear (vt)	lööma	[lø:ma]
brigar (na rua, etc.)	kaklema	[kaklema]
resolver (o conflito)	korda ajama	[korda ajama]
descontente	rahulolematu	[rahulolematu]
furioso	raevukas	[raeʊukas]
Não está bem!	See ei ole hea!	[se: ej ole hea!]
É mau!	See on halb!	[se: on halʲb!]

Medicina

71. Doenças

doença (f)	haigus	[haigus]
estar doente	haige olema	[haige olema]
saúde (f)	tervis	[teruis]
nariz (m) a escorrer	nohu	[nohu]
amigdalite (f)	angiin	[angi:n]
constipação (f)	külmetus	[kɐlʲmetus]
constipar-se (vr)	külmetuma	[kɐlʲmetuma]
bronquite (f)	bronhiit	[bronhi:t]
pneumonia (f)	kopsupõletik	[kopsupɜletik]
gripe (f)	gripp	[gripp]
míope	lühinägelik	[lʉhinægelik]
presbita	kaugenägelik	[kaugenægelik]
estrabismo (m)	kõõrdsilmsus	[kɜ:rdsilʲmsus]
estrábico	kõõrdsilmne	[kɜ:rdsilʲmne]
catarata (f)	katarakt	[katarakt]
glaucoma (m)	glaukoom	[glauko:m]
AVC (m), apoplexia (f)	insult	[insulʲt]
ataque (m) cardíaco	infarkt	[infarkt]
enfarte (m) do miocárdio	müokardi infarkt	[mʉokardi infarkt]
paralisia (f)	halvatus	[halʲvatus]
paralisar (vt)	halvama	[halʲvama]
alergia (f)	allergia	[alʲergia]
asma (f)	astma	[asʲtma]
diabetes (f)	diabeet	[diabe:t]
dor (f) de dentes	hambavalu	[hambavalu]
cárie (f)	kaaries	[ka:ries]
diarreia (f)	kõhulahtisus	[kɜhulahtisus]
prisão (f) de ventre	kõhukinnisus	[kɜhukinnisus]
desarranjo (m) intestinal	kõhulahtisus	[kɜhulahtisus]
intoxicação (f) alimentar	mürgitus	[mʉrgitus]
intoxicar-se	mürgitust saama	[mʉrgitusʲt sa:ma]
artrite (f)	artriit	[artri:t]
raquitismo (m)	rahhiit	[rahhi:t]
reumatismo (m)	reuma	[reuma]
arteriosclerose (f)	ateroskleroos	[ateroskleroːs]
gastrite (f)	gastriit	[gasʲtri:t]
apendicite (f)	apenditsiit	[apenditsi:t]

| colecistite (f) | koletsüstiit | [koletsüs'ti:t] |
| úlcera (f) | haavand | [ha:ʋant] |

sarampo (m)	leetrid	[le:trit]
rubéola (f)	punetised	[punetiset]
iterícia (f)	kollatõbi	[kol'æt3bi]
hepatite (f)	hepatiit	[hepati:t]

esquizofrenia (f)	skisofreenia	[skisofre:nia]
raiva (f)	marutaud	[marutaut]
neurose (f)	neuroos	[neuro:s]
comoção (f) cerebral	ajuvapustus	[ajuʋapus'tus]

cancro (m)	vähk	[ʋæhk]
esclerose (f)	skleroos	[sklero:s]
esclerose (f) múltipla	hajameelne skleroos	[hajame:l'ne sklero:s]

alcoolismo (m)	alkoholism	[al'koholism]
alcoólico (m)	alkohoolik	[al'koho:lik]
sífilis (f)	süüfilis	[sü:filis]
SIDA (f)	AIDS	[aids]

tumor (m)	kasvaja	[kasʋaja]
maligno	pahaloomuline	[pahalo:muline]
benigno	healoomuline	[healo:muline]

febre (f)	palavik	[palaʋik]
malária (f)	malaaria	[mala:ria]
gangrena (f)	gangreen	[gangre:n]
enjoo (m)	merehaigus	[merehaigus]
epilepsia (f)	epilepsia	[epilepsia]

epidemia (f)	epideemia	[epide:mia]
tifo (m)	tüüfus	[tü:fus]
tuberculose (f)	tuberkuloos	[tuberkulo:s]
cólera (f)	koolera	[ko:lera]
peste (f)	katk	[katk]

72. Sintomas. Tratamentos. Parte 1

sintoma (m)	sümptom	[sümptom]
temperatura (f)	temperatuur	[temperatu:r]
febre (f)	kõrge palavik	[k3rge palaʋik]
pulso (m)	pulss	[pul'ss]

vertigem (f)	peapööritus	[peapø:ritus]
quente (testa, etc.)	kuum	[ku:m]
calafrio (m)	vappekülm	[ʋappekül'm]
pálido	kahvatu	[kahʋatu]

tosse (f)	köha	[køha]
tossir (vi)	köhima	[køhima]
espirrar (vi)	aevastama	[aeʋas'tama]
desmaio (m)	minestus	[mines'tus]

desmaiar (vi)	teadvust kaotama	[teaduus¹t kaotama]
nódoa (f) negra	sinikas	[sinikas]
galo (m)	muhk	[muhk]
magoar-se (vr)	ära lööma	[æra lø:ma]
pisadura (f)	haiget saanud koht	[haiget sa:nut koht]
aleijar-se (vr)	haiget saama	[haiget sa:ma]

coxear (vi)	lonkama	[lonkama]
deslocação (f)	nihestus	[nihes¹tus]
deslocar (vt)	nihestama	[nihes¹tama]
fratura (f)	luumurd	[lu:murt]
fraturar (vt)	luud murdma	[lu:t murdma]

corte (m)	lõikehaav	[lɜikeha:u]
cortar-se (vr)	endale sisse lõikama	[endale sisse lɜikama]
hemorragia (f)	verejooks	[uerejo:ks]

queimadura (f)	põletushaav	[pɜletusha:u]
queimar-se (vr)	end ära põletama	[ent æra pɜletama]

picar (vt)	torkama	[torkama]
picar-se (vr)	end torkama	[ent torkama]
lesionar (vt)	kergelt haavama	[kergel¹t ha:uama]
lesão (m)	vigastus	[uigas¹tus]
ferida (f), ferimento (m)	haav	[ha:u]
trauma (m)	trauma	[trauma]

delirar (vi)	sonima	[sonima]
gaguejar (vi)	kokutama	[kokutama]
insolação (f)	päiksepiste	[pæjksepis¹te]

73. Sintomas. Tratamentos. Parte 2

dor (f)	valu	[ualu]
farpa (no dedo)	pind	[pint]

suor (m)	higi	[higi]
suar (vi)	higistama	[higis¹tama]
vómito (m)	okse	[okse]
convulsões (f pl)	krambid	[krambit]

grávida	rase	[rase]
nascer (vi)	sündima	[sundima]
parto (m)	sünnitus	[sunnitus]
dar à luz	sünnitama	[sunnitama]
aborto (m)	abort	[abort]

respiração (f)	hingamine	[hingamine]
inspiração (f)	sissehingamine	[sissehingamine]
expiração (f)	väljahingamine	[uæljahingamine]
expirar (vi)	välja hingama	[uælja hingama]
inspirar (vi)	sisse hingama	[sisse hingama]
inválido (m)	invaliid	[inuali:t]
aleijado (m)	vigane	[uigane]

toxicodependente (m)	narkomaan	[narkoma:n]
surdo	kurt	[kurt]
mudo	tumm	[tumm]
surdo-mudo	kurttumm	[kurttumm]

louco (adj.)	hullumeelne	[hullume:lᵢne]
louco (m)	vaimuhaige	[ʋaimuhaige]
louca (f)	vaimuhaige	[ʋaimuhaige]
ficar louco	hulluks minema	[hullᵘuks minema]

gene (m)	geen	[ge:n]
imunidade (f)	immuniteet	[immunite:t]
hereditário	pärilik	[pærilik]
congénito	kaasasündinud	[ka:sasündinut]

vírus (m)	viirus	[ʋi:rus]
micróbio (m)	mikroob	[mikro:b]
bactéria (f)	bakter	[bakter]
infeção (f)	nakkus	[nakkus]

74. Sintomas. Tratamentos. Parte 3

| hospital (m) | haigla | [haigla] |
| paciente (m) | patsient | [patsient] |

diagnóstico (m)	diagnoos	[diagno:s]
cura (f)	iseravimine	[iseraʋimine]
tratamento (m) médico	ravimine	[raʋimine]
curar-se (vr)	ennast ravima	[ennasᵗ raʋima]
tratar (vt)	ravima	[raʋima]
cuidar (pessoa)	hoolitsema	[ho:litsema]
cuidados (m pl)	hoolitsus	[ho:litsus]

operação (f)	operatsioon	[operatsio:n]
enfaixar (vt)	siduma	[siduma]
enfaixamento (m)	sidumine	[sidumine]

vacinação (f)	vaktsineerimine	[ʋaktsine:rimine]
vacinar (vt)	vaktsineerima	[ʋaktsine:rima]
injeção (f)	süst	[süsᵗt]
dar uma injeção	süstima	[süsᵗtima]

ataque (~ de asma, etc.)	haigushoog	[haigusho:g]
amputação (f)	amputeerimine	[ampute:rimine]
amputar (vt)	amputeerima	[ampute:rima]
coma (f)	kooma	[ko:ma]
estar em coma	koomas olema	[ko:mas olema]
reanimação (f)	reanimatsioon	[reanimatsio:n]

recuperar-se (vr)	terveks saama	[terʋeks sa:ma]
estado (~ de saúde)	seisund	[sejsunt]
consciência (f)	teadvus	[teadʋus]
memória (f)	mälu	[mælu]
tirar (vt)	hammast välja tõmbama	[hammasᵗt ʋælja tɔmbama]

| chumbo (m), obturação (f) | plomm | [plomm] |
| chumbar, obturar (vt) | plombeerima | [plombe:rima] |

| hipnose (f) | hüpnoos | [hʉpno:s] |
| hipnotizar (vt) | hüpnotiseerima | [hʉpnotise:rima] |

75. Médicos

médico (m)	arst	[arsʲt]
enfermeira (f)	medõde	[medɜde]
médico (m) pessoal	isiklik arst	[isiklik arsʲt]

dentista (m)	hambaarst	[hamba:rsʲt]
oculista (m)	silmaarst	[silʲma:rsʲt]
terapeuta (m)	sisearst	[sisearsʲt]
cirurgião (m)	kirurg	[kirurg]

psiquiatra (m)	psühhiaater	[psʉhhia:ter]
pediatra (m)	lastearst	[lasʲtearsʲt]
psicólogo (m)	psühholoog	[psʉhholo:g]
ginecologista (m)	naistearst	[naisʲtearsʲt]
cardiologista (m)	kardioloog	[kardiolo:g]

76. Medicina. Drogas. Acessórios

medicamento (m)	ravim	[raʋim]
remédio (m)	vahend	[ʋahent]
receitar (vt)	välja kirjutama	[ʋælja kirjutama]
receita (f)	retsept	[retsept]

comprimido (m)	tablett	[tablett]
pomada (f)	salv	[salʲʋ]
ampola (f)	ampull	[ampulʲ]
preparado (m)	mikstuur	[miksʲtu:r]
xarope (m)	siirup	[si:rup]
cápsula (f)	pill	[pilʲ]
remédio (m) em pó	pulber	[pulʲber]

ligadura (f)	side	[side]
algodão (m)	vatt	[ʋatt]
iodo (m)	jood	[jo:t]

penso (m) rápido	plaaster	[pla:sʲter]
conta-gotas (m)	pipett	[pipett]
termómetro (m)	kraadiklaas	[kra:dikla:s]
seringa (f)	süstal	[sʉsʲtalʲ]

| cadeira (f) de rodas | invaliidikäru | [inʋali:dikæru] |
| muletas (f pl) | kargud | [kargut] |

| analgésico (m) | valuvaigisti | [ʋaluʋaigisʲti] |
| laxante (m) | kõhulahtisti | [kɜhulahtisʲti] |

álcool (m) etílico	piiritus	[pi:ritus]
ervas (f pl) medicinais	maarohud	[ma:rohut]
de ervas (chá ~)	maarohtudest	[ma:rohtudesʲt]

77. Fumar. Produtos tabágicos

tabaco (m)	tubakas	[tubakas]
cigarro (m)	sigarett	[sigarett]
charuto (m)	sigar	[sigar]
cachimbo (m)	piip	[pi:p]
maço (~ de cigarros)	suitsupakk	[suitsupakk]

fósforos (m pl)	tikud	[tikut]
caixa (f) de fósforos	tikutoos	[tikuto:s]
isqueiro (m)	välgumihkel	[uælʲgumihkelʲ]
cinzeiro (m)	tuhatoos	[tuhato:s]
cigarreira (f)	portsigar	[portsigar]

boquilha (f)	munstükk	[munsʲtɯkk]
filtro (m)	filter	[filʲter]

fumar (vi, vt)	suitsetama	[suitsetama]
acender um cigarro	suitsetama hakkama	[suitsetama hakkama]
tabagismo (m)	suitsetamine	[suitsetamine]
fumador (m)	suitsetaja	[suitsetaja]

beata (f)	koni	[koni]
fumo (m)	suits	[suits]
cinza (f)	tuhk	[tuhk]

HABITAT HUMANO

Cidade

78. Cidade. Vida na cidade

cidade (f)	linn	[linn]
capital (f)	pealinn	[pealinn]
aldeia (f)	küla	[kʉla]
mapa (m) da cidade	linnaplaan	[linnapla:n]
centro (m) da cidade	kesklinn	[kesklinn]
subúrbio (m)	linnalähedane asula	[linnalʲæhedane asula]
suburbano	linnalähedane	[linnalʲæhedane]
periferia (f)	äärelinn	[æ:relinn]
arredores (m pl)	ümbrus	[ʉmbrus]
quarteirão (m)	kvartal	[kʋartalʲ]
quarteirão (m) residencial	elamukvartal	[elamukʋartalʲ]
tráfego (m)	liiklus	[li:klus]
semáforo (m)	valgusfoor	[ʋalʲgusfo:r]
transporte (m) público	linnatransport	[linnatransport]
cruzamento (m)	ristmik	[risʲtmik]
passadeira (f)	ülekäik	[ʉlekæjk]
passagem (f) subterrânea	jalakäijate tunnel	[jalakæjjate tunnelʲ]
cruzar, atravessar (vt)	üle tänava minema	[ʉle tænaʋa minema]
peão (m)	jalakäija	[jalakæjja]
passeio (m)	kõnnitee	[kɜnnite:]
ponte (f)	sild	[silʲt]
margem (f) do rio	kaldapealne	[kalʲdapealʲne]
fonte (f)	purskkaev	[purskkaeʋ]
alameda (f)	allee	[alʲe:]
parque (m)	park	[park]
bulevar (m)	puiestee	[puiesʲte:]
praça (f)	väljak	[ʋæljak]
avenida (f)	prospekt	[prospekt]
rua (f)	tänav	[tænaʋ]
travessa (f)	põiktänav	[pɜiktænaʋ]
beco (m) sem saída	umbtänav	[umbtænaʋ]
casa (f)	maja	[maja]
edifício, prédio (m)	hoone	[ho:ne]
arranha-céus (m)	pilvelõhkuja	[pilʲʋelɜhkuja]
fachada (f)	fassaad	[fassa:t]
telhado (m)	katus	[katus]

janela (f)	aken	[aken]
arco (m)	võlv	[ʋɜlʲʋ]
coluna (f)	sammas	[sammas]
esquina (f)	nurk	[nurk]

montra (f)	vaateaken	[ʋaːteaken]
letreiro (m)	silt	[silʲt]
cartaz (m)	kuulutus	[kuːlutus]
cartaz (m) publicitário	reklaamiplakat	[rekla:miplakat]
painel (m) publicitário	reklaamikilp	[rekla:mikilʲp]

lixo (m)	prügi	[prɤgi]
cesta (f) do lixo	prügiurn	[prɤgiurn]
jogar lixo na rua	prahti maha viskama	[prahti maha ʋiskama]
aterro (m) sanitário	prügimägi	[prɤgimægi]

cabine (f) telefónica	telefoniputka	[telefoniputka]
candeeiro (m) de rua	laternapost	[laternaposʲt]
banco (m)	pink	[pink]

polícia (m)	politseinik	[politsejnik]
polícia (instituição)	politsei	[politsej]
mendigo (m)	kerjus	[kerjus]
sem-abrigo (m)	pätt	[pætt]

79. Instituições urbanas

loja (f)	kauplus	[kauplus]
farmácia (f)	apteek	[apte:k]
ótica (f)	optika	[optika]
centro (m) comercial	kaubanduskeskus	[kaubanduskeskus]
supermercado (m)	supermarket	[supermarket]

padaria (f)	leivapood	[lejʋapo:t]
padeiro (m)	pagar	[pagar]
pastelaria (f)	kondiitripood	[kondi:tripo:t]
mercearia (f)	toidupood	[tojdupo:t]
talho (m)	lihakarn	[lihakarn]

loja (f) de legumes	juurviljapood	[ju:rʋiljapo:t]
mercado (m)	turg	[turg]

café (m)	kohvik	[kohʋik]
restaurante (m)	restoran	[resʲtoran]
bar (m), cervejaria (f)	õllebaar	[ɜlʲeba:r]
pizzaria (f)	pitsabaar	[pitsaba:r]

salão (m) de cabeleireiro	juuksurisalong	[ju:ksurisalong]
correios (m pl)	postkontor	[posʲtkontor]
lavandaria (f)	keemiline puhastus	[ke:miline puhasʲtus]
estúdio (m) fotográfico	fotoateljee	[fotoatelje:]

sapataria (f)	kingapood	[kingapo:t]
livraria (f)	raamatukauplus	[ra:matukauplus]

loja (f) de artigos de desporto	sporditarvete kauplus	[sporditaruete kauplus]
reparação (f) de roupa	riieteparandus	[ri:eteparandus]
aluguer (m) de roupa	riietelaenutus	[ri:etelaenutus]
aluguer (m) de filmes	filmilaenutus	[fil'milaenutus]

circo (m)	tsirkus	[tsirkus]
jardim (m) zoológico	loomaaed	[lo:ma:et]
cinema (m)	kino	[kino]
museu (m)	muuseum	[mu:seum]
biblioteca (f)	raamatukogu	[ra:matukogu]

teatro (m)	teater	[teater]
ópera (f)	ooper	[o:per]
clube (m) noturno	ööklubi	[ø:klubi]
casino (m)	kasiino	[kasi:no]

mesquita (f)	mošee	[moʃe:]
sinagoga (f)	sünagoog	[sʉnago:g]
catedral (f)	katedraal	[katedra:lʲ]
templo (m)	pühakoda	[pʉhakoda]
igreja (f)	kirik	[kirik]

instituto (m)	instituut	[insʲtitu:t]
universidade (f)	ülikool	[ʉliko:lʲ]
escola (f)	kool	[ko:lʲ]

prefeitura (f)	linnaosa valitsus	[linnaosa ualitsus]
câmara (f) municipal	linnavalitsus	[linnaualitsus]
hotel (m)	hotell	[hotelʲ]
banco (m)	pank	[pank]

embaixada (f)	suursaatkond	[su:rsa:tkont]
agência (f) de viagens	reisibüroo	[rejsibʉro:]
agência (f) de informações	teadete büroo	[teadete bʉro:]
casa (f) de câmbio	rahavahetus	[rahauahetus]

metro (m)	metroo	[metro:]
hospital (m)	haigla	[haigla]

posto (m) de gasolina	tankla	[tankla]
parque (m) de estacionamento	parkla	[parkla]

80. Sinais

letreiro (m)	silt	[silʲt]
inscrição (f)	pealkiri	[pealʲkiri]
cartaz, póster (m)	plakat	[plakat]
sinal (m) informativo	teeviit	[te:ui:t]
seta (f)	nool	[no:lʲ]

aviso (advertência)	hoiatus	[hojatus]
sinal (m) de aviso	hoiatus	[hojatus]
avisar, advertir (vt)	hoiatama	[hojatama]
dia (m) de folga	puhkepäev	[puhkepæəu]

| horário (m) | sõiduplaan | [sɜidupla:n] |
| horário (m) de funcionamento | töötunnid | [tø:tunnit] |

BEM-VINDOS!	TERE TULEMAST!	[tere tulemasʲt!]
ENTRADA	SISSEPÄÄS	[sissepæ:s]
SAÍDA	VÄLJAPÄÄS	[ʋæljapæ:s]

EMPURRE	LÜKKA	[lʉkka]
PUXE	TÕMBA	[tɜmba]
ABERTO	AVATUD	[aʋatut]
FECHADO	SULETUD	[suletut]

| MULHER | NAISTELE | [naisʲtele] |
| HOMEM | MEESTELE | [me:sʲtele] |

DESCONTOS	SOODUSTUSED	[so:dusʲtuset]
SALDOS	VÄLJAMÜÜK	[ʋæljamʉ:k]
NOVIDADE!	UUS KAUP!	[u:s kaup!]
GRÁTIS	TASUTA	[tasuta]

ATENÇÃO!	ETTEVAATUST!	[etteʋa:tusʲt!]
NÃO HÁ VAGAS	TÄIELIKULT BRONEERITUD	[tæjelikulʲt brone:ritut]
RESERVADO	RESERVEERITUD	[reserʋe:ritut]

| ADMINISTRAÇÃO | JUHTKOND | [juhtkont] |
| SOMENTE PESSOAL AUTORIZADO | AINULT PERSONALILE | [ainulʲt personalile] |

CUIDADO CÃO FEROZ	KURI KOER	[kuri koer]
PROIBIDO FUMAR!	MITTE SUITSETADA!	[mitte suitsetada!]
NÃO TOCAR	MITTE PUUTUDA!	[mitte pu:tuda!]

PERIGOSO	OHTLIK	[ohtlik]
PERIGO	OHT	[oht]
ALTA TENSÃO	KÕRGEPINGE	[kɜrgepinge]
PROIBIDO NADAR	UJUMINE KEELATUD!	[ujumine ke:latud!]
AVARIADO	EI TÖÖTA	[ej tø:ta]

INFLAMÁVEL	TULEOHTLIK	[tuleohtlik]
PROIBIDO	KEELATUD	[ke:latud]
ENTRADA PROIBIDA	LÄBIKÄIK KEELATUD	[lʲæbikæjk ke:latut]
CUIDADO TINTA FRESCA	VÄRSKE VÄRV	[ʋærske ʋærʋ]

81. Transportes urbanos

autocarro (m)	buss	[buss]
elétrico (m)	tramm	[tramm]
troleicarro (m)	troll	[trolʲ]
itinerário (m)	marsruut	[marsru:t]
número (m)	number	[number]

| ir de ... (carro, etc.) | ... sõitma | [... sɜitma] |
| entrar (~ no autocarro) | sisenema | [sisenema] |

descer de ...	maha minema	[maha minema]
paragem (f)	peatus	[peatus]
próxima paragem (f)	järgmine peatus	[jærgmine peatus]
ponto (m) final	lõpp-peatus	[lɜpp-peatus]
horário (m)	sõiduplaan	[sɜidupla:n]
esperar (vt)	ootama	[o:tama]
bilhete (m)	pilet	[pilet]
custo (m) do bilhete	pileti hind	[pileti hint]
bilheteiro (m)	kassiir	[kassi:r]
controlo (m) dos bilhetes	piletikontroll	[piletikontrolʲ]
revisor (m)	kontrolör	[kontrolør]
atrasar-se (vr)	hilinema	[hilinema]
perder (o autocarro, etc.)	hiljaks jääma	[hiljaks jæ:ma]
estar com pressa	ruttama	[ruttama]
táxi (m)	takso	[takso]
taxista (m)	taksojuht	[taksojuht]
de táxi (ir ~)	taksoga	[taksoga]
praça (f) de táxis	taksopeatus	[taksopeatus]
chamar um táxi	taksot välja kutsuma	[taksot uælja kutsuma]
apanhar um táxi	taksot võtma	[taksot uɜtma]
tráfego (m)	tänavaliiklus	[tænauali:klus]
engarrafamento (m)	liiklusummik	[li:klusummik]
horas (f pl) de ponta	tipptund	[tipptunt]
estacionar (vi)	parkima	[parkima]
estacionar (vt)	parkima	[parkima]
parque (m) de estacionamento	parkla	[parkla]
metro (m)	metroo	[metro:]
estação (f)	jaam	[ja:m]
ir de metro	metrooga sõitma	[metro:ga sɜitma]
comboio (m)	rong	[rong]
estação (f)	raudteejaam	[raudte:ja:m]

82. Turismo

monumento (m)	mälestussammas	[mæelesʲtussammas]
fortaleza (f)	kindlus	[kintlus]
palácio (m)	loss	[loss]
castelo (m)	loss	[loss]
torre (f)	torn	[torn]
mausoléu (m)	mausoleum	[mausoleum]
arquitetura (f)	arhitektuur	[arhitektu:r]
medieval	keskaegne	[keskaegne]
antigo	vanaaegne	[uana:egne]
nacional	rahvuslik	[rahuuslik]
conhecido	tuntud	[tuntut]
turista (m)	turist	[turisʲt]
guia (pessoa)	giid	[gi:t]

79

excursão (f)	ekskursioon	[ekskursio:n]
mostrar (vt)	näitama	[næjtama]
contar (vt)	jutustama	[jutusˈtama]

encontrar (vt)	leidma	[lejdma]
perder-se (vr)	ära kaduma	[æra kaduma]
mapa (~ do metrô)	skeem	[ske:m]
mapa (~ da cidade)	plaan	[pla:n]

lembrança (f), presente (m)	suveniir	[suʋeni:r]
loja (f) de presentes	suveniirikauplus	[suʋeni:rikauplus]
fotografar (vt)	pildistama	[pilʲdisˈtama]
fotografar-se	laskma pildistada	[laskma pilʲdisˈtada]

83. Compras

comprar (vt)	ostma	[osˈtma]
compra (f)	ost	[osˈt]
fazer compras	oste tegema	[osˈte tegema]
compras (f pl)	šoppamine	[ʃoppamine]

estar aberta (loja, etc.)	lahti olema	[lahti olema]
estar fechada	kinni olema	[kinni olema]

calçado (m)	jalatsid	[jalatsit]
roupa (f)	riided	[ri:det]
cosméticos (m pl)	kosmeetika	[kosme:tika]
alimentos (m pl)	toiduained	[tojduainet]
presente (m)	kingitus	[kingitus]

vendedor (m)	müüja	[mʉ:ja]
vendedora (f)	müüja	[mʉ:ja]

caixa (f)	kassa	[kassa]
espelho (m)	peegel	[pe:gelʲ]
balcão (m)	lett	[lett]
cabine (f) de provas	proovikabiin	[pro:ʋikabi:n]

provar (vt)	selga proovima	[selʲga pro:ʋima]
servir (vi)	paras olema	[paras olema]
gostar (apreciar)	meeldima	[me:lʲdima]

preço (m)	hind	[hint]
etiqueta (f) de preço	hinnalipik	[hinnalipik]
custar (vt)	maksma	[maksma]
Quanto?	Kui palju?	[kui palju?]
desconto (m)	allahindlus	[alʲæhintlus]

não caro	odav	[odaʋ]
barato	odav	[odaʋ]
caro	kallis	[kalʲis]
É caro	See on kallis.	[se: on kalʲis]
aluguer (m)	laenutus	[laenutus]
alugar (vestidos, etc.)	laenutama	[laenutama]

| crédito (m) | pangalaen | [pangalaen] |
| a crédito | krediiti võtma | [kredi:ti ʊɜtma] |

84. Dinheiro

dinheiro (m)	raha	[raha]
câmbio (m)	vahetus	[ʊahetus]
taxa (f) de câmbio	kurss	[kurss]
Caixa Multibanco (m)	pangaautomaat	[panga:utoma:t]
moeda (f)	münt	[mʉnt]

| dólar (m) | dollar | [dolʲær] |
| euro (m) | euro | [euro] |

lira (f)	liir	[li:r]
marco (m)	mark	[mark]
franco (m)	frank	[frank]
libra (f) esterlina	naelsterling	[naelʲsʲterling]
iene (m)	jeen	[je:n]

dívida (f)	võlg	[ʊɜlʲg]
devedor (m)	võlgnik	[ʊɜlʲgnik]
emprestar (vt)	võlgu andma	[ʊɜlʲgu andma]
pedir emprestado	võlgu võtma	[ʊɜlʲgu ʊɜtma]

banco (m)	pank	[pank]
conta (f)	pangakonto	[pangakonto]
depositar (vt)	panema	[panema]
depositar na conta	arvele panema	[arʊele panema]
levantar (vt)	arvelt võtma	[arʊelʲt ʊɜtma]

cartão (m) de crédito	krediidikaart	[kredi:dika:rt]
dinheiro (m) vivo	sularaha	[sularaha]
cheque (m)	tšekk	[tʃekk]
passar um cheque	tšekki välja kirjutama	[tʃekki ʊælja kirjutama]
livro (m) de cheques	tšekiraamat	[tʃekira:mat]

carteira (f)	rahatasku	[rahatasku]
porta-moedas (m)	rahakott	[rahakott]
cofre (m)	seif	[sejf]

herdeiro (m)	pärija	[pærija]
herança (f)	pärandus	[pærandus]
fortuna (riqueza)	varandus	[ʊarandus]

arrendamento (m)	rent	[rent]
renda (f) de casa	korteriüür	[korteriʉ:r]
alugar (vt)	üürima	[ʉ:rima]

preço (m)	hind	[hint]
custo (m)	maksumus	[maksumus]
soma (f)	summa	[summa]
gastar (vt)	raiskama	[raiskama]
gastos (m pl)	kulutused	[kulutuset]

T&P Books. Vocabulário Português-Estoniano - 9000 palavras

economizar (vi)	kokku hoidma	[kokku hojdma]
económico	kokkuhoidlik	[kokkuhojtlik]
pagar (vt)	tasuma	[tasuma]
pagamento (m)	maksmine	[maksmine]
troco (m)	tagasiantav raha	[tagasiantau raha]
imposto (m)	maks	[maks]
multa (f)	trahv	[trahʋ]
multar (vt)	trahvima	[trahʋima]

85. Correios. Serviço postal

correios (m pl)	postkontor	[posʲtkontor]
correio (m)	post	[posʲt]
carteiro (m)	postiljon	[posʲtiljon]
horário (m)	töötunnid	[tø:tunnit]
carta (f)	kiri	[kiri]
carta (f) registada	tähitud kiri	[tæhitut kiri]
postal (m)	postkaart	[posʲtka:rt]
telegrama (m)	telegramm	[telegramm]
encomenda (f) postal	pakk	[pakk]
remessa (f) de dinheiro	rahaülekanne	[rahaʉlekanne]
receber (vt)	kätte saama	[kætte sa:ma]
enviar (vt)	saatma	[sa:tma]
envio (m)	saatmine	[sa:tmine]
endereço (m)	aadress	[a:dress]
código (m) postal	indeks	[indeks]
remetente (m)	saatja	[sa:tja]
destinatário (m)	saaja	[sa:ja]
nome (m)	eesnimi	[e:snimi]
apelido (m)	perekonnanimi	[perekonnanimi]
tarifa (f)	tariif	[tari:f]
ordinário	harilik	[harilik]
económico	soodustariif	[so:dusʲtari:f]
peso (m)	kaal	[ka:lʲ]
pesar (estabelecer o peso)	kaaluma	[ka:luma]
envelope (m)	ümbrik	[ʉmbrik]
selo (m)	mark	[mark]
colar o selo	marki peale kleepima	[marki peale kle:pima]

Moradia. Casa. Lar

86. Casa. Habitação

casa (f)	maja	[maja]
em casa	kodus	[kodus]
pátio (m)	õu	[ɜu]
cerca (f)	tara	[tara]
tijolo (m)	telliskivi	[telʲiskiʋi]
de tijolos	telliskivist	[telʲiskiʋisʲt]
pedra (f)	kivi	[kiʋi]
de pedra	kivist	[kiʋisʲt]
betão (m)	betoon	[beto:n]
de betão	betoonist	[beto:nisʲt]
novo	uus	[u:s]
velho	vana	[ʋana]
decrépito	kõdunenud	[kɜdunenut]
moderno	kaasaegne	[ka:saegne]
de muitos andares	mitmekorruseline	[mitmekorruseline]
alto	kõrge	[kɜrge]
andar (m)	korrus	[korrus]
de um andar	ühekorruseline	[ʉhekorruseline]
andar (m) de baixo	alumine korrus	[alumine korrus]
andar (m) de cima	ülemine korrus	[ʉlemine korrus]
telhado (m)	katus	[katus]
chaminé (f)	korsten	[korsʲten]
telha (f)	katusekivi	[katusekiʋi]
de telha	katusekivist	[katusekiʋisʲt]
sótão (m)	pööning	[pø:ning]
janela (f)	aken	[aken]
vidro (m)	klaas	[kla:s]
parapeito (m)	aknalaud	[aknalaut]
portadas (f pl)	aknaluugid	[aknalu:git]
parede (f)	sein	[sejn]
varanda (f)	rõdu	[rɜdu]
tubo (m) de queda	vihmaveetoru	[ʋihmaʋe:toru]
em cima	üleval	[ʉleʋalʲ]
subir (~ as escadas)	trepist üles minema	[trepisʲt ʉles minema]
descer (vi)	laskuma	[laskuma]
mudar-se (vr)	kolima	[kolima]

87. Casa. Entrada. Elevador

entrada (f)	trepikoda	[trepikoda]
escada (f)	trepp	[trepp]
degraus (m pl)	astmed	[asᵗtmet]
corrimão (m)	käsipuu	[kæsipu:]
hall (m) de entrada	hall	[halⁱ]
caixa (f) de correio	postkast	[posᵗtkasⁱt]
caixote (m) do lixo	prügikonteiner	[prɤgikontejner]
conduta (f) do lixo	prügišaht	[prɤgiʃaht]
elevador (m)	lift	[lift]
elevador (m) de carga	veolift	[ʋeolift]
cabine (f)	kabiin	[kabi:n]
pegar o elevador	liftiga sõitma	[liftiga sɜitma]
apartamento (m)	korter	[korter]
moradores (m pl)	elanikud	[elanikut]
vizinho (m)	naaber	[na:ber]
vizinha (f)	naabrinaine	[na:brinaine]
vizinhos (pl)	naabrid	[na:brit]

88. Casa. Eletricidade

eletricidade (f)	elekter	[elekter]
lâmpada (f)	elektripirn	[elektripirn]
interruptor (m)	lüliti	[lɤliti]
fusível (m)	kork	[kork]
fio, cabo (m)	juhe	[juhe]
instalação (f) elétrica	juhtmestik	[juhtmesⁱtik]
contador (m) de eletricidade	arvesti	[arʋesⁱti]
indicação (f), registo (m)	näit	[næjt]

89. Casa. Portas. Fechaduras

porta (f)	uks	[uks]
portão (m)	värav	[ʋæraʋ]
maçaneta (f)	ukselink	[ukselink]
destrancar (vt)	lukust lahti keerama	[lukusⁱt lahti ke:rama]
abrir (vt)	avama	[aʋama]
fechar (vt)	sulgema	[sulⁱgema]
chave (f)	võti	[ʋɜti]
molho (m)	võtmekimp	[ʋɜtmekimp]
ranger (vi)	kriuksuma	[kriuksuma]
rangido (m)	kriuks	[kriuks]
dobradiça (f)	uksehing	[uksehing]
tapete (m) de entrada	uksematt	[uksematt]
fechadura (f)	lukk	[lukk]

buraco (m) da fechadura	lukuauk	[lukuauk]
ferrolho (m)	riiv	[ri:ʊ]
fecho (ferrolho pequeno)	riiv	[ri:ʊ]
cadeado (m)	tabalukk	[tabalukk]

tocar (vt)	helistama	[helisˈtama]
toque (m)	uksekella helin	[uksekelʲæ helin]
campainha (f)	uksekell	[uksekelʲ]
botão (m)	kellanupp	[kelʲænupp]
batida (f)	koputus	[koputus]
bater (vi)	koputama	[koputama]

código (m)	kood	[ko:t]
fechadura (f) de código	koodlukk	[ko:tlukk]
telefone (m) de porta	sisetelefon	[sisetelefon]
número (m)	number	[number]
placa (f) de porta	tabel	[tabelʲ]
vigia (f), olho (m) mágico	uksesilm	[uksesilʲm]

90. Casa de campo

aldeia (f)	küla	[kʉla]
horta (f)	aiamaa	[aiama:]
cerca (f)	tara	[tara]
paliçada (f)	hekk	[hekk]
cancela (f) do jardim	aiavärav	[aiaʊærau]

celeiro (m)	ait	[ait]
adega (f)	kelder	[kelʲder]
galpão, barracão (m)	kuur	[ku:r]
poço (m)	kaev	[kaeʊ]

fogão (m)	ahi	[ahi]
atiçar o fogo	kütma	[kʉtma]
lenha (carvão ou ~)	ahjupuud	[ahjupu:t]
acha (lenha)	puuhalg	[pu:halʲg]

varanda (f)	veranda	[ʊeranda]
alpendre (m)	terrass	[terrass]
degraus (m pl) de entrada	välistrepp	[ʊælisˈtrepp]
balouço (m)	kiik	[ki:k]

91. Moradia. Mansão

casa (f) de campo	maamaja	[ma:maja]
vila (f)	villa	[ʊilʲæ]
ala (~ do edifício)	välistrepp	[ʊælisˈtrepp]

jardim (m)	aed	[aet]
parque (m)	park	[park]
estufa (f)	kasvuhoone	[kasʊuho:ne]
cuidar de ...	hoolitsema	[ho:litsema]

piscina (f)	bassein	[bassejn]
ginásio (m)	spordisaal	[spordisa:lʲ]
campo (m) de ténis	tenniseväljak	[tenniseʋæljak]
cinema (m)	kino	[kino]
garagem (f)	garaaž	[gara:ʒ]

| propriedade (f) privada | eraomand | [eraomant] |
| terreno (m) privado | eravaldus | [eraʋalʲdus] |

| advertência (f) | hoiatus | [hojatus] |
| sinal (m) de aviso | kirjalik hoiatus | [kirjalik hojatus] |

guarda (f)	valve	[ʋalʲʋe]
guarda (m)	turvamees	[turʋame:s]
alarme (m)	signalisatsioon	[signalisatsio:n]

92. Castelo. Palácio

castelo (m)	loss	[loss]
palácio (m)	loss	[loss]
fortaleza (f)	kindlus	[kintlus]
muralha (f)	kindlusemüür	[kintlusemʉ:r]
torre (f)	torn	[torn]
calabouço (m)	peatorn	[peatorn]

grade (f) levadiça	tõstetav värav	[tɜsʲtetaʋ ʋæraʋ]
passagem (f) subterrânea	maa-alune käik	[ma:-alune kæjk]
fosso (m)	vallikraav	[ʋalʲikra:ʋ]
corrente, cadeia (f)	kett	[kett]
seteira (f)	laskeava	[laskeaʋa]

magnífico	suurepärane	[su:repærane]
majestoso	suursugune	[su:rsugune]
inexpugnável	juurdepääsmatu	[ju:rdepæ:smatu]
medieval	keskaegne	[keskaegne]

93. Apartamento

apartamento (m)	korter	[korter]
quarto (m)	tuba	[tuba]
quarto (m) de dormir	magamistuba	[magamisʲtuba]
sala (f) de jantar	söögituba	[sø:gituba]
sala (f) de estar	külalistuba	[kʉlalisʲtuba]
escritório (m)	kabinet	[kabinet]

antessala (f)	esik	[esik]
quarto (m) de banho	vannituba	[ʋannituba]
toilette (lavabo)	tualett	[tualett]

teto (m)	lagi	[lagi]
chão, soalho (m)	põrand	[pɜrant]
canto (m)	nurk	[nurk]

94. Apartamento. Limpeza

arrumar, limpar (vt)	korda tegema	[korda tegema]
guardar (no armário, etc.)	ära koristama	[æra korisᶦtama]
pó (m)	tolm	[tolʲm]
empoeirado	tolmune	[tolʲmune]
limpar o pó	tolmu pühkima	[tolʲmu pᵾhkima]
aspirador (m)	tolmuimeja	[tolʲmuimeja]
aspirar (vt)	tolmuimejaga koristama	[tolʲmuimejaga korisᶦtama]
varrer (vt)	pühkima	[pᵾhkima]
sujeira (f)	prügi	[prᵾgi]
arrumação (f), ordem (f)	kord	[kort]
desordem (f)	korralagedus	[korralagedus]
esfregão (m)	hari	[hari]
pano (m), trapo (m)	lapp	[lapp]
vassoura (f)	luud	[lu:t]
pá (f) de lixo	prügikühvel	[prᵾgikᵾhʋelʲ]

95. Mobiliário. Interior

mobiliário (m)	mööbel	[mø:belʲ]
mesa (f)	laud	[laut]
cadeira (f)	tool	[to:lʲ]
cama (f)	voodi	[ʋo:di]
divã (m)	diivan	[di:ʋan]
cadeirão (m)	tugitool	[tugito:lʲ]
estante (f)	raamatukapp	[ra:matukapp]
prateleira (f)	raamaturiiul	[ra:maturi:ulʲ]
guarda-vestidos (m)	riidekapp	[ri:dekapp]
cabide (m) de parede	varn	[ʋarn]
cabide (m) de pé	nagi	[nagi]
cómoda (f)	kummut	[kummut]
mesinha (f) de centro	diivanilaud	[di:ʋanilaut]
espelho (m)	peegel	[pe:gelʲ]
tapete (m)	vaip	[ʋaip]
tapete (m) pequeno	uksematt	[uksematt]
lareira (f)	kamin	[kamin]
vela (f)	küünal	[kᵾ:nalʲ]
castiçal (m)	küünlajalg	[kᵾ:nlajalʲg]
cortinas (f pl)	külgkardinad	[kᵾlʲgkardinat]
papel (m) de parede	tapeet	[tape:t]
estores (f pl)	ribakardinad	[ribakardinat]
candeeiro (m) de mesa	laualamp	[laualamp]
candeeiro (m) de parede	valgusti	[ʋalʲgusᶦti]

| candeeiro (m) de pé | põrandalamp | [pɜrandalamp] |
| lustre (m) | lühter | [lʉhter] |

pé (de mesa, etc.)	jalg	[jalʲg]
braço (m)	käetugi	[kæetugi]
costas (f pl)	seljatugi	[seljatugi]
gaveta (f)	sahtel	[sahtelʲ]

96. Quarto de dormir

roupa (f) de cama	voodipesu	[ʋoːdipesu]
almofada (f)	padi	[padi]
fronha (f)	padjapüür	[padjapʉːr]
cobertor (m)	tekk	[tekk]
lençol (m)	voodilina	[ʋoːdilina]
colcha (f)	voodikate	[ʋoːdikate]

97. Cozinha

cozinha (f)	köök	[køːk]
gás (m)	gaas	[gaːs]
fogão (m) a gás	gaasipliit	[gaːsipliːt]
fogão (m) elétrico	elektripliit	[elektripliːt]
forno (m)	praeahi	[praeahi]
forno (m) de micro-ondas	mikrolaineahi	[mikrolaineahi]

frigorífico (m)	külmkapp	[kʉlʲmkapp]
congelador (m)	jääkapp	[jæːkapp]
máquina (f) de lavar louça	nõudepesumasin	[nɜudepesumasin]

moedor (m) de carne	hakklihamasin	[hakklihamasin]
espremedor (m)	mahlapress	[mahlapress]
torradeira (f)	röster	[røsʲter]
batedeira (f)	mikser	[mikser]

máquina (f) de café	kohvikeetja	[kohʋikeːtja]
cafeteira (f)	kohvikann	[kohʋikann]
moinho (m) de café	kohviveski	[kohʋiʋeski]

chaleira (f)	veekeetja	[ʋeːkeːtja]
bule (m)	teekann	[teːkann]
tampa (f)	kaas	[kaːs]
coador (m) de chá	teesõel	[teːsɜelʲ]

colher (f)	lusikas	[lusikas]
colher (f) de chá	teelusikas	[teːlusikas]
colher (f) de sopa	supilusikas	[supilusikas]
garfo (m)	kahvel	[kahʋelʲ]
faca (f)	nuga	[nuga]

| louça (f) | toidunõud | [tojdunɜut] |
| prato (m) | taldrik | [talʲdrik] |

pires (m)	alustass	[alusʲtass]
cálice (m)	napsiklaas	[napsikla:s]
copo (m)	klaas	[kla:s]
chávena (f)	tass	[tass]

açucareiro (m)	suhkrutoos	[suhkruto:s]
saleiro (m)	soolatoos	[so:lato:s]
pimenteiro (m)	pipratops	[pipratops]
manteigueira (f)	võitoos	[ʋɜito:s]

panela, caçarola (f)	pott	[pott]
frigideira (f)	pann	[pann]
concha (f)	supikulp	[supikuʎp]
passador (m)	kurnkopsik	[kurnkopsik]
bandeja (f)	kandik	[kandik]

garrafa (f)	pudel	[pudelʲ]
boião (m) de vidro	klaaspurk	[kla:spurk]
lata (f)	plekkpurk	[plekkpurk]

abre-garrafas (m)	pudeliavaja	[pudeliaʋaja]
abre-latas (m)	konserviavaja	[konserʋiaʋaja]
saca-rolhas (m)	korgitser	[korgitser]
filtro (m)	filter	[filʲter]
filtrar (vt)	filtreerima	[filʲtre:rima]

| lixo (m) | prügi | [prʉgi] |
| balde (m) do lixo | prügiämber | [prʉgiæmber] |

98. Casa de banho

quarto (m) de banho	vannituba	[ʋannituba]
água (f)	vesi	[ʋesi]
torneira (f)	kraan	[kra:n]
água (f) quente	soe vesi	[soe ʋesi]
água (f) fria	külm vesi	[kʉʎm ʋesi]

pasta (f) de dentes	hambapasta	[hambapasʲta]
escovar os dentes	hambaid pesema	[hambait pesema]
escova (f) de dentes	hambahari	[hambahari]

barbear-se (vr)	habet ajama	[habet ajama]
espuma (f) de barbear	habemeajamiskreem	[habemeajamiskre:m]
máquina (f) de barbear	pardel	[pardelʲ]

lavar (vt)	pesema	[pesema]
lavar-se (vr)	ennast pesema	[ennasʲt pesema]
duche (m)	dušš	[duʃʃ]
tomar um duche	duši all käima	[duʃi alʲ kæjma]

banheira (f)	vann	[ʋann]
sanita (f)	WC-pott	[ʋetse pott]
lavatório (m)	kraanikauss	[kra:nikauss]
sabonete (m)	seep	[se:p]

saboneteira (f)	seebikarp	[se:bikarp]
esponja (f)	nuustik	[nu:sʲtik]
champô (m)	šampoon	[ʃampo:n]
toalha (f)	käterätik	[kæterætik]
roupão (m) de banho	hommikumantel	[hommikumantelʲ]

lavagem (f)	pesupesemine	[pesupesemine]
máquina (f) de lavar	pesumasin	[pesumasin]
lavar a roupa	pesu pesema	[pesu pesema]
detergente (m)	pesupulber	[pesupulʲber]

99. Eletrodomésticos

televisor (m)	televiisor	[teleʋi:sor]
gravador (m)	magnetofon	[magnetofon]
videogravador (m)	videomagnetofon	[ʋideomagnetofon]
rádio (m)	raadio	[ra:dio]
leitor (m)	pleier	[plejer]

projetor (m)	videoprojektor	[ʋideoprojektor]
cinema (m) em casa	kodukino	[kodukino]
leitor (m) de DVD	DVD-mängija	[dʋd-mæŋgija]
amplificador (m)	võimendi	[ʋɜimendi]
console (f) de jogos	mängukonsool	[mæŋgukonso:lʲ]

câmara (f) de vídeo	videokaamera	[ʋideoka:mera]
máquina (f) fotográfica	fotoaparaat	[fotoapara:t]
câmara (f) digital	fotokaamera	[fotoka:mera]

aspirador (m)	tolmuimeja	[tolʲmuimeja]
ferro (m) de engomar	triikraud	[tri:kraut]
tábua (f) de engomar	triikimislaud	[tri:kimislaut]

telefone (m)	telefon	[telefon]
telemóvel (m)	mobiiltelefon	[mobi:lʲtelefon]
máquina (f) de escrever	kirjutusmasin	[kirjutusmasin]
máquina (f) de costura	õmblusmasin	[ɜmblusmasin]

microfone (m)	mikrofon	[mikrofon]
auscultadores (m pl)	kõrvaklapid	[kɜrʋaklapit]
controlo remoto (m)	pult	[pulʲt]

CD (m)	CD-plaat	[tsede pla:t]
cassete (f)	kassett	[kassett]
disco (m) de vinil	heliplaat	[helipla:t]

100. Reparações. Renovação

renovação (f)	remont	[remont]
renovar (vt), fazer obras	remonti tegema	[remonti tegema]
reparar (vt)	remontima	[remontima]
consertar (vt)	korda tegema	[korda tegema]

refazer (vt)	ümber tegema	[ʉmber tegema]
tinta (f)	värv	[ʋæerʋ]
pintar (vt)	värvima	[ʋæerʋima]
pintor (m)	maaler	[maːler]
pincel (m)	pintsel	[pintselʲ]

cal (f)	lubivärv	[lubiʋæerʋ]
caiar (vt)	valgendama	[ʋalʲgendama]

papel (m) de parede	tapeet	[tapeːt]
colocar papel de parede	tapeeti panema	[tapeːti panema]
verniz (m)	lakk	[lakk]
envernizar (vt)	lakkima	[lakkima]

101. Canalizações

água (f)	vesi	[ʋesi]
água (f) quente	soe vesi	[soe ʋesi]
água (f) fria	külm vesi	[kʉlʲm ʋesi]
torneira (f)	kraan	[kraːn]

gota (f)	tilk	[tilʲk]
gotejar (vi)	tilkuma	[tilʲkuma]
vazar (vt)	läbi jooksma	[lʲæbi joːksma]
vazamento (m)	leke	[leke]
poça (f)	loik	[lojk]

tubo (m)	toru	[toru]
válvula (f)	ventiil	[ʋentiːlʲ]
entupir-se (vr)	umbe minema	[umbe minema]

ferramentas (f pl)	tööriistad	[tøːriːsʲtat]
chave (f) inglesa	mutrivõti	[mutriʋɔti]
desenroscar (vt)	lahti keerama	[lahti keːrama]
enroscar (vt)	kinni keerama	[kinni keːrama]

desentupir (vt)	puhastama	[puhasʲtama]
canalizador (m)	torulukksepp	[torulukksepp]
cave (f)	kelder	[kelʲder]
sistema (m) de esgotos	kanalisatsioon	[kanalisatsioːn]

102. Fogo. Deflagração

incêndio (m)	tuli	[tuli]
chama (f)	leek	[leːk]
faísca (f)	säde	[sæede]
fumo (m)	suits	[suits]
tocha (f)	tõrvik	[tɜrʋik]
fogueira (f)	lõke	[lɔke]

gasolina (f)	bensiin	[bensiːn]
querosene (m)	petrooleum	[petroːleum]

inflamável	põlevaine	[pɜleʋaine]
explosivo	plahvatusohtlik	[plahʋatusohtlik]
PROIBIDO FUMAR!	MITTE SUITSETADA!	[mitte suitsetada!]

segurança (f)	tuleohutus	[tuleohutus]
perigo (m)	oht	[oht]
perigoso	ohtlik	[ohtlik]

incendiar-se (vr)	põlema minema	[pɜlema minema]
explosão (f)	plahvatus	[plahʋatus]
incendiar (vt)	süütama	[sʉ:tama]
incendiário (m)	süütaja	[sʉ:taja]
incêndio (m) criminoso	süütamine	[sʉ:tamine]

arder (vi)	leegitsema	[le:gitsema]
queimar (vi)	põlema	[pɜlema]
queimar tudo (vi)	maha põlema	[maha pɜlema]

chamar os bombeiros	kutsuge tuletõrje	[kutsuge tuletɜrje]
bombeiro (m)	tuletõrjuja	[tuletɜrjuja]
carro (m) de bombeiros	tuletõrjeauto	[tuletɜrjeauto]
corpo (m) de bombeiros	tuletõrjemeeskond	[tuletɜrjeme:skont]
escada (f) extensível	redel	[redelʲ]

mangueira (f)	voolik	[ʋo:lik]
extintor (m)	tulekustuti	[tulekusʲtuti]
capacete (m)	kiiver	[ki:ʋer]
sirene (f)	sireen	[sire:n]

gritar (vi)	karjuma	[karjuma]
chamar por socorro	appi kutsuma	[appi kutsuma]
salvador (m)	päästja	[pæ:sʲtja]
salvar, resgatar (vt)	päästma	[pæ:sʲtma]

chegar (vi)	kohale sõitma	[kohale sɜitma]
apagar (vt)	kustutama	[kusʲtutama]
água (f)	vesi	[ʋesi]
areia (f)	liiv	[li:ʋ]

ruínas (f pl)	varemed	[ʋaremet]
ruir (vi)	kokku kukkuma	[kokku kukkuma]
desmoronar (vi)	kokku langema	[kokku langema]
desabar (vi)	kokku varisema	[kokku ʋarisema]

| fragmento (m) | tükk | [tʉkk] |
| cinza (f) | tuhk | [tuhk] |

| sufocar (vi) | lämbuma | [lʲæmbuma] |
| perecer (vi) | hukkuma | [hukkuma] |

ATIVIDADES HUMANAS

Emprego. Negócios. Parte 1

103. Escritório. O trabalho no escritório

escritório (~ de advogados)	kontor	[kontor]
escritório (do diretor, etc.)	kabinet	[kabinet]
receção (f)	vastuvõtulaud	[ʋasˈtuʋɔtulaut]
secretário (m)	sekretär	[sekretær]
diretor (m)	direktor	[direktor]
gerente (m)	juht	[juht]
contabilista (m)	raamatupidaja	[raːmatupidaja]
empregado (m)	töötaja	[tøːtaja]
mobiliário (m)	mööbel	[møːbelʲ]
mesa (f)	laud	[laut]
cadeira (f)	tugitool	[tugitoːlʲ]
bloco (m) de gavetas	kapp	[kapp]
cabide (m) de pé	nagi	[nagi]
computador (m)	arvuti	[arʋuti]
impressora (f)	printer	[printer]
fax (m)	faks	[faks]
fotocopiadora (f)	koopiamasin	[koːpiamasin]
papel (m)	paber	[paber]
artigos (m pl) de escritório	kantseleikaubad	[kantselejkaubat]
tapete (m) de rato	hiirevaip	[hiːreʋaip]
folha (f) de papel	leht	[leht]
pasta (f)	mapp	[mapp]
catálogo (m)	kataloog	[kataloːg]
diretório (f) telefónico	teatmik	[teatmik]
documentação (f)	dokumendid	[dokumendit]
brochura (f)	brošüür	[broʃüːr]
flyer (m)	lendleht	[lentleht]
amostra (f)	näidis	[næjdis]
formação (f)	treening	[treːning]
reunião (f)	nõupidamine	[nɔupidamine]
hora (f) de almoço	lõunavaheaeg	[lɔunaʋaheaeg]
fazer uma cópia	koopiat tegema	[koːpiat tegema]
tirar cópias	paljundama	[paljundama]
receber um fax	faksi saama	[faksi saːma]
enviar um fax	faksi saatma	[faksi saːtma]
fazer uma chamada	helistama	[helisˈtama]

| responder (vt) | vastama | [vasⁱtama] |
| passar (vt) | ühendama | [ʉhendama] |

marcar (vt)	määrama	[mæ:rama]
demonstrar (vt)	demonstreerima	[demonsⁱtre:rima]
estar ausente	puuduma	[pu:duma]
ausência (f)	vahelejätmine	[vahelejætmine]

104. Processos negociais. Parte 1

negócio (m)	äri	[æri]
ocupação (f)	asi	[asi]
firma, empresa (f)	firma	[firma]
companhia (f)	kompanii	[kompani:]
corporação (f)	korporatsioon	[korporatsio:n]
empresa (f)	ettevõte	[etteʊɜte]
agência (f)	agentuur	[agentu:r]

acordo (documento)	leping	[leping]
contrato (m)	kontraht	[kontraht]
acordo (transação)	tehing	[tehing]
encomenda (f)	tellimus	[telⁱimus]
cláusulas (f pl), termos (m pl)	tingimus	[tingimus]

por grosso (adv)	hulgi	[hulⁱgi]
por grosso (adj)	hulgi-	[hulⁱgi-]
venda (f) por grosso	hulgimüük	[hulⁱgimʉ:k]
a retalho	jae	[jae]
venda (f) a retalho	jaemüük	[jaemʉ:k]

concorrente (m)	konkurent	[konkurent]
concorrência (f)	konkurents	[konkurents]
competir (vi)	konkureerima	[konkure:rima]

| sócio (m) | partner | [partner] |
| parceria (f) | partnerlus | [partnerlus] |

crise (f)	kriis	[kri:s]
bancarrota (f)	pankrot	[pankrot]
entrar em falência	pankrotistuma	[pankrotisⁱtuma]
dificuldade (f)	raskus	[raskus]
problema (m)	probleem	[proble:m]
catástrofe (f)	katastroof	[katasⁱtro:f]

economia (f)	majandus	[majandus]
económico	majanduslik	[majanduslik]
recessão (f) económica	majanduslangus	[majanduslangus]

| objetivo (m) | eesmärk | [e:smærk] |
| tarefa (f) | ülesanne | [ʉlesanne] |

comerciar (vi, vt)	kauplema	[kauplema]
rede (de distribuição)	võrk	[ʊɜrk]
estoque (m)	ladu	[ladu]

sortimento (m)	valik	[ʋalik]
líder (m)	liider	[li:der]
grande (~ empresa)	suur	[su:r]
monopólio (m)	monopol	[monopolʲ]

teoria (f)	teooria	[teo:ria]
prática (f)	praktika	[praktika]
experiência (falar por ~)	kogemus	[kogemus]
tendência (f)	trend	[trent]
desenvolvimento (m)	areng	[areng]

105. Processos negociais. Parte 2

rentabilidade (f)	kasu	[kasu]
rentável	kasulik	[kasulik]

delegação (f)	delegatsioon	[delegatsio:n]
salário, ordenado (m)	töötasu	[tø:tasu]
corrigir (um erro)	parandama	[parandama]
viagem (f) de negócios	lähetus	[lʲæhetus]
comissão (f)	komisjon	[komisjon]

controlar (vt)	kontrollima	[kontrolʲima]
conferência (f)	konverents	[konʋerents]
licença (f)	litsents	[litsents]
confiável	usaldusväärne	[usalʲdusʋæ:rne]

empreendimento (m)	algatus	[alʲgatus]
norma (f)	norm	[norm]
circunstância (f)	asjaolu	[asjaolu]
dever (m)	kohustus	[kohusʲtus]

empresa (f)	organisatsioon	[organisatsio:n]
organização (f)	korraldamine	[korralʲdamine]
organizado	organiseeritud	[organise:ritut]
anulação (f)	ärajätmine	[ærajætmine]
anular, cancelar (vt)	ära jätma	[æra jætma]
relatório (m)	aruanne	[aruanne]

patente (f)	patent	[patent]
patentear (vt)	patenti saama	[patenti sa:ma]
planear (vt)	planeerima	[plane:rima]

prémio (m)	preemia	[pre:mia]
profissional	professionaalne	[professiona:lʲne]
procedimento (m)	protseduur	[protsedu:r]

examinar (a questão)	läbi vaatama	[lʲæbi ʋa:tama]
cálculo (m)	arvestus	[arʋesʲtus]
reputação (f)	reputatsioon	[reputatsio:n]
risco (m)	risk	[risk]

dirigir (~ uma empresa)	juhtima	[juhtima]
informação (f)	andmed	[andmet]

| propriedade (f) | omand | [omant] |
| união (f) | liit | [li:t] |

seguro (m) de vida	elukindlustus	[elukintlusˈtus]
fazer um seguro	kindlustama	[kintlusˈtama]
seguro (m)	kindlustus	[kintlusˈtus]

leilão (m)	oksjon	[oksjon]
notificar (vt)	teavitama	[teaʋitama]
gestão (f)	juhtimine	[juhtimine]
serviço (indústria de ~s)	teenus	[te:nus]

fórum (m)	foorum	[fo:rum]
funcionar (vi)	funktsioneerima	[funktsione:rima]
estágio (m)	etapp	[etapp]
jurídico	juriidiline	[juri:diline]
jurista (m)	jurist	[jurisˈt]

106. Produção. Trabalhos

usina (f)	tehas	[tehas]
fábrica (f)	vabrik	[ʋabrik]
oficina (f)	tsehh	[tsehh]
local (m) de produção	tootmine	[to:tmine]

indústria (f)	tööstus	[tø:sˈtus]
industrial	tööstuslik	[tø:sˈtuslik]
indústria (f) pesada	rasketööstus	[rasketø:sˈtus]
indústria (f) ligeira	kergetööstus	[kergetø:sˈtus]

produção (f)	toodang	[to:dang]
produzir (vt)	tootma	[to:tma]
matérias-primas (f pl)	tooraine	[to:raine]

chefe (m) de brigada	brigadir	[brigadir]
brigada (f)	brigaad	[briga:t]
operário (m)	tööline	[tø:line]

dia (m) de trabalho	tööpäev	[tø:pæəʋ]
pausa (f)	seisak	[sejsak]
reunião (f)	koosolek	[ko:solek]
discutir (vt)	arutama	[arutama]

plano (m)	plaan	[pla:n]
cumprir o plano	plaani täitma	[pla:ni tæjtma]
taxa (f) de produção	norm	[norm]
qualidade (f)	kvaliteet	[kʋalite:t]
controlo (m)	kontroll	[kontrolʲ]
controlo (m) da qualidade	kvaliteedikontroll	[kʋalite:dikontrolʲ]

segurança (f) no trabalho	tööohutus	[tø:ohutus]
disciplina (f)	distsipliin	[disˈtsipli:n]
infração (f)	rikkumine	[rikkumine]
violar (as regras)	rikkuma	[rikkuma]

greve (f)	streik	[siˈtrejk]
grevista (m)	streikija	[siˈtrejkija]
estar em greve	streikima	[siˈtrejkima]
sindicato (m)	ametiühing	[ametiɯhing]

inventar (vt)	leiutama	[lejutama]
invenção (f)	leiutis	[lejutis]
pesquisa (f)	uurimine	[uːrimine]
melhorar (vt)	parendama	[parendama]
tecnologia (f)	tehnoloogia	[tehnoloːgia]
desenho (m) técnico	joonis	[joːnis]

carga (f)	koorem	[koːrem]
carregador (m)	laadija	[laːdija]
carregar (vt)	laadima	[laːdima]
carregamento (m)	laadimine	[laːdimine]
descarregar (vt)	maha laadima	[maha laːdima]
descarga (f)	mahalaadimine	[mahalaːdimine]

transporte (m)	transport	[transport]
companhia (f) de transporte	transpordikompanii	[transpordikompaniː]
transportar (vt)	transportima	[transportima]

vagão (m) de carga	vagun	[ʋagun]
cisterna (f)	tsistern	[tsisiˈtern]
camião (m)	veoauto	[ʋeoauto]

| máquina-ferramenta (f) | tööpink | [tøːpink] |
| mecanismo (m) | mehhanism | [mehhanism] |

resíduos (m pl) industriais	jäätmed	[jæːtmet]
embalagem (f)	pakkimine	[pakkimine]
embalar (vt)	pakkima	[pakkima]

107. Contrato. Acordo

contrato (m)	kontraht	[kontraht]
acordo (m)	kokkulepe	[kokkulepe]
adenda (f), anexo (m)	lisa	[lisa]

assinar o contrato	kontrahti sõlmima	[kontrahti s3liˈmima]
assinatura (f)	allkiri	[aliˈkiri]
assinar (vt)	allkirjastama	[aliˈkirjasiˈtama]
carimbo (m)	pitsat	[pitsat]

objeto (m) do contrato	lepingu objekt	[lepingu objekt]
cláusula (f)	punkt	[punkt]
partes (f pl)	osapooled	[osapoːlet]
morada (f) jurídica	juriidiline aadress	[juriːdiline aːdress]

violar o contrato	kontrahti rikkuma	[kontrahti rikkuma]
obrigação (f)	kohustus	[kohusiˈtus]
responsabilidade (f)	vastutus	[ʋasiˈtutus]
força (f) maior	vääramatu jõud	[ʋæːramatu j3ut]

| litígio (m), disputa (f) | vaidlus | [ʋaitlus] |
| multas (f pl) | karistusmeetmed | [karisʲtusme:tmet] |

108. Importação & Exportação

importação (f)	sissevedu	[sisseʋedu]
importador (m)	sissevedaja	[sisseʋedaja]
importar (vt)	sisse vedama	[sisse ʋedama]
de importação	sissevedu	[sisseʋedu]

exportação (f)	eksport	[eksport]
exportador (m)	eksportöör	[eksportø:r]
exportar (vt)	eksportima	[eksportima]
de exportação	ekspordi-	[ekspordi-]

| mercadoria (f) | kaup | [kaup] |
| lote (de mercadorias) | partii | [parti:] |

peso (m)	kaal	[ka:lʲ]
volume (m)	maht	[maht]
metro (m) cúbico	kuupmeeter	[ku:pme:ter]

produtor (m)	tootja	[to:tja]
companhia (f) de transporte	transpordikompanii	[transpordikompani:]
contentor (m)	konteiner	[kontejner]

fronteira (f)	riigipiir	[ri:gipi:r]
alfândega (f)	toll	[tolʲ]
taxa (f) alfandegária	tollilõiv	[tolʲilɜiʋ]
funcionário (m) da alfândega	tolliametnik	[tolʲiametnik]
contrabando (atividade)	salakaubandus	[salakaubandus]
contrabando (produtos)	salakaup	[salakaup]

109. Finanças

ação (f)	aktsia	[aktsia]
obrigação (f)	obligatsioon	[obligatsio:n]
nota (f) promissória	veksel	[ʋekselʲ]

| bolsa (f) | börs | [børs] |
| cotação (m) das ações | aktsiate kurss | [aktsiate kurss] |

| tornar-se mais barato | odavnema | [odaʋnema] |
| tornar-se mais caro | kallinema | [kalʲinema] |

parte (f)	osak	[osak]
participação (f) maioritária	kontrollpakk	[kontrolʲpakk]
investimento (m)	investeeringud	[inʋesʲte:ringut]
investir (vt)	investeerima	[inʋesʲte:rima]
percentagem (f)	protsent	[protsent]
juros (m pl)	protsendid	[protsendit]
lucro (m)	kasum	[kasum]

| lucrativo | kasumiga | [kasumiga] |
| imposto (m) | maks | [maks] |

divisa (f)	valuuta	[ʋalu:ta]
nacional	rahvuslik	[rahʋuslik]
câmbio (m)	vahetus	[ʋahetus]

| contabilista (m) | raamatupidaja | [ra:matupidaja] |
| contabilidade (f) | raamatupidamine | [ra:matupidamine] |

bancarrota (f)	pankrot	[pankrot]
falência (f)	nurjumine	[nurjumine]
ruína (f)	laostumine	[laosˈtumine]
arruinar-se (vr)	laostuma	[laosˈtuma]
inflação (f)	inflatsioon	[inflatsio:n]
desvalorização (f)	devalvatsioon	[deʋalʲʋatsio:n]

capital (m)	kapital	[kapitalʲ]
rendimento (m)	tulu	[tulu]
volume (m) de negócios	käive	[kæjʋe]
recursos (m pl)	ressursid	[ressursit]
recursos (m pl) financeiros	rahalised vahendid	[rahaliset ʋahendit]
despesas (f pl) gerais	üldkulud	[ʉlʲdkulut]
reduzir (vt)	vähendama	[ʋæhendama]

110. Marketing

marketing (m)	turu-uurimine	[turu-u:rimine]
mercado (m)	turg	[turg]
segmento (m) do mercado	turuosa	[turuosa]
produto (m)	toode	[to:de]
mercadoria (f)	kaup	[kaup]

| marca (f) | bränd | [brænt] |
| marca (f) comercial | kaubamärk | [kaubamærk] |

| logotipo (m) | firmamärk | [firmamærk] |
| logo (m) | logotüüp | [logotʉ:p] |

| demanda (f) | nõudmine | [nɜudmine] |
| oferta (f) | pakkumine | [pakkumine] |

| necessidade (f) | vajadus | [ʋajadus] |
| consumidor (m) | tarbija | [tarbija] |

| análise (f) | analüüs | [analʉ:s] |
| analisar (vt) | analüüsima | [analʉ:sima] |

| posicionamento (m) | positsioneerimine | [positsione:rimine] |
| posicionar (vt) | positsioneerima | [positsione:rima] |

preço (m)	hind	[hint]
política (f) de preços	hinnapoliitika	[hinnapoli:tika]
formação (f) de preços	hinnakujundamine	[hinnakujundamine]

111. Publicidade

publicidade (f)	reklaam	[rekla:m]
publicitar (vt)	reklaamima	[rekla:mima]
orçamento (m)	eelarve	[e:larʋe]
anúncio (m) publicitário	reklaam	[rekla:m]
publicidade (f) televisiva	telereklaam	[telerekla:m]
publicidade (f) na rádio	raadioreklaam	[ra:diorekla:m]
publicidade (f) exterior	välisreklaam	[ʋælisrekla:m]
comunicação (f) de massa	massiteabevahendid	[massiteabeʋahendit]
periódico (m)	perioodilised väljaanded	[perio:diliset ʋælja:ndet]
imagem (f)	imago	[imago]
slogan (m)	loosung	[lo:sung]
mote (m), divisa (f)	juhtlause	[juhtlause]
campanha (f)	kampaania	[kampa:nia]
companha (f) publicitária	reklaamikampaania	[rekla:mikampa:nia]
grupo (m) alvo	huvirühm	[huʋirɥhm]
cartão (m) de visita	visiitkaart	[ʋisi:tka:rt]
flyer (m)	lendleht	[lentleht]
brochura (f)	brošüür	[broʃɥ:r]
folheto (m)	buklett	[buklett]
boletim (~ informativo)	bülletään	[bɥlʲetæ:n]
letreiro (m)	silt	[silʲt]
cartaz, póster (m)	plakat	[plakat]
painel (m) publicitário	reklaamtahvel	[rekla:mtahʋelʲ]

112. Banca

banco (m)	pank	[pank]
sucursal, balcão (f)	osakond	[osakont]
consultor (m)	konsultant	[konsulʲtant]
gerente (m)	juhataja	[juhataja]
conta (f)	pangakonto	[pangakonto]
número (m) da conta	arve number	[arʋe number]
conta (f) corrente	jooksev arve	[jo:kseʋ arʋe]
conta (f) poupança	kogumisarve	[kogumisarʋe]
abrir uma conta	arvet avama	[arʋet aʋama]
fechar uma conta	arvet lõpetama	[arʋet lɔpetama]
depositar na conta	arvele panema	[arʋele panema]
levantar (vt)	arvelt võtma	[arʋelʲt ʋɔtma]
depósito (m)	hoius	[hojus]
fazer um depósito	hoiust tegema	[hojusʲt tegema]
transferência (f) bancária	ülekanne	[ɥlekanne]

transferir (vt)	üle kandma	[üle kandma]
soma (f)	summa	[summa]
Quanto?	Kui palju?	[kui palju?]
assinatura (f)	allkiri	[alʲkiri]
assinar (vt)	allkirjastama	[alʲkirjasʲtama]
cartão (m) de crédito	krediidikaart	[kredi:dika:rt]
código (m)	kood	[ko:t]
número (m) do cartão de crédito	krediidikaardi number	[kredi:dika:rdi number]
Caixa Multibanco (m)	pangaautomaat	[panga:utoma:t]
cheque (m)	tšekk	[tʃekk]
passar um cheque	tšekki välja kirjutama	[tʃekki vælja kirjutama]
livro (m) de cheques	tšekiraamat	[tʃekira:mat]
empréstimo (m)	pangalaen	[pangalaen]
pedir um empréstimo	laenu taotlema	[laenu taotlema]
obter um empréstimo	laenu võtma	[laenu vɜtma]
conceder um empréstimo	laenu andma	[laenu andma]
garantia (f)	tagatis	[tagatis]

113. Telefone. Conversação telefónica

telefone (m)	telefon	[telefon]
telemóvel (m)	mobiiltelefon	[mobi:lʲtelefon]
secretária (f) electrónica	automaatvastaja	[automa:tʋasʲtaja]
fazer uma chamada	helistama	[helisʲtama]
chamada (f)	telefonihelin	[telefonihelin]
marcar um número	numbrit valima	[numbrit ʋalima]
Alô!	hallo!	[halʲo!]
perguntar (vt)	küsima	[küsima]
responder (vt)	vastama	[ʋasʲtama]
ouvir (vt)	kuulma	[ku:lʲma]
bem	hästi	[hæsʲti]
mal	halvasti	[halʲʋasʲti]
ruído (m)	häired	[hæjret]
auscultador (m)	telefonitoru	[telefonitoru]
pegar o telefone	toru hargilt võtma	[toru hargilʲt ʋɜtma]
desligar (vi)	toru hargile panema	[toru hargile panema]
ocupado	liin on kinni	[li:n on kinni]
tocar (vi)	telefon heliseb	[telefon heliseb]
lista (f) telefónica	telefoniraamat	[telefonira:mat]
local	kohalik	[kohalik]
chamada (f) local	kohalik kõne	[kohalik kɜne]
de longa distância	kauge-	[kauge-]
chamada (f) de longa distância	kaugekõne	[kaugekɜne]

| internacional | rahvusvaheline | [rahuusuaheline] |
| chamada (f) internacional | rahvusvaheline kõne | [rahuusuaheline kɜne] |

114. Telefone móvel

telemóvel (m)	mobiiltelefon	[mobi:lʲtelefon]
ecrã (m)	kuvar	[kuuar]
botão (m)	nupp	[nupp]
cartão SIM (m)	SIM-kaart	[sim-ka:rt]

bateria (f)	patarei	[patarej]
descarregar-se	tühjaks minema	[tɯhjaks minema]
carregador (m)	laadimisseade	[la:dimisseade]

| menu (m) | menüü | [menɯ:] |
| definições (f pl) | häälestused | [hæ:lesʲtuset] |

| melodia (f) | viis | [ui:s] |
| escolher (vt) | valima | [ualima] |

calculadora (f)	kalkulaator	[kalʲkula:tor]
correio (m) de voz	automaatvastaja	[automa:tuasʲtaja]
despertador (m)	äratuskell	[æratuskelʲ]
contatos (m pl)	telefoniraamat	[telefonira:mat]

| mensagem (f) de texto | SMS-sõnum | [sms-sɜnum] |
| assinante (m) | abonent | [abonent] |

115. Estacionário

| caneta (f) | pastakas | [pasʲtakas] |
| caneta (f) tinteiro | sulepea | [sulepea] |

lápis (m)	pliiats	[pli:ats]
marcador (m)	marker	[marker]
caneta (f) de feltro	viltpliiats	[uilʲtpli:ats]

| bloco (m) de notas | klade | [klade] |
| agenda (f) | päevik | [pæəuik] |

régua (f)	joonlaud	[jo:nlaut]
calculadora (f)	kalkulaator	[kalʲkula:tor]
borracha (f)	kustutuskumm	[kusʲtutuskumm]

| pionés (m) | rõhknael | [rɜhknaelʲ] |
| clipe (m) | kirjaklamber | [kirjaklamber] |

| cola (f) | liim | [li:m] |
| agrafador (m) | stepler | [sʲtepler] |

| furador (m) | auguraud | [auguraut] |
| afia-lápis (m) | pliiatsiteritaja | [pli:atsiteritaja] |

116. Vários tipos de documentos

relatório (m)	aruanne	[aruanne]
acordo (m)	kokkulepe	[kokkulepe]
ficha (f) de inscrição	tellimusavaldus	[tellimusaʋalˈdus]
autêntico	originaaldokument	[origina:lˈdokument]
crachá (m)	nimesilt	[nimesilˈt]
cartão (m) de visita	visiitkaart	[ʋisi:tka:rt]

certificado (m)	sertifikaat	[sertifika:t]
cheque (m)	pangatšekk	[pangatʃekk]
conta (f)	arve	[arʋe]
constituição (f)	konstitutsioon	[konsˈtitutsio:n]

contrato (m)	leping	[leping]
cópia (f)	ärakiri	[ærakiri]
exemplar (m)	eksemplar	[eksemplar]

declaração (f) alfandegária	deklaratsioon	[deklaratsio:n]
documento (m)	dokument	[dokument]
carta (f) de condução	juhiload	[juhiloat]
adenda (ao contrato)	lisa	[lisa]
questionário (m)	ankeet	[anke:t]

bilhete (m) de identidade	tõend	[tɜent]
inquérito (m)	järelepärimine	[jærelepærimine]
convite (m)	kutse	[kutse]
fatura (f)	arve	[arʋe]

lei (f)	seadus	[seadus]
carta (correio)	kiri	[kiri]
papel (m) timbrado	plank	[plank]
lista (f)	nimekiri	[nimekiri]
manuscrito (m)	käsikiri	[kæsikiri]
boletim (~ informativo)	bülletään	[bʉlˈletæ:n]
bilhete (mensagem breve)	sedel	[sedelʲ]

passe (m)	sissepääsuluba	[sissepæ:suluba]
passaporte (m)	pass	[pass]
permissão (f)	luba	[luba]
CV, currículo (m)	elulookirjeldus	[elulo:kirjelˈdus]
vale (nota promissória)	vastuvõtmist tõendav allkiri	[ʋasˈtuʋɜtmisˈt tɜendaʋ alˈkiri]

recibo (m)	kviitung	[kʋi:tung]
talão (f)	kassatšekk	[kassatʃekk]
relatório (m)	raport	[raport]

mostrar (vt)	esitama	[esitama]
assinar (vt)	allkirjastama	[alʲkirjasˈtama]
assinatura (f)	allkiri	[alʲkiri]
carimbo (m)	pitsat	[pitsat]
texto (m)	tekst	[teksʲt]
bilhete (m)	pilet	[pilet]
riscar (vt)	maha tõmbama	[maha tɜmbama]
preencher (vt)	täitma	[tæjtma]

| guia (f) de remessa | saateleht | [sa:teleht] |
| testamento (m) | testament | [tesᴵtament] |

117. Tipos de negócios

serviços (m pl) de contabilidade	raamatupidamisteenused	[ra:matupidamisᴵte:nuset]
publicidade (f)	reklaam	[rekla:m]
agência (f) de publicidade	reklaamiagentuur	[rekla:miagentu:r]
ar (m) condicionado	konditsioneerid	[konditsione:rit]
companhia (f) aérea	lennukompanii	[lennukompani:]

bebidas (f pl) alcoólicas	alkoholsed joogid	[alᴵkoho:lᴵset jo:git]
comércio (m) de antiguidades	antikvariaat	[antikʋaria:t]
galeria (f) de arte	galerii	[galeri:]
serviços (m pl) de auditoria	audititeenused	[auditite:nuset]

negócios (m pl) bancários	pangandus	[pangandus]
bar (m)	baar	[ba:r]
salão (m) de beleza	ilusalong	[ilusalong]
livraria (f)	raamatukauplus	[ra:matukauplus]
cervejaria (f)	õlletehas	[ɜlᴵetehas]
centro (m) de escritórios	ärikeskus	[ærikeskus]
escola (f) de negócios	majanduskool	[majandusko:lᴵ]

casino (m)	kasiino	[kasi:no]
construção (f)	ehitus	[ehitus]
serviços (m pl) de consultoria	konsulteerimine	[konsulᴵte:rimine]

estomatologia (f)	stomatoloogia	[sᴵtomatolo:gia]
design (m)	disain	[disain]
farmácia (f)	apteek	[apte:k]
lavandaria (f)	keemiline puhastus	[ke:miline puhasᴵtus]
agência (f) de emprego	kaadriagentuur	[ka:driagentu:r]

serviços (m pl) financeiros	finantsteenused	[finantsᴵte:nuset]
alimentos (m pl)	toiduained	[tojduainet]
agência (f) funerária	matusebüroo	[matusebʉro:]
mobiliário (m)	mööbel	[mø:belᴵ]
roupa (f)	riided	[ri:det]
hotel (m)	hotell	[hotelᴵ]

gelado (m)	jäätis	[jæ:tis]
indústria (f)	tööstus	[tø:sᴵtus]
seguro (m)	kindlustus	[kintlusᴵtus]
internet (f)	internet	[internet]
investimento (m)	investeeringud	[inʋesᴵte:ringut]

joalheiro (m)	juveliir	[juʋeli:r]
joias (f pl)	juveelikaubad	[juʋe:likaubat]
lavandaria (f)	pesumaja	[pesumaja]
serviços (m pl) jurídicos	õigusabi	[ɜigusabi]
indústria (f) ligeira	kergetööstus	[kergetø:sᴵtus]
revista (f)	ajakiri	[ajakiri]

vendas (f pl) por catálogo	kataloogikaubandus	[katalo:gikaubandus]
medicina (f)	meditsiin	[meditsi:n]
cinema (m)	kino	[kino]
museu (m)	muuseum	[mu:seum]

agência (f) de notícias	teadete agentuur	[teadete agentu:r]
jornal (m)	ajaleht	[ajaleht]
clube (m) noturno	ööklubi	[ø:klubi]

petróleo (m)	nafta	[nafta]
serviço (m) de encomendas	kulleriteenistus	[kulʲerite:nisʲtus]
indústria (f) farmacêutica	farmaatsia	[farma:tsia]
poligrafia (f)	polügraafia	[polʉgra:fia]
editora (f)	kirjastus	[kirjasʲtus]

rádio (m)	raadio	[ra:dio]
imobiliário (m)	kinnisvara	[kinnisʋara]
restaurante (m)	restoran	[resʲtoran]

empresa (f) de segurança	turvafirma	[turʋafirma]
desporto (m)	sport	[sport]
bolsa (f)	börs	[børs]
loja (f)	kauplus	[kauplus]
supermercado (m)	supermarket	[supermarket]
piscina (f)	bassein	[bassejn]

alfaiataria (f)	ateljee	[atelje:]
televisão (f)	televisioon	[teleʋisio:n]
teatro (m)	teater	[teater]
comércio (atividade)	kaubandus	[kaubandus]
serviços (m pl) de transporte	kaubavedu	[kaubaʋedu]
viagens (f pl)	turism	[turism]

veterinário (m)	loomaarst	[lo:ma:rsʲt]
armazém (m)	ladu	[ladu]
recolha (f) do lixo	prügivedu	[prʉgiʋedu]

Emprego. Negócios. Parte 2

118. Espetáculo. Feira

feira (f)	näitus	[næjtus]
feira (f) comercial	kaubandusnäitus	[kaubandusnæjtus]
participação (f)	osavõtt	[osavɔtt]
participar (vi)	osa võtma	[osa vɔtma]
participante (m)	osavõtja	[osavɔtja]
diretor (m)	direktor	[direktor]
direção (f)	korraldajate kontor	[korralʲdajate kontor]
organizador (m)	korraldaja	[korralʲdaja]
organizar (vt)	korraldama	[korralʲdama]
ficha (f) de inscrição	osavõtuavaldus	[osavɔtuavalʲdus]
preencher (vt)	täitma	[tæjtma]
detalhes (m pl)	üksikasjad	[ʉksikasjat]
informação (f)	teave	[teave]
preço (m)	hind	[hint]
incluindo	kaasa arvatud	[ka:sa arvatut]
incluir (vt)	sisaldama	[sisalʲdama]
pagar (vt)	maksma	[maksma]
taxa (f) de inscrição	registreerimistasu	[regisʲtre:risʲtasu]
entrada (f)	sissepääs	[sissepæ:s]
pavilhão (m)	paviljon	[paviljon]
inscrever (vt)	registreerima	[regisʲtre:rima]
crachá (m)	nimesilt	[nimesilʲt]
stand (m)	stend	[sʲtent]
reservar (vt)	reserveerima	[reserve:rima]
vitrina (f)	vitriin	[vitri:n]
foco, spot (m)	lamp	[lamp]
design (m)	disain	[disain]
pôr, colocar (vt)	paigutama	[paigutama]
ser colocado, -a	paigaldama	[paigalʲdama]
distribuidor (m)	maaletooja	[ma:leto:ja]
fornecedor (m)	tarnija	[tarnija]
fornecer (vt)	tarnima	[tarnima]
país (m)	riik	[ri:k]
estrangeiro	välismaine	[vælismaine]
produto (m)	toode	[to:de]
associação (f)	assotsiatsioon	[assotsiatsio:n]
sala (f) de conferências	konverentsisaal	[konverentsisa:lʲ]

| congresso (m) | kongress | [kongress] |
| concurso (m) | konkurss | [konkurss] |

visitante (m)	külastaja	[kʉlasˈtaja]
visitar (vt)	külastama	[kʉlasˈtama]
cliente (m)	tellija	[telʲija]

119. Media

jornal (m)	ajaleht	[ajaleht]
revista (f)	ajakiri	[ajakiri]
imprensa (f)	press	[press]
rádio (m)	raadio	[ra:dio]
estação (f) de rádio	raadiojaam	[ra:dioja:m]
televisão (f)	televisioon	[teleʋisio:n]

apresentador (m)	saatejuht	[sa:tejuht]
locutor (m)	diktor	[diktor]
comentador (m)	kommentaator	[kommenta:tor]

jornalista (m)	ajakirjanik	[ajakirjanik]
correspondente (m)	korrespondent	[korrespondent]
repórter (m) fotográfico	fotokorrespondent	[fotokorrespondent]
repórter (m)	reporter	[reporter]

| redator (m) | toimetaja | [tojmetaja] |
| redator-chefe (m) | peatoimetaja | [peatojmetaja] |

assinar a …	tellima	[telʲima]
assinatura (f)	tellimine	[telʲimine]
assinante (m)	tellija	[telʲija]
ler (vt)	lugema	[lugema]
leitor (m)	lugeja	[lugeja]

tiragem (f)	tiraaž	[tira:ʒ]
mensal	igakuine	[igakuine]
semanal	iganädalane	[iganædalane]
número (jornal, revista)	number	[number]
recente	värske	[ʋærske]

manchete (f)	pealkiri	[pealʲkiri]
pequeno artigo (m)	sõnum	[sɜnum]
coluna (~ semanal)	rubriik	[rubri:k]
artigo (m)	artikkel	[artikkelʲ]
página (f)	lehekülg	[lehekʉlʲg]

reportagem (f)	reportaaž	[reporta:ʒ]
evento (m)	sündmus	[sʉndmus]
sensação (f)	sensatsioon	[sensatsio:n]
escândalo (m)	skandaal	[skanda:lʲ]
escandaloso	skandaalne	[skanda:lʲne]
grande	kõmuline	[kɜmuline]
programa (m) de TV	saade	[sa:de]
entrevista (f)	intervjuu	[interʋju:]

| transmissão (f) em direto | otseülekanne | [otseülekanne] |
| canal (m) | kanal | [kanalʲ] |

120. Agricultura

agricultura (f)	põllumajandus	[pɜlʲumajandus]
camponês (m)	talumees	[talume:s]
camponesa (f)	talunaine	[talunaine]
agricultor (m)	talunik	[talunik]

| trator (m) | traktor | [traktor] |
| ceifeira-debulhadora (f) | kombain | [kombain] |

arado (m)	sahk	[sahk]
arar (vt)	kündma	[kʉndma]
campo (m) lavrado	künnimaa	[kʉnnima:]
rego (m)	vagu	[ʋagu]

semear (vt)	külvama	[kʉlʲʋama]
semeadora (f)	külvik	[kʉlʲʋik]
semeadura (f)	külv	[kʉlʲʋ]

| gadanha (f) | vikat | [ʋikat] |
| gadanhar (vt) | niitma | [ni:tma] |

| pá (f) | labidas | [labidas] |
| cavar (vt) | kaevama | [kaeʋama] |

enxada (f)	kõbla	[kɜbla]
carpir (vt)	rohima	[rohima]
erva (f) daninha	umbrohi	[umbrohi]

regador (m)	kastekann	[kasʲtekann]
regar (vt)	kastma	[kasʲtma]
rega (f)	kastmine	[kasʲtmine]

| forquilha (f) | vigla | [ʋigla] |
| ancinho (m) | reha | [reha] |

fertilizante (m)	väetis	[ʋæætis]
fertilizar (vt)	väetama	[ʋæætama]
estrume (m)	sõnnik	[sɜnnik]

campo (m)	põld	[pɜlʲt]
prado (m)	luht	[luht]
horta (f)	aiamaa	[aiama:]
pomar (m)	aed	[aet]

pastar (vt)	karjatama	[karjatama]
pastor (m)	karjus	[karjus]
pastagem (f)	karjamaa	[karjama:]

| pecuária (f) | loomakasvatus | [lo:makasʋatus] |
| criação (f) de ovelhas | lambakasvatus | [lambakasʋatus] |

plantação (f)	istandus	[isʲtandus]
canteiro (m)	peenar	[pe:nar]
invernadouro (m)	kasvuhoone	[kasʊuho:ne]

| seca (f) | põud | [pɜut] |
| seco (verão ~) | põuane | [pɜuane] |

cereal (m)	teravili	[teraʊili]
cereais (m pl)	viljad	[ʊiljat]
colher (vt)	koristama	[korisʲtama]

moleiro (m)	mölder	[mølʲder]
moinho (m)	veski	[ʊeski]
moer (vt)	vilja jahvatama	[ʊilja jahʊatama]
farinha (f)	jahu	[jahu]
palha (f)	õled	[ɜlet]

121. Construção. Processo de construção

canteiro (m) de obras	ehitus	[ehitus]
construir (vt)	ehitama	[ehitama]
construtor (m)	ehitaja	[ehitaja]

projeto (m)	projekt	[projekt]
arquiteto (m)	arhitekt	[arhitekt]
operário (m)	tööline	[tø:line]

fundação (f)	vundament	[ʊundament]
telhado (m)	katus	[katus]
estaca (f)	vai	[ʊai]
parede (f)	sein	[sejn]

| varões (m pl) para betão | armatuur | [armatu:r] |
| andaime (m) | tellingud | [telʲingut] |

betão (m)	betoon	[beto:n]
granito (m)	graniit	[grani:t]
pedra (f)	kivi	[kiʊi]
tijolo (m)	telliskivi	[telʲiskiʊi]

areia (f)	liiv	[li:ʊ]
cimento (m)	tsement	[tsement]
emboço (m)	krohv	[krohʊ]
emboçar (vt)	krohvima	[krohʊima]

tinta (f)	värv	[ʊærʊ]
pintar (vt)	värvima	[ʊærʊima]
barril (m)	tünn	[tʉnn]

grua (f), guindaste (m)	kraana	[kra:na]
erguer (vt)	tõstma	[tɜsʲtma]
baixar (vt)	alla laskma	[alʲæ laskma]
buldózer (m)	buldooser	[bulʲdo:ser]
escavadora (f)	ekskavaator	[ekskaʊa:tor]

109

caçamba (f)	kopp	[kopp]
escavar (vt)	kaevama	[kaeʋama]
capacete (m) de proteção	kiiver	[ki:ʋer]

122. Ciência. Investigação. Cientistas

ciência (f)	teadus	[teadus]
científico	teaduslik	[teaduslik]
cientista (m)	teadlane	[teatlane]
teoria (f)	teooria	[teo:ria]

axioma (m)	aksioom	[aksio:m]
análise (f)	analüüs	[analɯ:s]
analisar (vt)	analüüsima	[analɯ:sima]
argumento (m)	argument	[argument]
substância (f)	aine	[aine]

hipótese (f)	hüpotees	[hɯpote:s]
dilema (m)	dilemma	[dilemma]
tese (f)	väitekiri	[ʋæjtekiri]
dogma (m)	dogma	[dogma]

doutrina (f)	doktriin	[doktri:n]
pesquisa (f)	uurimine	[u:rimine]
pesquisar (vt)	uurima	[u:rima]
teste (m)	katse	[katse]
laboratório (m)	labor	[labor]

método (m)	meetod	[me:tot]
molécula (f)	molekul	[molekulʲ]
monitoramento (m)	seire	[sejre]
descoberta (f)	avastus	[aʋasʲtus]

postulado (m)	postulaat	[posʲtula:t]
princípio (m)	põhimõte	[pɜhimɜte]
prognóstico (previsão)	prognoos	[progno:s]
prognosticar (vt)	prognoosima	[progno:sima]

síntese (f)	süntees	[sɯnte:s]
tendência (f)	trend	[trent]
teorema (m)	teoreem	[teore:m]

| ensinamentos (m pl) | õpetus | [ɜpetus] |
| facto (m) | tõsiasi | [tɜsiasi] |

| expedição (f) | ekspeditsioon | [ekspeditsio:n] |
| experiência (f) | eksperiment | [eksperiment] |

académico (m)	akadeemik	[akade:mik]
bacharel (m)	bakalaureus	[bakalaureus]
doutor (m)	doktor	[doktor]
docente (m)	dotsent	[dotsent]
mestre (m)	magister	[magisʲter]
professor (m) catedrático	professor	[professor]

Profissões e ocupações

123. Procura de emprego. Demissão

trabalho (m)	töö	[tø:]
equipa (f)	koosseis	[ko:ssejs]
pessoal (m)	personal	[personalʲ]
carreira (f)	karjäär	[karjæ:r]
perspetivas (f pl)	perspektiiv	[perspekti:ʋ]
mestria (f)	meisterlikkus	[mejsʲterlikkus]
seleção (f)	valik	[ʋalik]
agência (f) de emprego	kaadriagentuur	[ka:driagentu:r]
CV, currículo (m)	elulookirjeldus	[elulo:kirjelʲdus]
entrevista (f) de emprego	tööintervjuu	[tø:interʋju:]
vaga (f)	vakants	[ʋakants]
salário (m)	töötasu	[tø:tasu]
salário (m) fixo	palk	[palʲk]
pagamento (m)	maksmine	[maksmine]
posto (m)	töökoht	[tø:koht]
dever (do empregado)	kohustus	[kohusʲtus]
gama (f) de deveres	kohustuste ring	[kohusʲtusʲte ring]
ocupado	hõivatud	[hɜiʋatud]
despedir, demitir (vt)	vallandama	[ʋalʲændama]
demissão (f)	vallandamine	[ʋalʲændamine]
desemprego (m)	tööpuudus	[tø:pu:dus]
desempregado (m)	töötu	[tø:tu]
reforma (f)	pension	[pension]
reformar-se	pensionile minema	[pensionile minema]

124. Gente de negócios

diretor (m)	direktor	[direktor]
gerente (m)	juhataja	[juhataja]
patrão, chefe (m)	juhataja	[juhataja]
superior (m)	ülemus	[ʉlemus]
superiores (m pl)	juhtkond	[juhtkont]
presidente (m)	president	[president]
presidente (m) de direção	esimees	[esime:s]
substituto (m)	asetäitja	[asetæjtja]
assistente (m)	abi	[abi]

| secretário (m) | sekretär | [sekretær] |
| secretário (m) pessoal | isiklik sekretär | [isiklik sekretær] |

homem (m) de negócios	ärimees	[ærime:s]
empresário (m)	ettevõtja	[ettevɔtja]
fundador (m)	rajaja	[rajaja]
fundar (vt)	rajama	[rajama]

fundador, sócio (m)	asutaja	[asutaja]
parceiro, sócio (m)	partner	[partner]
acionista (m)	aktsionär	[aktsionær]

milionário (m)	miljonär	[miljonær]
bilionário (m)	miljardär	[miljardær]
proprietário (m)	omanik	[omanik]
proprietário (m) de terras	maavaldaja	[maːvalʲdaja]

cliente (m)	klient	[klient]
cliente (m) habitual	püsiklient	[püsiklient]
comprador (m)	ostja	[osʲtja]
visitante (m)	külastaja	[külasʲtaja]

profissional (m)	professionaal	[professionaːlʲ]
perito (m)	ekspert	[ekspert]
especialista (m)	spetsialist	[spetsialisʲt]

| banqueiro (m) | pankur | [pankur] |
| corretor (m) | vahendaja | [vahendaja] |

caixa (m, f)	kassiir	[kassiːr]
contabilista (m)	raamatupidaja	[raːmatupidaja]
guarda (m)	turvamees	[turvameːs]

investidor (m)	investeerija	[invesʲteːrija]
devedor (m)	võlgnik	[vɔlʲgnik]
credor (m)	võlausaldaja	[vɔlausalʲdaja]
mutuário (m)	laenaja	[laenaja]

| importador (m) | sissevedaja | [sissevedaja] |
| exportador (m) | eksportöör | [eksportøːr] |

produtor (m)	tootja	[toːtja]
distribuidor (m)	maaletooja	[maːletoːja]
intermediário (m)	vahendaja	[vahendaja]

consultor (m)	konsultant	[konsulʲtant]
representante (m)	esindaja	[esindaja]
agente (m)	agent	[agent]
agente (m) de seguros	kindlustusagent	[kintlusʲtusagent]

125. Profissões de serviços

| cozinheiro (m) | kokk | [kokk] |
| cozinheiro chefe (m) | peakokk | [peakokk] |

padeiro (m)	pagar	[pagar]
barman (m)	baarimees	[ba:rime:s]
empregado (m) de mesa	kelner	[keⁱner]
empregada (f) de mesa	ettekandja	[ettekandja]

advogado (m)	advokaat	[aduoka:t]
jurista (m)	jurist	[jurisⁱt]
notário (m)	notar	[notar]

eletricista (m)	elektrik	[elektrik]
canalizador (m)	torulukksepp	[torulukksepp]
carpinteiro (m)	puussepp	[pu:ssepp]

massagista (m)	massöör	[massø:r]
massagista (f)	massöör	[massø:r]
médico (m)	arst	[arsⁱt]

taxista (m)	taksojuht	[taksojuht]
condutor (automobilista)	autojuht	[autojuht]
entregador (m)	käskjalg	[kæskjalⁱg]

camareira (f)	toatüdruk	[toatɯdruk]
guarda (m)	turvamees	[turuame:s]
hospedeira (f) de bordo	stjuardess	[sⁱtjuardess]

professor (m)	õpetaja	[ɜpetaja]
bibliotecário (m)	raamatukoguhoidja	[ra:matukoguhojdja]
tradutor (m)	tõlk	[tɜlⁱk]
intérprete (m)	tõlk	[tɜlⁱk]
guia (pessoa)	giid	[gi:t]

cabeleireiro (m)	juuksur	[ju:ksur]
carteiro (m)	postiljon	[posⁱtiljon]
vendedor (m)	müüja	[mɯ:ja]

jardineiro (m)	aednik	[aednik]
criado (m)	teener	[te:ner]
criada (f)	teenija	[te:nija]
empregada (f) de limpeza	koristaja	[korisⁱtaja]

126. Profissões militares e postos

soldado (m) raso	reamees	[reame:s]
sargento (m)	seersant	[se:rsant]
tenente (m)	leitnant	[lejtnant]
capitão (m)	kapten	[kapten]

major (m)	major	[major]
coronel (m)	kolonel	[kolonelⁱ]
general (m)	kindral	[kindralⁱ]
marechal (m)	marssal	[marssalⁱ]
almirante (m)	admiral	[admiralⁱ]
militar (m)	sõjaväelane	[sɜjauæəlane]
soldado (m)	sõdur	[sɜdur]

oficial (m)	ohvitser	[ohʋitser]
comandante (m)	komandör	[komandør]

guarda (m) fronteiriço	piirivalvur	[pi:riʋalʲʋur]
operador (m) de rádio	radist	[radisʲt]
explorador (m)	luuraja	[lu:raja]
sapador (m)	sapöör	[sapø:r]
atirador (m)	laskur	[laskur]
navegador (m)	tüürimees	[tʉ:rime:s]

127. Oficiais. Padres

rei (m)	kuningas	[kuningas]
rainha (f)	kuninganna	[kuninganna]

príncipe (m)	prints	[prints]
princesa (f)	printsess	[printsess]

czar (m)	tsaar	[tsa:r]
czarina (f)	tsaarinna	[tsa:rinna]

presidente (m)	president	[president]
ministro (m)	minister	[minisʲter]
primeiro-ministro (m)	peaminister	[peaminisʲter]
senador (m)	senaator	[sena:tor]

diplomata (m)	diplomaat	[diploma:t]
cônsul (m)	konsul	[konsulʲ]
embaixador (m)	suursaadik	[su:rsa:dik]
conselheiro (m)	nõunik	[nɜunik]

funcionário (m)	ametnik	[ametnik]
prefeito (m)	prefekt	[prefekt]
Presidente (m) da Câmara	linnapea	[linnapea]

juiz (m)	kohtunik	[kohtunik]
procurador (m)	prokurör	[prokurør]

missionário (m)	misjonär	[misjonær]
monge (m)	munk	[munk]
abade (m)	abee	[abe:]
rabino (m)	rabi	[rabi]

vizir (m)	vesiir	[ʋesi:r]
xá (m)	šahh	[ʃahh]
xeque (m)	šeih	[ʃejh]

128. Profissões agrícolas

apicultor (m)	mesinik	[mesinik]
pastor (m)	karjus	[karjus]
agrónomo (m)	agronoom	[agrono:m]

criador (m) de gado	loomakasvataja	[lo:makasʋataja]
veterinário (m)	loomaarst	[lo:ma:rsʲt]

agricultor (m)	talunik	[talunik]
vinicultor (m)	veinimeister	[ʋejnimejsʲter]
zoólogo (m)	zooloog	[zo:lo:g]
cowboy (m)	kauboi	[kauboj]

129. Profissões artísticas

ator (m)	näitleja	[næjtleja]
atriz (f)	näitlejanna	[nnaitlejanna]

cantor (m)	laulja	[laulja]
cantora (f)	lauljanna	[lauljanna]

bailarino (m)	tantsija	[tantsija]
bailarina (f)	tantsijanna	[tantsijanna]

artista (m)	näitleja	[næjtleja]
artista (f)	näitlejanna	[nnaitlejanna]

músico (m)	muusik	[mu:sik]
pianista (m)	pianist	[pianisʲt]
guitarrista (m)	kitarrist	[kitarrisʲt]

maestro (m)	dirigent	[dirigent]
compositor (m)	helilooja	[helilo:ja]
empresário (m)	impressaario	[impressa:rio]

realizador (m)	lavastaja	[laʋasʲtaja]
produtor (m)	produtsent	[produtsent]
argumentista (m)	stsenarist	[sʲtsenarisʲt]
crítico (m)	kriitik	[kri:tik]

escritor (m)	kirjanik	[kirjanik]
poeta (m)	luuletaja	[lu:letaja]
escultor (m)	skulptor	[skulʲptor]
pintor (m)	kunstnik	[kunsʲtnik]

malabarista (m)	žonglöör	[ʒonglø:r]
palhaço (m)	kloun	[kloun]
acrobata (m)	akrobaat	[akroba:t]
mágico (m)	mustkunstnik	[musʲtkunsʲtnik]

130. Várias profissões

médico (m)	arst	[arsʲt]
enfermeira (f)	medõde	[medɜde]
psiquiatra (m)	psühhiaater	[psʉhhia:ter]
estomatologista (m)	stomatoloog	[sʲtomatolo:g]
cirurgião (m)	kirurg	[kirurg]

astronauta (m)	astronaut	[asʲtronaut]
astrónomo (m)	astronoom	[asʲtronoːm]
piloto (m)	lendur, piloot	[lendur], [piloːt]
motorista (m)	autojuht	[autojuht]
maquinista (m)	vedurijuht	[ʋedurijuht]
mecânico (m)	mehaanik	[mehaːnik]
mineiro (m)	kaevur	[kaeʋur]
operário (m)	tööline	[tøːline]
serralheiro (m)	lukksepp	[lukksepp]
marceneiro (m)	tisler	[tisler]
torneiro (m)	treial	[trejalʲ]
construtor (m)	ehitaja	[ehitaja]
soldador (m)	keevitaja	[keːʋitaja]
professor (m) catedrático	professor	[professor]
arquiteto (m)	arhitekt	[arhitekt]
historiador (m)	ajaloolane	[ajaloːlane]
cientista (m)	teadlane	[teatlane]
físico (m)	füüsik	[fʉːsik]
químico (m)	keemik	[keːmik]
arqueólogo (m)	arheoloog	[arheoloːg]
geólogo (m)	geoloog	[geoloːg]
pesquisador (cientista)	uurija	[uːrija]
babysitter (f)	lapsehoidja	[lapsehojdja]
professor (m)	pedagoog	[pedagoːg]
redator (m)	toimetaja	[tojmetaja]
redator-chefe (m)	peatoimetaja	[peatojmetaja]
correspondente (m)	korrespondent	[korrespondent]
datilógrafa (f)	masinakirjutaja	[masinakirjutaja]
designer (m)	disainer	[disainer]
especialista (m)	arvutispetsialist	[arʋutispetsialisʲt]
em informática		
programador (m)	programmeerija	[programmeːrija]
engenheiro (m)	insener	[insener]
marujo (m)	meremees	[meremeːs]
marinheiro (m)	madrus	[madrus]
salvador (m)	päästja	[pæːsʲtja]
bombeiro (m)	tuletõrjuja	[tuletɜrjuja]
polícia (m)	politseinik	[politsejnik]
guarda-noturno (m)	valvur	[ʋalʲuur]
detetive (m)	detektiiv	[detektiːʋ]
funcionário (m) da alfândega	tolliametnik	[tolʲiametnik]
guarda-costas (m)	ihukaitsja	[ihukaitsja]
guarda (m) prisional	järelvaataja	[jærelʲʋaːtaja]
inspetor (m)	inspektor	[inspektor]
desportista (m)	sportlane	[sportlane]
treinador (m)	treener	[treːner]

talhante (m)	lihunik	[lihunik]
sapateiro (m)	kingsepp	[kingsepp]
comerciante (m)	kaubareisija	[kaubarejsija]
carregador (m)	laadija	[laːdija]

| estilista (m) | moekunstnik | [moekunsʲtnik] |
| modelo (f) | modell | [modelʲ] |

131. Ocupações. Estatuto social

| aluno, escolar (m) | kooliõpilane | [koːliɜpilane] |
| estudante (~ universitária) | üliõpilane | [ʉliɜpilane] |

filósofo (m)	filosoof	[filosoːf]
economista (m)	majandusteadlane	[majandusʲteatlane]
inventor (m)	leiutaja	[lejutaja]

desempregado (m)	töötu	[tøːtu]
reformado (m)	pensionär	[pensionær]
espião (m)	spioon	[spioːn]

preso (m)	vang	[ʋang]
grevista (m)	streikija	[sʲtrejkija]
burocrata (m)	bürokraat	[bʉrokraːt]
viajante (m)	rändur	[rændur]

| homossexual (m) | homoseksualist | [homoseksualisʲt] |
| hacker (m) | häkker | [hækker] |

bandido (m)	bandiit	[bandiːt]
assassino (m) a soldo	palgamõrvar	[palʲgamɜrʋar]
toxicodependente (m)	narkomaan	[narkomaːn]
traficante (m)	narkokaupmees	[narkokaupmeːs]
prostituta (f)	prostituut	[prosʲtituːt]
chulo (m)	sutenöör	[sutenøːr]

bruxo (m)	nõid	[nɜit]
bruxa (f)	nõiamoor	[nɜiamoːr]
pirata (m)	piraat	[piraːt]
escravo (m)	ori	[ori]
samurai (m)	samurai	[samurai]
selvagem (m)	metslane	[metslane]

Desportos

132. Tipos de desportos. Desportistas

desportista (m)	sportlane	[sportlane]
tipo (m) de desporto	spordiala	[spordiala]
basquetebol (m)	korvpall	[korʊpalʲ]
jogador (m) de basquetebol	korvpallur	[korʊpalʲur]
beisebol (m)	pesapall	[pesapalʲ]
jogador (m) de beisebol	pesapallur	[pesapalʲur]
futebol (m)	jalgpall	[jalʲgpalʲ]
futebolista (m)	jalgpallur	[jalʲgpalʲur]
guarda-redes (m)	väravavaht	[ʋæraʊaʊaht]
hóquei (m)	hoki	[hoki]
jogador (m) de hóquei	hokimängija	[hokimæŋgija]
voleibol (m)	võrkpall	[ʊɜrkpalʲ]
jogador (m) de voleibol	võrkpallur	[ʊɜrkpalʲur]
boxe (m)	poks	[poks]
boxeador, pugilista (m)	poksija	[poksija]
luta (f)	maadlus	[maːtlus]
lutador (m)	maadleja	[maːtleja]
karaté (m)	karate	[karate]
karateca (m)	karatist	[karatisʲt]
judo (m)	judo	[judo]
judoca (m)	džuudomaadleja	[dʒuːdomaːtleja]
ténis (m)	tennis	[tennis]
tenista (m)	tennisemängija	[tennisemæŋgija]
natação (f)	ujumine	[ujumine]
nadador (m)	ujuja	[ujuja]
esgrima (f)	vehklemine	[ʊehklemine]
esgrimista (m)	vehkleja	[ʊehkleja]
xadrez (m)	male	[male]
xadrezista (m)	maletaja	[maletaja]
alpinismo (m)	alpinism	[alʲpinism]
alpinista (m)	alpinist	[alʲpinisʲt]
corrida (f)	jooks	[joːks]

corredor (m)	jooksja	[jo:ksja]
atletismo (m)	kergejõustik	[kergejʒusʲtik]
atleta (m)	atleet	[atle:t]

| hipismo (m) | ratsasport | [ratsasport] |
| cavaleiro (m) | ratsutaja | [ratsutaja] |

patinagem (f) artística	iluuisutamine	[ilu:isutamine]
patinador (m)	iluuisutaja	[ilu:isutaja]
patinadora (f)	iluuisutaja	[ilu:isutaja]

halterofilismo (m)	raskejõustik	[raskejʒusʲtik]
halterofilista (m)	raskejõustiklane	[raskejʒusʲtiklane]
corrida (f) de carros	autovõidusõit	[autouʒidusʒit]
piloto (m)	võidusõitja	[uʒidusʒitja]

| ciclismo (m) | jalgrattasport | [jalʲgrattasport] |
| ciclista (m) | jalgrattur | [jalʲgrattur] |

salto (m) em comprimento	kaugushüpe	[kaugushʉpe]
salto (m) à vara	teivashüpe	[tejʋashʉpe]
atleta (m) de saltos	hüppaja	[hʉppaja]

133. Tipos de desportos. Diversos

futebol (m) americano	ameerika jalgpall	[ame:rika jalʲgpalʲ]
badminton (m)	sulgpall	[sulʲgpalʲ]
biatlo (m)	laskesuusatamine	[laskesu:satamine]
bilhar (m)	piljard	[piljart]

bobsled (m)	bobisõit	[bobisʒit]
musculação (f)	bodybilding	[bodybilʲding]
polo (m) aquático	veepall	[ʋe:palʲ]
andebol (m)	väravpall	[ʋæraʋpalʲ]
golfe (m)	golf	[golf]

remo (m)	sõudmine	[sʒudmine]
mergulho (m)	allveeujumine	[alʲʋe:ujumine]
corrida (f) de esqui	murdmaasuusatamine	[murdma:su:satamine]
ténis (m) de mesa	lauatennis	[lauatennis]

vela (f)	purjesport	[purjesport]
rali (m)	ralli	[ralʲi]
râguebi (m)	rägbi	[rægbi]
snowboard (m)	lumelauasõit	[lumelauasʒit]
tiro (m) com arco	vibulaskmine	[ʋibulaskmine]

134. Ginásio

barra (f)	kang	[kang]
halteres (m pl)	hantlid	[hantlit]
aparelho (m) de musculaçao	trenazöör	[trenazø:r]

bicicleta (f) ergométrica	velotrenazöör	[ʋelotrenazø:r]
passadeira (f) de corrida	jooksurada	[jo:ksurada]

barra (f) fixa	võimlemiskang	[ʋɜimlemiskang]
barras (f) paralelas	rööbaspuud	[rø:baspu:t]
cavalo (m)	hobune	[hobune]
tapete (m) de ginástica	matt	[matt]

corda (f) de saltar	hüppenöör	[hʉppenø:r]
aeróbica (f)	aeroobika	[aero:bika]
ioga (f)	jooga	[jo:ga]

135. Hóquei

hóquei (m)	hoki	[hoki]
jogador (m) de hóquei	hokimängija	[hokimæ̃ngija]
jogar hóquei	jäähokit mängima	[jæ:hokit mæ̃ngima]
gelo (m)	jää	[jæ:]

disco (m)	litter	[litter]
taco (m) de hóquei	hokikepp	[hokikepp]
patins (m pl) de gelo	uisud	[uisut]

muro (m)	poord	[po:rt]
tiro (m)	vise	[ʋise]

guarda-redes (m)	väravavaht	[ʋærɑʋɑʋɑht]
golo (m)	värav	[ʋærɑʋ]
marcar um golo	väravat lööma	[ʋærɑʋɑt lø:ma]

tempo (m)	periood	[perio:t]
segundo tempo (m)	kolmandik	[kolʲmandik]
banco (m) de reservas	varumängijate pink	[ʋɑrumæ̃ngijate pink]

136. Futebol

futebol (m)	jalgpall	[jalʲgpalʲ]
futebolista (m)	jalgpallur	[jalʲgpalʲur]
jogar futebol	jalgpalli mängima	[jalʲgpalʲi mæ̃ngima]

Liga Principal (f)	kõrgliiga	[kɜrgli:ga]
clube (m) de futebol	jalgpalliklubi	[jalʲgpalʲiklubi]
treinador (m)	treener	[tre:ner]
proprietário (m)	omanik	[omanik]

equipa (f)	meeskond	[me:skont]
capitão (m) da equipa	meeskonna kapten	[me:skonna kapten]
jogador (m)	mängija	[mæ̃ngija]
jogador (m) de reserva	varumängija	[ʋɑrumæ̃ngija]

atacante (m)	ründemängija	[rʉndemæ̃ngija]
avançado (m) centro	keskründemängija	[keskrʉndemæ̃ngija]

marcador (m)	väravakütt	[uærauakʉtt]
defesa (m)	kaitsja	[kaitsja]
médio (m)	poolkaitsja	[po:lʲkaitsja]

jogo (desafio)	mäng	[mæng]
encontrar-se (vr)	kohtuma	[kohtuma]
final (m)	finaal	[fina:lʲ]
meia-final (f)	poolfinaal	[po:lfina:lʲ]
campeonato (m)	meistrivõistlused	[mejsʲtriʋɜisʲtluset]

tempo (m)	poolaeg	[po:laeg]
primeiro tempo (m)	esimene poolaeg	[esimene po:laeg]
intervalo (m)	vaheaeg	[uaheaeg]

baliza (f)	värav	[uærau]
guarda-redes (m)	väravavaht	[uærauauaht]
trave (f)	väravapost	[uærauaposʲt]
barra (f) transversal	värava põikpuu	[uæraua pɔikpu:]
rede (f)	väravavõrk	[uærauauɜrk]
sofrer um golo	palli väravasse laskma	[palʲi uærauasse laskma]

bola (f)	pall	[palʲ]
passe (m)	sööt	[sø:t]
chute (m)	löök	[lø:k]
chutar (vt)	lööma	[lø:ma]
tiro (m) livre	trahvilöök	[trahuilø:k]
canto (m)	nurgalöök	[nurgalø:k]

ataque (m)	rünnak	[rʉnnak]
contra-ataque (m)	vasturünnak	[uasʲturʉnnak]
combinação (f)	kombinatsioon	[kombinatsio:n]

árbitro (m)	kohtunik	[kohtunik]
apitar (vi)	vilistama	[uilisʲtama]
apito (m)	vile	[uile]
falta (f)	rikkumine	[rikkumine]
cometer a falta	rikkuma	[rikkuma]
expulsar (vt)	väljakult eemaldama	[uæljakulʲt e:malʲdama]

cartão (m) amarelo	kollane kaart	[kolʲæne ka:rt]
cartão (m) vermelho	punane kaart	[punane ka:rt]
desqualificação (f)	diskvalifitseerimine	[diskualifitse:rimine]
desqualificar (vt)	diskvalifitseerima	[diskualifitse:rima]

penálti (m)	penalti	[penalʲti]
barreira (f)	sein	[sejn]
marcar (vt)	lööma	[lø:ma]
golo (m)	värav	[uærau]
marcar um golo	väravat lööma	[uærauat lø:ma]

substituição (f)	vahetus	[uahetus]
substituir (vt)	vahetama	[uahetama]
regras (f pl)	reeglid	[re:glit]
tática (f)	taktika	[taktika]
estádio (m)	staadion	[sʲta:dion]
bancadas (f pl)	tribüün	[tribʉ:n]

fã, adepto (m)	fänn, poolehoidja	[fænn, po:lehojdja]
gritar (vi)	karjuma	[karjuma]
marcador (m)	tabloo	[tablo:]
resultado (m)	seis	[sejs]
derrota (f)	kaotus	[kaotus]
perder (vt)	kaotama	[kaotama]
empate (m)	viik	[ʋi:k]
empatar (vi)	viiki mängima	[ʋi:ki mængima]
vitória (f)	võit	[ʋɜit]
ganhar, vencer (vi, vt)	võitma	[ʋɜitma]
campeão (m)	tšempion	[tʃempion]
melhor	parim	[parim]
felicitar (vt)	õnnitlema	[ɜnnitlema]
comentador (m)	kommentaator	[kommenta:tor]
comentar (vt)	kommenteerima	[kommente:rima]
transmissão (f)	saade	[sa:de]

137. Esqui alpino

esqui (m)	suusad	[su:sat]
esquiar (vi)	suusatama	[su:satama]
estância (f) de esqui	mäesuusatamiskuurort	[mææəsu:satamisku:rort]
teleférico (m)	tõstuk	[tɜsʲtuk]
bastões (m pl) de esqui	suusakepid	[su:sakepit]
declive (m)	nõlv	[nɜlʲʋ]
slalom (m)	slaalom	[sla:lom]

138. Ténis. Golfe

golfe (m)	golf	[golf]
clube (m) de golfe	golfiklubi	[golfiklubi]
jogador (m) de golfe	golfimängija	[golfimængija]
buraco (m)	auk	[auk]
taco (m)	golfikepp	[golfikepp]
trolley (m)	käru	[kæru]
ténis (m)	tennis	[tennis]
quadra (f) de ténis	tenniseväljak	[tenniseʋæljak]
saque (m)	serv	[serʋ]
sacar (vi)	servima	[serʋima]
raquete (f)	reket	[reket]
rede (f)	võrk	[ʋɜrk]
bola (f)	pall	[palʲ]

139. Xadrez

xadrez (m)	male	[male]
peças (f pl) de xadrez	malendid	[malendit]
xadrezista (m)	maletaja	[maletaja]
tabuleiro (m) de xadrez	malelaud	[malelaut]
peça (f) de xadrez	malend	[malent]
brancas (f pl)	valged	[ual'get]
pretas (f pl)	mustad	[mus'tat]
peão (m)	ettur	[ettur]
bispo (m)	oda	[oda]
cavalo (m)	ratsu	[ratsu]
torre (f)	vanker	[uanker]
dama (f)	lipp	[lipp]
rei (m)	kuningas	[kuningas]
vez (m)	käik	[kæjk]
mover (vt)	käima	[kæjma]
sacrificar (vt)	ohverdama	[ohuerdama]
roque (m)	vangerdus	[uangerdus]
xeque (m)	tuli	[tuli]
xeque-mate (m)	matt	[matt]
torneio (m) de xadrez	maleturniir	[maleturni:r]
grão-mestre (m)	suurmeister	[su:rmejs'ter]
combinação (f)	kombinatsioon	[kombinatsio:n]
partida (f)	partii	[parti:]
jogo (m) de damas	kabe	[kabe]

140. Boxe

boxe (m)	poks	[poks]
combate (m)	võistlus	[uɜis'tlus]
duelo (m)	kahevõitlus	[kaheuɜitlus]
round (m)	raund	[raunt]
ringue (m)	ring	[ring]
gongo (m)	gong	[gong]
murro, soco (m)	löök	[lø:k]
knockdown (m)	nokdaun	[nokdaun]
nocaute (m)	nokaut	[nokaut]
nocautear (vt)	nokauti lööma	[nokauti lø:ma]
luva (f) de boxe	poksikinnas	[poksikinnas]
árbitro (m)	vahekohtunik	[uahekohtunik]
peso-leve (m)	kergekaal	[kergeka:lʲ]
peso-médio (m)	keskkaal	[keskka:lʲ]
peso-pesado (m)	raskekaal	[raskeka:lʲ]

141. Desportos. Diversos

Português	Estoniano	Pronúncia
Jogos (m pl) Olímpicos	Olümpiamängud	[olumpiamæŋgut]
vencedor (m)	võitja	[uɜitja]
vencer (vi)	võitma	[uɜitma]
vencer, ganhar (vi)	võitma	[uɜitma]
líder (m)	liider	[liːder]
liderar (vt)	liidriks olema	[liːdriks olema]
primeiro lugar (m)	esimene koht	[esimene koht]
segundo lugar (m)	teine koht	[tejne koht]
terceiro lugar (m)	kolmas koht	[koljmas koht]
medalha (f)	medal	[medalʲ]
troféu (m)	trofee	[trofeː]
taça (f)	karikas	[karikas]
prémio (m)	auhind	[auhint]
prémio (m) principal	peaauhind	[peaːuhint]
recorde (m)	rekord	[rekort]
estabelecer um recorde	rekordit püstitama	[rekordit pustitama]
final (m)	finaal	[finaːlʲ]
final	finaal-	[finaːl-]
campeão (m)	tšempion	[tʃempion]
campeonato (m)	meistrivõistlused	[mejsʲtriuɜisʲtluset]
estádio (m)	staadion	[sʲtaːdion]
bancadas (f pl)	tribüün	[tribuːn]
fã, adepto (m)	poolehoidja	[poːlehojdja]
adversário (m)	vastane	[uasʲtane]
partida (f)	start	[sʲtart]
chegada, meta (f)	finiš	[finiʃ]
derrota (f)	kaotus	[kaotus]
perder (vt)	kaotama	[kaotama]
árbitro (m)	kohtunik	[kohtunik]
júri (m)	žürii	[ʒuriː]
resultado (m)	seis	[sejs]
empate (m)	viik	[uiːk]
empatar (vi)	viiki mängima	[uiːki mæŋgima]
ponto (m)	punkt	[punkt]
resultado (m) final	tulemus	[tulemus]
tempo, período (m)	periood	[perioːt]
intervalo (m)	vaheaeg	[uaheaeg]
doping (m)	doping	[doping]
penalizar (vt)	karistama	[karisʲtama]
desqualificar (vt)	diskvalifitseerima	[diskualifitseːrima]
aparelho (m)	vahend	[uahent]
dardo (m)	oda	[oda]

| peso (m) | kuul | [ku:lʲ] |
| bola (f) | kuul | [ku:lʲ] |

alvo, objetivo (m)	sihtmärk	[sihtmærk]
alvo (~ de papel)	märklaud	[mærklaut]
atirar, disparar (vi)	tulistama	[tulisʲtama]
preciso (tiro ~)	tabamine	[tabamine]

treinador (m)	treener	[tre:ner]
treinar (vt)	treenima	[tre:nima]
treinar-se (vr)	treenima	[tre:nima]
treino (m)	trenn	[trenn]

ginásio (m)	spordisaal	[spordisa:lʲ]
exercício (m)	harjutus	[harjutus]
aquecimento (m)	soojendus	[so:jendus]

Educação

142. Escola

escola (f)	kool	[ko:lʲ]
diretor (m) de escola	koolidirektor	[ko:lidirektor]
aluno (m)	õpilane	[ɜpilane]
aluna (f)	õpilane	[ɜpilane]
escolar (m)	kooliõpilane	[ko:liɜpilane]
escolar (f)	koolitüdruk	[ko:litʉdruk]
ensinar (vt)	õpetama	[ɜpetama]
aprender (vt)	õppima	[ɜppima]
aprender de cor	pähe õppima	[pæhe ɜppima]
estudar (vi)	õppima	[ɜppima]
andar na escola	koolis käima	[ko:lis kæjma]
ir à escola	kooli minema	[ko:li minema]
alfabeto (m)	tähestik	[tæhesʲtik]
disciplina (f)	õppeaine	[ɜppeaine]
sala (f) de aula	klass	[klass]
lição (f)	tund	[tunt]
recreio (m)	vahetund	[ʋahetunt]
toque (m)	kell	[kelʲ]
carteira (f)	koolipink	[ko:lipink]
quadro (m) negro	tahvel	[tahʋelʲ]
nota (f)	hinne	[hinne]
boa nota (f)	hea hinne	[hea hinne]
nota (f) baixa	halb hinne	[halʲb hinne]
dar uma nota	hinnet panema	[hinnet panema]
erro (m)	viga	[ʋiga]
fazer erros	vigu tegema	[ʋigu tegema]
corrigir (vt)	parandama	[parandama]
cábula (f)	spikker	[spikker]
dever (m) de casa	kodune ülesanne	[kodune ʉlesanne]
exercício (m)	harjutus	[harjutus]
estar presente	kohal olema	[kohalʲ olema]
estar ausente	puuduma	[pu:duma]
faltar às aulas	puuduma koolist	[pu:duma ko:lisʲt]
punir (vt)	karistama	[karisʲtama]
punição (f)	karistus	[karisʲtus]
comportamento (m)	käitumine	[kæjtumine]

boletim (m) escolar	päevik	[pæeʋik]
lápis (m)	pliiats	[pli:ats]
borracha (f)	kustutuskumm	[kusʲtutuskumm]
giz (m)	kriit	[kri:t]
estojo (m)	pinal	[pinalʲ]
pasta (f) escolar	portfell	[portfelʲ]
caneta (f)	sulepea	[sulepea]
caderno (m)	vihik	[ʋihik]
manual (m) escolar	õpik	[ɜpik]
compasso (m)	sirkel	[sirkelʲ]
traçar (vt)	joonestama	[jo:nesʲtama]
desenho (m) técnico	joonis	[jo:nis]
poesia (f)	luuletus	[lu:letus]
de cor	peas olema	[peas olema]
aprender de cor	pähe õppima	[pæhe ɜppima]
férias (f pl)	koolivaheaeg	[ko:liʋaheaeg]
estar de férias	koolivaheajal olema	[ko:liʋaheajalʲ olema]
passar as férias	puhkust veetma	[puhkusʲt ʋe:tma]
teste (m)	kontrolltöö	[kontrolʲtɜ:]
composição, redação (f)	kirjand	[kirjant]
ditado (m)	etteütlus	[etteʉtlus]
exame (m)	eksam	[eksam]
fazer exame	eksamit sooritama	[eksamit so:ritama]
experiência (~ química)	katse	[katse]

143. Colégio. Universidade

academia (f)	akadeemia	[akade:mia]
universidade (f)	ülikool	[ʉliko:lʲ]
faculdade (f)	teaduskond	[teaduskont]
estudante (m)	üliõpilane	[ʉliɜpilane]
estudante (f)	üliõpilane	[ʉliɜpilane]
professor (m)	õppejõud	[ɜppejɜut]
sala (f) de palestras	auditoorium	[audito:rium]
graduado (m)	ülikoolilõpetaja	[ʉliko:lilɜpetaja]
diploma (m)	diplom	[diplom]
tese (f)	väitekiri	[ʋæjtekiri]
estudo (obra)	teaduslik töö	[teaduslik tɜ:]
laboratório (m)	labor	[labor]
palestra (f)	loeng	[loeng]
colega (m) de curso	kursusekaaslane	[kursuseka:slane]
bolsa (f) de estudos	stipendium	[sʲtipendium]
grau (m) académico	teaduslik kraad	[teaduslik kra:t]

144. Ciências. Disciplinas

matemática (f)	matemaatika	[matema:tika]
álgebra (f)	algebra	[al'gebra]
geometria (f)	geomeetria	[geome:tria]

astronomia (f)	astronoomia	[as'trono:mia]
biologia (f)	bioloogia	[biolo:gia]
geografia (f)	geograafia	[geogra:fia]
geologia (f)	geoloogia	[geolo:gia]
história (f)	ajalugu	[ajalugu]

medicina (f)	meditsiin	[meditsi:n]
pedagogia (f)	pedagoogika	[pedago:gika]
direito (m)	õigus	[ɜigus]

física (f)	füüsika	[fu:sika]
química (f)	keemia	[ke:mia]
filosofia (f)	filosoofia	[filoso:fia]
psicologia (f)	psühholoogia	[psuhholo:gia]

145. Sistema de escrita. Ortografia

gramática (f)	grammatika	[grammatika]
vocabulário (m)	sõnavara	[sɜnauara]
fonética (f)	foneetika	[fone:tika]

substantivo (m)	nimisõnad	[nimisɜnat]
adjetivo (m)	omadussõnad	[omadussɜnat]
verbo (m)	tegusõna	[tegusɜna]
advérbio (m)	määrsõna	[mæ:rsɜna]

pronome (m)	asesõna	[asesɜna]
interjeição (f)	hüüdsõna	[hu:dsɜna]
preposição (f)	eessõna	[e:ssɜna]

raiz (f) da palavra	sõna tüvi	[sɜna tuui]
terminação (f)	lõpp	[lɜpp]
prefixo (m)	eesliide	[e:sli:de]
sílaba (f)	silp	[sil'p]
sufixo (m)	järelliide	[jærel'i:de]

acento (m)	rõhk	[rɜhk]
apóstrofo (m)	apostroof	[apos'tro:f]

ponto (m)	punkt	[punkt]
vírgula (f)	koma	[koma]
ponto e vírgula (m)	semikoolon	[semiko:lon]
dois pontos (m pl)	koolon	[ko:lon]
reticências (f pl)	kolmpunkt	[kol'mpunkt]

ponto (m) de interrogação	küsimärk	[kusimærk]
ponto (m) de exclamação	hüüumärk	[hu:umærk]

aspas (f pl)	jutumärgid	[jutumærgit]
entre aspas	jutumärkides	[jutumærkides]
parênteses (m pl)	sulud	[sulut]
entre parênteses	sulgudes	[sulʲgudes]
hífen (m)	sidekriips	[sidekri:ps]
travessão (m)	mõttekriips	[mɜttekri:ps]
espaço (m)	sõnavahe	[sɜnaʋahe]
letra (f)	täht	[tæht]
letra (f) maiúscula	suur algustäht	[su:r alʲgusʲtæht]
vogal (f)	täishäälik	[tæjshæ:lik]
consoante (f)	kaashäälik	[ka:shæ:lik]
frase (f)	pakkumine	[pakkumine]
sujeito (m)	alus	[alus]
predicado (m)	öeldis	[øelʲdis]
linha (f)	rida	[rida]
em uma nova linha	uuelt realt	[u:elʲt realʲt]
parágrafo (m)	lõik	[lɜik]
palavra (f)	sõna	[sɜna]
grupo (m) de palavras	sõnaühend	[sɜnaʉhent]
expressão (f)	väljend	[ʋælʲjent]
sinónimo (m)	sünonüüm	[sʉnonʉ:m]
antónimo (m)	antonüüm	[antonʉ:m]
regra (f)	reegel	[re:gelʲ]
exceção (f)	erand	[erant]
correto	õige	[ɜige]
conjugação (f)	pööramine	[pø:ramine]
declinação (f)	käänamine	[kæ:namine]
caso (m)	kääne	[kæ:ne]
pergunta (f)	küsimus	[kʉsimus]
sublinhar (vt)	alla kriipsutama	[alʲæ kri:psutama]
linha (f) pontilhada	punktiir	[punkti:r]

146. Línguas estrangeiras

língua (f)	keel	[ke:lʲ]
estrangeiro	võõr-	[ʋɜ:r-]
língua (f) estrangeira	võõrkeel	[ʋɜ:rke:lʲ]
estudar (vt)	uurima	[u:rima]
aprender (vt)	õppima	[ɜppima]
ler (vt)	lugema	[lugema]
falar (vi)	rääkima	[ræ:kima]
compreender (vt)	aru saama	[aru sa:ma]
escrever (vt)	kirjutama	[kirjutama]
rapidamente	kiiresti	[ki:resʲti]
devagar	aeglaselt	[aeglaselʲt]

fluentemente	vabalt	[ʋabalʲt]
regras (f pl)	reeglid	[reːglit]
gramática (f)	grammatika	[grammatika]
vocabulário (m)	sõnavara	[sɜnaʋara]
fonética (f)	foneetika	[foneːtika]
manual (m) escolar	õpik	[ɜpik]
dicionário (m)	sõnaraamat	[sɜnaraːmat]
manual (m) de autoaprendizagem	õpik iseõppijaile	[ɜpik iseɜppijaile]
guia (m) de conversação	vestmik	[ʋesʲtmik]
cassete (f)	kassett	[kassett]
vídeo cassete (m)	videokassett	[ʋideokassett]
CD (m)	CD-plaat	[ʦede plaːt]
DVD (m)	DVD	[dʋt]
alfabeto (m)	tähestik	[tæhesʲtik]
soletrar (vt)	veerima	[ʋeːrima]
pronúncia (f)	hääldamine	[hæːlʲdamine]
sotaque (m)	aktsent	[aktsent]
com sotaque	aktsendiga	[aktsendiga]
sem sotaque	ilma aktsendita	[ilʲma aktsendita]
palavra (f)	sõna	[sɜna]
sentido (m)	mõiste	[mɜisʲte]
cursos (m pl)	kursused	[kursuset]
inscrever-se (vr)	kirja panema	[kirja panema]
professor (m)	õppejõud	[ɜppejɜut]
tradução (processo)	tõlkimine	[tɜlʲkimine]
tradução (texto)	tõlge	[tɜlʲge]
tradutor (m)	tõlk	[tɜlʲk]
intérprete (m)	tõlk	[tɜlʲk]
poliglota (m)	polüglott	[polʉglott]
memória (f)	mälu	[mælu]

147. Personagens de contos de fadas

Pai (m) Natal	Jõuluvana	[jɜuluʋana]
Cinderela (f)	Tuhkatriinu	[tuhkatriːnu]
sereia (f)	Näkineid	[nækinejt]
Neptuno (m)	Neptunus	[neptunus]
mago (m)	võlur	[ʋɜlur]
fada (f)	võlur	[ʋɜlur]
mágico	võlu-	[ʋɜlu-]
varinha (f) mágica	võlukepike	[ʋɜlukepike]
conto (m) de fadas	muinasjutt	[mujnasjutt]
milagre (m)	ime	[ime]

| anão (m) | päkapikk | [pækapikk] |
| transformar-se em ... | ... muutuda | [... mu:tuda] |

fantasma (m)	viirastus	[ʋi:rasʲtus]
espetro (m)	kummitus	[kummitus]
monstro (m)	koletis	[koletis]
dragão (m)	draakon	[dra:kon]
gigante (m)	hiiglane	[hi:glane]

148. Signos do Zodíaco

Carneiro	Jäär	[jæ:r]
Touro	Sõnn	[sɜnn]
Gémeos	Kaksikud	[kaksikut]
Caranguejo	Vähk	[ʋæhk]
Leão	Lõvi	[lɜʋi]
Virgem (f)	Neitsi	[nejtsi]

Balança	Kaalud	[ka:lut]
Escorpião	Skorpion	[skorpion]
Sagitário	Ambur	[ambur]
Capricórnio	Kaljukits	[kaljukits]
Aquário	Veevalaja	[ʋe:ʋalaja]
Peixes	Kalad	[kalat]

caráter (m)	iseloom	[iselo:m]
traços (m pl) do caráter	iseloomujooned	[iselo:mujo:net]
comportamento (m)	käitumine	[kæjtumine]
predizer (vt)	ennustama	[ennusʲtama]
adivinha (f)	ennustaja	[ennusʲtaja]
horóscopo (m)	horoskoop	[horosko:p]

Artes

149. Teatro

teatro (m)	teater	[teater]
ópera (f)	ooper	[o:per]
opereta (f)	operett	[operett]
balé (m)	ballett	[balʲett]
cartaz (m)	kuulutus	[ku:lutus]
companhia (f) teatral	trupp	[trupp]
turné (digressão)	külalisetendus	[külalisetendus]
estar em turné	gastroleerima	[gasʲtrole:rima]
ensaiar (vt)	proovi tegema	[pro:ʋi tegema]
ensaio (m)	proov	[pro:ʋ]
repertório (m)	repertuaar	[repertua:r]
apresentação (f)	etendus	[etendus]
espetáculo (m)	etendus	[etendus]
peça (f)	näidend	[næjdent]
bilhete (m)	pilet	[pilet]
bilheteira (f)	piletikassa	[piletikassa]
hall (m)	hall	[halʲ]
guarda-roupa (m)	riietehoid	[ri:etehojt]
senha (f) numerada	riidehoiunumber	[ri:dehojunumber]
binóculo (m)	binokkel	[binokkelʲ]
lanterninha (m)	kontrolör	[kontrolør]
plateia (f)	parter	[parter]
balcão (m)	rõdu	[rɜdu]
primeiro balcão (m)	esindusrõdu	[esindusrɜdu]
camarote (m)	loož	[lo:ʒ]
fila (f)	rida	[rida]
assento (m)	koht	[koht]
público (m)	publik	[publik]
espetador (m)	vaataja	[ʋa:taja]
aplaudir (vt)	aplodeerima	[aplode:rima]
aplausos (m pl)	aplaus	[aplaus]
ovação (f)	ovatsioon	[oʋatsio:n]
palco (m)	lava	[laʋa]
pano (m) de boca	eesriie	[e:sri:e]
cenário (m)	dekoratsioonid	[dekoratsio:nit]
bastidores (m pl)	kulissid	[kulissit]
cena (f)	stseen	[sʲtse:n]
ato (m)	akt	[akt]
entreato (m)	vaheaeg	[ʋaheaeg]

150. Cinema

ator (m)	näitleja	[næjtleja]
atriz (f)	näitlejanna	[nnaitlejanna]
cinema (m)	kino	[kino]
filme (m)	kino	[kino]
episódio (m)	seeria	[se:ria]
filme (m) policial	kriminaalfilm	[krimina:lfiⁱm]
filme (m) de ação	lookfilm	[lø:kfiⁱm]
filme (m) de aventuras	põnevusfilm	[pɜneuusfiⁱm]
filme (m) de ficção científica	aimefilm	[aimefiⁱm]
filme (m) de terror	õudusfilm	[ɜudusfiⁱm]
comédia (f)	komöödiafilm	[komø:diafiⁱm]
melodrama (m)	melodraama	[melodra:ma]
drama (m)	draama	[dra:ma]
filme (m) ficcional	mängufilm	[mængufiⁱm]
documentário (m)	tõsielufilm	[tɜsielufiⁱm]
desenho (m) animado	animafilm	[animafiⁱm]
cinema (m) mudo	tummfilm	[tummfiⁱm]
papel (m)	osa	[osa]
papel (m) principal	peaosa	[peaosa]
representar (vt)	mängima	[mængima]
estrela (f) de cinema	filmitäht	[fiⁱmitæht]
conhecido	tuntud	[tuntut]
famoso	kuulus	[ku:lus]
popular	populaarne	[popula:rne]
argumento (m)	stsenaarium	[sⁱtsena:rium]
argumentista (m)	stsenarist	[sⁱtsenarisⁱt]
realizador (m)	lavastaja	[lauasⁱtaja]
produtor (m)	produtsent	[produtsent]
assistente (m)	assistent	[assisⁱtent]
diretor (m) de fotografia	operaator	[opera:tor]
duplo (m)	kaskadöör	[kaskadø:r]
duplo (m) de corpo	dublant	[dublant]
filmar (vt)	filmi võtma	[fiⁱmi uɜtma]
audição (f)	proovid	[pro:uit]
filmagem (f)	filmivõtted	[fiⁱmiuɜttet]
equipe (f) de filmagem	võttegrupp	[uɜttegrupp]
set (m) de filmagem	võtteplats	[uɜtteplats]
câmara (f)	kinokaamera	[kinoka:mera]
cinema (m)	kino	[kino]
ecrã (m), tela (f)	ekraan	[ekra:n]
exibir um filme	filmi näitama	[fiⁱmi næjtama]
pista (f) sonora	heliriba	[heliriba]
efeitos (m pl) especiais	trikid	[trikit]

133

legendas (f pl)	subtiitrid	[subti:trit]
crédito (m)	tiitrid	[ti:trit]
tradução (f)	tõlge	[tɜlʲge]

151. Pintura

arte (f)	kunst	[kunsʲt]
belas-artes (f pl)	kaunid kunstid	[kaunit kunsʲtit]
galeria (f) de arte	galerii	[galeri:]
exposição (f) de arte	maalinäitus	[ma:linæjtus]

pintura (f)	maalikunst	[ma:likunsʲt]
arte (f) gráfica	graafika	[gra:fika]
arte (f) abstrata	abstraktsionism	[absʲtraktsionism]
impressionismo (m)	impressionism	[impressionism]

pintura (f), quadro (m)	maal	[ma:lʲ]
desenho (m)	joonistus	[jo:nisʲtus]
cartaz, póster (m)	plakat	[plakat]

ilustração (f)	illustratsioon	[ilʲusʲtratsio:n]
miniatura (f)	miniatuur	[miniatu:r]
cópia (f)	ärakiri	[ærakiri]
reprodução (f)	repro	[repro]

mosaico (m)	mosaiik	[mosai:k]
vitral (m)	vitraaž	[ʋitra:ʒ]
fresco (m)	fresko	[fresko]
gravura (f)	graviür	[graʋʉ:r]

busto (m)	rinnakuju	[rinnakuju]
escultura (f)	skulptuur	[skulʲptu:r]
estátua (f)	raidkuju	[raidkuju]
gesso (m)	kips	[kips]
em gesso	kipsist	[kipsisʲt]

retrato (m)	portree	[portre:]
autorretrato (m)	autoportree	[autoportre:]
paisagem (f)	maastikumaal	[ma:sʲtikuma:lʲ]
natureza (f) morta	natüürmort	[natʉ:rmort]
caricatura (f)	karikatuur	[karikatu:r]
esboço (m)	visand	[ʋisant]

tinta (f)	värv	[ʋærʋ]
aguarela (f)	akvarell	[akʋarelʲ]
óleo (m)	õli	[ɜli]
lápis (m)	pliiats	[pli:ats]
tinta da China (f)	tušš	[tuʃʃ]
carvão (m)	süsi	[sʉsi]

desenhar (vt)	joonistama	[jo:nisʲtama]
pintar (vt)	joonistama	[jo:nisʲtama]
posar (vi)	poseerima	[pose:rima]
modelo (m)	modell	[modelʲ]

modelo (f)	modell	[modelʲ]
pintor (m)	kunstnik	[kunsʲtnik]
obra (f)	teos	[teos]
obra-prima (f)	meistriteos	[mejsʲtriteos]
estúdio (m)	ateljee	[atelje:]
tela (f)	lõuend	[lɜuent]
cavalete (m)	molbert	[molʲbert]
paleta (f)	palett	[palett]
moldura (f)	raam	[ra:m]
restauração (f)	ennistamine	[ennisʲtamine]
restaurar (vt)	ennistama	[ennisʲtama]

152. Literatura & Poesia

literatura (f)	kirjandus	[kirjandus]
autor (m)	autor	[autor]
pseudónimo (m)	pseudonüüm	[pseudonʉ:m]
livro (m)	raamat	[ra:mat]
volume (m)	köide	[køide]
índice (m)	sisukord	[sisukort]
página (f)	lehekülg	[lehekʉlʲg]
protagonista (m)	peategelane	[peategelane]
autógrafo (m)	autogramm	[autogramm]
conto (m)	jutt	[jutt]
novela (f)	jutustus	[jutusʲtus]
romance (m)	romaan	[roma:n]
obra (f)	teos	[teos]
fábula (m)	valm	[ualʲm]
romance (m) policial	kriminull	[kriminulʲ]
poesia (obra)	luuletus	[lu:letus]
poesia (arte)	luule	[lu:le]
poema (m)	poeem	[poe:m]
poeta (m)	luuletaja	[lu:letaja]
ficção (f)	ilukirjandus	[ilukirjandus]
ficção (f) científica	aimekirjandus	[aimekirjandus]
aventuras (f pl)	seiklused	[sejkluset]
literatura (f) didática	õppekirjandus	[ɜppekirjandus]
literatura (f) infantil	lastekirjandus	[lasʲtekirjandus]

153. Circo

circo (m)	tsirkus	[tsirkus]
circo (m) ambulante	rändtsirkus	[rændtsirkus]
programa (m)	programm	[programm]
apresentação (f)	etendus	[etendus]
número (m)	number	[number]

135

arena (f)	areen	[are:n]
pantomima (f)	pantomiim	[pantomi:m]
palhaço (m)	kloun	[kloun]

acrobata (m)	akrobaat	[akroba:t]
acrobacia (f)	akrobaatika	[akroba:tika]
ginasta (m)	võimleja	[ʊӡimleja]
ginástica (f)	võimlemine	[ʊӡimlemine]
salto (m) mortal	salto	[salʲto]

homem forte (m)	atleet	[atle:t]
domador (m)	taltsutaja	[talʲtsutaja]
cavaleiro (m) equilibrista	ratsutaja	[ratsutaja]
assistente (m)	assistent	[assisʲtent]

truque (m)	trikk	[trikk]
truque (m) de mágica	fookus	[fo:kus]
mágico (m)	mustkunstnik	[musʲtkunsʲtnik]

malabarista (m)	žonglöör	[ӡonglø:r]
fazer malabarismos	žongleerima	[ӡongle:rima]
domador (m)	dresseerija	[dresse:rija]
adestramento (m)	dresseerimine	[dresse:rimine]
adestrar (vt)	dresseerima	[dresse:rima]

154. Música. Música popular

música (f)	muusika	[mu:sika]
músico (m)	muusik	[mu:sik]
instrumento (m) musical	muusikariist	[mu:sikari:sʲt]
tocar ...	... mängima	[... mæŋgima]

guitarra (f)	kitarr	[kitarr]
violino (m)	viiul	[ʋi:ulʲ]
violoncelo (m)	tšello	[tʃelʲo]
contrabaixo (m)	kontrabass	[kontrabass]
harpa (f)	harf	[harf]

piano (m)	klaver	[klaʋer]
piano (m) de cauda	tiibklaver	[ti:bklaʋer]
órgão (m)	orel	[orelʲ]

instrumentos (m pl) de sopro	puhkpillid	[puhkpilʲit]
oboé (m)	oboe	[oboe]
saxofone (m)	saksofon	[saksofon]
clarinete (m)	klarnet	[klarnet]
flauta (f)	flööt	[flø:t]
trompete (m)	trompet	[trompet]

| acordeão (m) | akordion | [akordion] |
| tambor (m) | trumm | [trumm] |

| duo, dueto (m) | duett | [duett] |
| trio (m) | trio | [trio] |

quarteto (m)	kvartett	[kʋartett]
coro (m)	koor	[ko:r]
orquestra (f)	orkester	[orkesʲter]

música (f) pop	popmuusika	[popmu:sika]
música (f) rock	rokkmuusika	[rokkmu:sika]
grupo (m) de rock	rokkansambel	[rokkansambelʲ]
jazz (m)	džäss	[dʒæss]

| ídolo (m) | ebajumal | [ebajumalʲ] |
| fã, admirador (m) | austaja | [ausʲtaja] |

concerto (m)	kontsert	[kontsert]
sinfonia (f)	sümfoonia	[sʉmfo:nia]
composição (f)	teos	[teos]
compor (vt)	looma	[lo:ma]

canto (m)	laulmine	[laulʲmine]
canção (f)	laul	[laulʲ]
melodia (f)	viis	[ʋi:s]
ritmo (m)	rütm	[rʉtm]
blues (m)	bluus	[blu:s]

notas (f pl)	noodid	[no:dit]
batuta (f)	kepp	[kepp]
arco (m)	poogen	[po:gen]
corda (f)	keel	[ke:lʲ]
estojo (m)	vutlar	[ʋutlar]

Descanso. Entretenimento. Viagens

155. Viagens

turismo (m)	turism	[turism]
turista (m)	turist	[turisʲt]
viagem (f)	reis	[rejs]
aventura (f)	seiklus	[sejklus]
viagem (f)	sõit	[sɜit]
férias (f pl)	puhkus	[puhkus]
estar de férias	puhkusel olema	[puhkuselʲ olema]
descanso (m)	puhkus	[puhkus]
comboio (m)	rong	[rong]
de comboio (chegar ~)	rongiga	[rongiga]
avião (m)	lennuk	[lennuk]
de avião	lennukiga	[lennukiga]
de carro	autoga	[autoga]
de navio	laevaga	[laeʋaga]
bagagem (f)	pagas	[pagas]
mala (f)	kohver	[kohʋer]
carrinho (m)	pagasikäru	[pagasikæru]
passaporte (m)	pass	[pass]
visto (m)	viisa	[ʋi:sa]
bilhete (m)	pilet	[pilet]
bilhete (m) de avião	lennukipilet	[lennukipilet]
guia (m) de viagem	teejuht	[te:juht]
mapa (m)	kaart	[ka:rt]
local (m), area (f)	ala	[ala]
lugar, sítio (m)	koht	[koht]
exotismo (m)	eksootika	[ekso:tika]
exótico	eksootiline	[ekso:tiline]
surpreendente	üllatav	[ɧlʲætaʋ]
grupo (m)	grupp	[grupp]
excursão (f)	ekskursioon	[ekskursio:n]
guia (m)	ekskursioonijuht	[ekskursio:nijuht]

156. Hotel

hotel (m)	võõrastemaja	[ʋɜ:rasʲtemaja]
hotel (m)	hotell	[hotelʲ]
motel (m)	motell	[motelʲ]

três estrelas	kolm tärni	[kolʲm tærni]
cinco estrelas	viis tärni	[ui:s tærni]
ficar (~ num hotel)	peatuma	[peatuma]

quarto (m)	number	[number]
quarto (m) individual	üheinimesetuba	[ʉhejnimesetuba]
quarto (m) duplo	kaheinimesetuba	[kahejnimesetuba]
reservar um quarto	tuba kinni panema	[tuba kinni panema]

meia pensão (f)	poolpansion	[po:lʲpansion]
pensão (f) completa	täispansion	[tæjspansion]
com banheira	vannitoaga	[uannitoaga]
com duche	dušiga	[duʃiga]
televisão (m) satélite	satelliittelevisioon	[satelʲi:tteleuisio:n]
ar (m) condicionado	konditsioneer	[konditsione:r]
toalha (f)	käterätik	[kæterætik]
chave (f)	võti	[u3ti]

administrador (m)	administraator	[adminisʲtra:tor]
camareira (f)	toatüdruk	[toatʉdruk]
bagageiro (m)	pakikandja	[pakikandja]
porteiro (m)	uksehoidja	[uksehojdja]

restaurante (m)	restoran	[resʲtoran]
bar (m)	baar	[ba:r]
pequeno-almoço (m)	hommikusöök	[hommikusø:k]
jantar (m)	õhtusöök	[3htusø:k]
buffet (m)	rootsi laud	[ro:tsi laut]

hall (m) de entrada	vestibüül	[uesʲtibʉ:lʲ]
elevador (m)	lift	[lift]

NÃO PERTURBE	MITTE SEGADA	[mitte segada]
PROIBIDO FUMAR!	MITTE SUITSETADA!	[mitte suitsetada!]

157. Livros. Leitura

livro (m)	raamat	[ra:mat]
autor (m)	autor	[autor]
escritor (m)	kirjanik	[kirjanik]
escrever (vt)	kirjutama	[kirjutama]

leitor (m)	lugeja	[lugeja]
ler (vt)	lugema	[lugema]
leitura (f)	lugemine	[lugemine]

para si	omaette	[omaette]
em voz alta	valjusti	[ualjusʲti]

publicar (vt)	välja andma	[uælja andma]
publicação (f)	trükk	[trʉkk]
editor (m)	kirjastaja	[kirjasʲtaja]
editora (f)	kirjastus	[kirjasʲtus]
sair (vi)	ilmuma	[ilʲmuma]

lançamento (m)	ilmumine	[il'mumine]
tiragem (f)	tiraaž	[tira:ʒ]
livraria (f)	raamatukauplus	[ra:matukauplus]
biblioteca (f)	raamatukogu	[ra:matukogu]
novela (f)	jutustus	[jutus'tus]
conto (m)	jutt	[jutt]
romance (m)	romaan	[roma:n]
romance (m) policial	kriminull	[kriminul']
memórias (f pl)	memuaarid	[memua:rit]
lenda (f)	legend	[legent]
mito (m)	müüt	[mɯ:t]
poesia (f)	luuletused	[lu:letuset]
autobiografia (f)	elulugu	[elulugu]
obras (f pl) escolhidas	valitud teosed	[ʋalitut teoset]
ficção (f) científica	aimekirjandus	[aimekirjandus]
título (m)	nimetus	[nimetus]
introdução (f)	sissejuhatus	[sissejuhatus]
folha (f) de rosto	tiitelleht	[ti:tel'eht]
capítulo (m)	peatükk	[peatɯkk]
excerto (m)	katkend	[katkent]
episódio (m)	episood	[episo:t]
tema (m)	süžee	[sɯʒe:]
conteúdo (m)	sisu	[sisu]
índice (m)	sisukord	[sisukort]
protagonista (m)	peategelane	[peategelane]
tomo, volume (m)	köide	[køide]
capa (f)	kaas	[ka:s]
encadernação (f)	köide	[køide]
marcador (m) de livro	järjehoidja	[jærjehojdja]
página (f)	lehekülg	[lehekɯl'g]
folhear (vt)	lehitsema	[lehitsema]
margem (f)	ääred	[æ:ret]
anotação (f)	märge	[mærge]
nota (f) de rodapé	märkus	[mærkus]
texto (m)	tekst	[teks't]
fonte (f)	kiri	[kiri]
gralha (f)	trükiviga	[trɯkiʋiga]
tradução (f)	tõlge	[tɜl'ge]
traduzir (vt)	tõlkima	[tɜl'kima]
original (m)	originaal	[origina:l']
famoso	kuulus	[ku:lus]
desconhecido	tundmatu	[tundmatu]
interessante	huvitav	[huʋitaʋ]
best-seller (m)	menuraamat	[menura:mat]

dicionário (m)	sõnaraamat	[sɜnara:mat]
manual (m) escolar	õpik	[ɜpik]
enciclopédia (f)	entsüklopeedia	[entsuklope:dia]

158. Caça. Pesca

caça (f)	küttimine	[kuttimine]
caçar (vi)	jahil käima	[jahilʲ kæjma]
caçador (m)	jahimees	[jahime:s]

atirar (vi)	tulistama	[tulisʲtama]
caçadeira (f)	püss	[puss]
cartucho (m)	padrun	[padrun]
chumbo (m) de caça	haavlid	[ha:ulit]

armadilha (f)	püünis	[pu:nis]
armadilha (com corda)	lõks	[lɜks]
cair na armadilha	lõksu langema	[lɜksu langema]
pôr a armadilha	püüniseid üles panema	[pu:nisejt ules panema]

caçador (m) furtivo	salakütt	[salakutt]
caça (f)	metslinnud	[metslinnut]
cão (m) de caça	jahikoer	[jahikoer]
safári (m)	safari	[safari]
animal (m) empalhado	topis	[topis]

pescador (m)	kalamees	[kalame:s]
pesca (f)	kalapüük	[kalapu:k]
pescar (vt)	kala püüdma	[kala pu:dma]

cana (f) de pesca	õng	[ɜng]
linha (f) de pesca	õngenöör	[ɜngenø:r]
anzol (m)	õngekonks	[ɜngekonks]

| boia (f) | õngekork | [ɜngekork] |
| isca (f) | sööt | [sø:t] |

| lançar a linha | õnge vette viskama | [ɜnge uette uiskama] |
| morder (vt) | näkkima | [nækkima] |

| pesca (f) | kalasaak | [kalasa:k] |
| buraco (m) no gelo | jääauk | [jæ::uk] |

| rede (f) | võrk | [uɜrk] |
| barco (m) | paat | [pa:t] |

pescar com rede	võrguga püüdma	[uɜrguga pu:dma]
lançar a rede	võrku vette heitma	[uɜrku uette hejtma]
puxar a rede	võrku välja tõmbama	[uɜrku uælja tɜmbama]
cair nas malhas	võrku langema	[uɜrku langema]

baleeiro (m)	vaalapüük	[ua:lapu:k]
baleeira (f)	vaalapüügilaev	[ua:lapu:gilaeu]
arpão (m)	harpuun	[harpu:n]

159. Jogos. Bilhar

bilhar (m)	piljard	[piljart]
sala (f) de bilhar	piljardiruum	[piljardiru:m]
bola (f) de bilhar	piljardikuul	[piljardiku:lʲ]
embolsar uma bola	kuuli ajama	[ku:li ajama]
taco (m)	kii	[ki:]
caçapa (f)	piljardiauk	[piljardiauk]

160. Jogos. Jogar cartas

ouros (m pl)	ruutu	[ru:tu]
espadas (f pl)	poti	[poti]
copas (f pl)	ärtu	[ærtu]
paus (m pl)	risti	[risʲti]
ás (m)	äss	[æss]
rei (m)	kuningas	[kuningas]
dama (f)	daam	[da:m]
valete (m)	soldat	[solʲdat]
carta (f) de jogar	kaart	[ka:rt]
cartas (f pl)	kaardid	[ka:rdit]
trunfo (m)	trump	[trump]
baralho (m)	kaardipakk	[ka:rdipakk]
ponto (m)	punkt, silm	[punkt], [silʲm]
dar, distribuir (vt)	kaarte välja jagama	[ka:rte ʋælja jagama]
embaralhar (vt)	kaarte segama	[ka:rte segama]
vez, jogada (f)	käik	[kæjk]
batoteiro (m)	suli	[suli]

161. Casino. Roleta

casino (m)	kasiino	[kasi:no]
roleta (f)	rulett	[rulett]
aposta (f)	panus	[panus]
apostar (vt)	panust tegema	[panusʲt tegema]
vermelho (m)	punane	[punane]
preto (m)	must	[musʲt]
apostar no vermelho	panust punasele panema	[panusʲt punasele panema]
apostar no preto	panust mustale panema	[panusʲt musʲtale panema]
crupiê (m, f)	krupjee	[krupje:]
girar a roda	trumlit keerutama	[trumlit ke:rutama]
regras (f pl) do jogo	mängureeglid	[mængure:glit]
ficha (f)	täring	[tæring]
ganhar (vi, vt)	võitma	[ʋɜitma]
ganho (m)	võit	[ʋɜit]

| perder (dinheiro) | kaotama | [kaotama] |
| perda (f) | kaotus | [kaotus] |

jogador (m)	mängija	[mængija]
blackjack (m)	Must Jack	[musʲt dʒæk]
jogo (m) de dados	täringumäng	[tæringumæng]
dados (m pl)	täring	[tæring]
máquina (f) de jogo	mänguautomaat	[mænguautoma:t]

162. Descanso. Jogos. Diversos

passear (vi)	jalutama	[jalutama]
passeio (m)	jalutuskäik	[jalutuskæjk]
viagem (f) de carro	lõbusõit	[lɜbusɜit]
aventura (f)	seiklus	[sejklus]
piquenique (m)	piknik	[piknik]

jogo (m)	mäng	[mæng]
jogador (m)	mängija	[mængija]
partida (f)	partii	[parti:]

colecionador (m)	kollektsionäär	[kolʲektsionæ:r]
colecionar (vt)	koguma	[koguma]
coleção (f)	kollektsioon	[kolʲektsio:n]

palavras (f pl) cruzadas	ristsõna	[risʲtsɜna]
hipódromo (m)	hipodroom	[hipodro:m]
discoteca (f)	disko	[disko]

| sauna (f) | saun | [saun] |
| lotaria (f) | loterii | [loteri:] |

campismo (m)	matk	[matk]
acampamento (m)	laager	[la:ger]
tenda (f)	telk	[telʲk]
bússola (f)	kompass	[kompass]
campista (m)	matkaja	[matkaja]

ver (vt), assistir à ...	vaatama	[ʋa:tama]
telespectador (m)	televaataja	[teleʋa:taja]
programa (m) de TV	telesaade	[telesa:de]

163. Fotografia

| máquina (f) fotográfica | fotoaparaat | [fotoapara:t] |
| foto, fotografia (f) | foto | [foto] |

fotógrafo (m)	fotograaf	[fotogra:f]
estúdio (m) fotográfico	fotostuudio	[fotosʲtu:dio]
álbum (m) de fotografias	fotoalbum	[fotoalʲbum]
objetiva (f)	objektiiv	[objekti:ʋ]
teleobjetiva (f)	teleobjektiiv	[teleobjekti:ʋ]

filtro (m)	filter	[filⁱter]
lente (f)	lääts	[lⁱæ:ts]

ótica (f)	optika	[optika]
abertura (f)	diafragma	[diafragma]
exposição (f)	säriaeg	[særiaeg]
visor (m)	näidik	[næjdik]

câmara (f) digital	videokaamera	[ʋideoka:mera]
tripé (m)	statiiv	[sⁱtati:ʋ]
flash (m)	välkvalgus	[ʋælⁱkʋalⁱgus]

fotografar (vt)	pildistama	[pilⁱdisⁱtama]
tirar fotos	üles võtma	[ʉles ʋɜtma]
fotografar-se	pildistama	[pilⁱdisⁱtama]

foco (m)	teravus	[teraʋus]
focar (vt)	teravust reguleerima	[teraʋusⁱt regule:rima]
nítido	terav	[teraʋ]
nitidez (f)	teravus	[teraʋus]

contraste (m)	kontrast	[kontrasⁱt]
contrastante	kontrastne	[kontrasⁱtne]

retrato (m)	foto	[foto]
negativo (m)	negatiiv	[negati:ʋ]
filme (m)	filmilint	[filⁱmilint]
fotograma (m)	kaader	[ka:der]
imprimir (vt)	trükkima	[trʉkkima]

164. Praia. Natação

praia (f)	supelrand	[supelⁱrant]
areia (f)	liiv	[li:ʋ]
deserto	inimtühi	[inimtʉhi]

bronzeado (m)	päevitus	[pæeʋitus]
bronzear-se (vr)	päevitama	[pæeʋitama]
bronzeado	päevitunud	[pæeʋitunut]
protetor (m) solar	päevituskreem	[pæeʋituskre:m]

biquíni (m)	bikiinid	[biki:nit]
fato (m) de banho	trikoo	[triko:]
calção (m) de banho	supelpüksid	[supelⁱpʉksit]

piscina (f)	bassein	[bassejn]
nadar (vi)	ujuma	[ujuma]
duche (m)	dušš	[duʃʃ]
mudar de roupa	ümber riietuma	[ʉmber ri:etuma]
toalha (f)	käterätik	[kæterætik]

barco (m)	paat	[pa:t]
lancha (f)	kaater	[ka:ter]
esqui (m) aquático	veesuusad	[ʋe:su:sat]

barco (m) de pedais	vesivelo	[ʋesiʋelo]
surf (m)	purjelaud	[purjelaut]
surfista (m)	purjelaudur	[purjelaudur]

equipamento (m) de mergulho	akvalang	[akʋalang]
barbatanas (f pl)	lestad	[lesˈtat]
máscara (f)	mask	[mask]
mergulhador (m)	sukelduja	[sukelʲduja]
mergulhar (vi)	sukelduma	[sukelʲduma]
debaixo d'água	vee all	[ʋe: alʲ]

guarda-sol (m)	päevavari	[pæeʋaʋari]
espreguiçadeira (f)	lamamistool	[lamamisˈto:lʲ]
óculos (m pl) de sol	päikeseprillid	[pæjkeseprilʲit]
colchão (m) de ar	ujumismadrats	[ujumismadrats]

brincar (vi)	mängima	[mæ̈ngima]
ir nadar	suplema	[suplema]

bola (f) de praia	pall	[palʲ]
encher (vt)	täis puhuma	[tæjs puhuma]
inflável, de ar	täispuhutav	[tæjspuhutaʋ]

onda (f)	laine	[laine]
boia (f)	poi	[poj]
afogar-se (pessoa)	uppuma	[uppuma]

salvar (vt)	päästma	[pæ:sˈtma]
colete (m) salva-vidas	päästevest	[pæ:sˈteʋesˈt]
observar (vt)	jälgima	[jælʲgima]
nadador-salvador (m)	päästja	[pæ:sˈtja]

EQUIPAMENTO TÉCNICO. TRANSPORTES

Equipamento técnico. Transportes

165. Computador

computador (m)	arvuti	[aruuti]
portátil (m)	sülearvuti	[sülearuuti]
ligar (vt)	sisse lülitama	[sisse lülitama]
desligar (vt)	välja lülitama	[uælja lülitama]
teclado (m)	klaviatuur	[klauiatu:r]
tecla (f)	klahv	[klahu]
rato (m)	hiir	[hi:r]
tapete (m) de rato	hiirevaip	[hi:reuaip]
botão (m)	nupp	[nupp]
cursor (m)	kursor	[kursor]
monitor (m)	kuvar	[kuuar]
ecrã (m)	ekraan	[ekra:n]
disco (m) rígido	kõvaketas	[kɜuaketas]
capacidade (f) do disco rígido	kõvaketta mälumaht	[kɜuaketta mælumaht]
memória (f)	mälu	[mælu]
memória RAM (f)	operatiivmälu	[operati:umælu]
ficheiro (m)	fail	[failʲ]
pasta (f)	kataloog	[katalo:g]
abrir (vt)	avama	[auama]
fechar (vt)	sulgema	[sulʲgema]
guardar (vt)	salvestama	[salʲuesʲtama]
apagar, eliminar (vt)	eemaldama	[e:malʲdama]
copiar (vt)	kopeerima	[kope:rima]
ordenar (vt)	sorteerima	[sorte:rima]
copiar (vt)	ümber kirjutama	[ümber kirjutama]
programa (m)	programm	[programm]
software (m)	tarkvara	[tarkuara]
programador (m)	programmeerija	[programme:rija]
programar (vt)	programmeerima	[programme:rima]
hacker (m)	häkker	[hækker]
senha (f)	parool	[paro:lʲ]
vírus (m)	viirus	[ui:rus]
detetar (vt)	avastama	[auasʲtama]
byte (m)	bait	[bait]

megabyte (m)	megabait	[megabait]
dados (m pl)	andmed	[andmet]
base (f) de dados	andmebaas	[andmeba:s]

cabo (m)	kaabel	[ka:belʲ]
desconectar (vt)	välja lülitama	[ʋælja lʉlitama]
conetar (vt)	ühendama	[ʉhendama]

166. Internet. E-mail

internet (f)	internet	[internet]
browser (m)	brauser	[brauser]
motor (m) de busca	otsimisressurss	[otsimisressurss]
provedor (m)	provaider	[proʋaider]

webmaster (m)	veebimeister	[ʋe:bimejsʲter]
website, sítio web (m)	veebilehekülg	[ʋe:bilehekʉlʲg]
página (f) web	veebilehekülg	[ʋe:bilehekʉlʲg]

| endereço (m) | aadress | [a:dress] |
| livro (m) de endereços | aadressiraamat | [a:dressira:mat] |

caixa (f) de correio	postkast	[posʲtkasʲt]
correio (m)	post	[posʲt]
cheia (caixa de correio)	täis	[tæjs]

mensagem (f)	teade	[teade]
mensagens (f pl) recebidas	sissetulevad sõnumid	[sissetuleʋat sɜnumit]
mensagens (f pl) enviadas	väljaminevad sõnumid	[ʋæljamineʋat sɜnumit]
remetente (m)	saatja	[sa:tja]
enviar (vt)	saatma	[sa:tma]
envio (m)	saatmine	[sa:tmine]
destinatário (m)	saaja	[sa:ja]
receber (vt)	kätte saama	[kætte sa:ma]

| correspondência (f) | kirjavahetus | [kirjaʋahetus] |
| corresponder-se (vr) | kirjavahetuses olema | [kirjaʋahetuses olema] |

ficheiro (m)	fail	[failʲ]
fazer download, baixar	allalaadimine	[alʲæla:dimine]
criar (vt)	tegema	[tegema]
apagar, eliminar (vt)	eemaldama	[e:malʲdama]
eliminado	eemaldatud	[e:malʲdatut]

conexão (f)	side	[side]
velocidade (f)	kiirus	[ki:rus]
modem (m)	modem	[modem]
acesso (m)	juurdepääs	[ju:rdepæ:s]
porta (f)	port	[port]

conexão (f)	lülitus	[lʉlitus]
conetar (vi)	sisse lülitama	[sisse lʉlitama]
escolher (vt)	valima	[ʋalima]
buscar (vt)	otsima	[otsima]

147

167. Eletricidade

eletricidade (f)	elekter	[elekter]
elétrico	elektri-	[elektri-]
central (f) elétrica	elektrijaam	[elektrija:m]
energia (f)	energia	[energia]
energia (f) elétrica	elektrienergia	[elektrienergia]
lâmpada (f)	elektripirn	[elektripirn]
lanterna (f)	taskulamp	[taskulamp]
poste (m) de iluminação	tänavalatern	[tænaʋalatern]
luz (f)	elekter	[elekter]
ligar (vt)	sisse lülitama	[sisse lᵾlitama]
desligar (vt)	välja lülitama	[ʋælja lᵾlitama]
apagar a luz	tuld kustutama	[tulʲt kusʲtutama]
fundir (vi)	läbi põlema	[lʲæbi pɜlema]
curto-circuito (m)	lühiühendus	[lᵾhiᵾhendus]
rutura (f)	katke	[katke]
contacto (m)	kontakt	[kontakt]
interruptor (m)	lüliti	[lᵾliti]
tomada (f)	pistikupesa	[pisʲtikupesa]
ficha (f)	pistik	[pisʲtik]
extensão (f)	pikendusjuhe	[pikendusjuhe]
fusível (m)	kaitse	[kaitse]
fio, cabo (m)	juhe	[juhe]
instalação (f) elétrica	juhtmed	[juhtmet]
ampere (m)	amper	[amper]
amperagem (f)	voolutugevus	[ʋo:lutugeʋus]
volt (m)	volt	[ʋolʲt]
voltagem (f)	pinge	[pinge]
aparelho (m) elétrico	elektririist	[elektriri:sʲt]
indicador (m)	indikaator	[indika:tor]
eletricista (m)	elektrik	[elektrik]
soldar (vt)	jootma	[jo:tma]
ferro (m) de soldar	jootekolb	[jo:tekolʲb]
corrente (f) elétrica	vool	[ʋo:lʲ]

168. Ferramentas

ferramenta (f)	tööriist	[tø:ri:sʲt]
ferramentas (f pl)	tööriistad	[tø:ri:sʲtat]
equipamento (m)	seadmed	[seadmet]
martelo (m)	haamer	[ha:mer]
chave (f) de fendas	kruvikeeraja	[kruʋike:raja]
machado (m)	kirves	[kirʋes]

serra (f)	saag	[sa:g]
serrar (vt)	saagima	[sa:gima]
plaina (f)	höövel	[hø:ʋelʲ]
aplainar (vt)	hööveldama	[hø:ʋelʲdama]
ferro (m) de soldar	jootekolb	[jo:tekolʲb]
soldar (vt)	jootma	[jo:tma]

lima (f)	viil	[ʋi:lʲ]
tenaz (f)	tangid	[tangit]
alicate (m)	näpitstangid	[næpitsˈtangit]
formão (m)	peitel	[pejtelʲ]

broca (f)	puur	[pu:r]
berbequim (f)	trellpuur	[trelʲpu:r]
furar (vt)	puurima	[pu:rima]

| faca (f) | nuga | [nuga] |
| lâmina (f) | noatera | [noatera] |

afiado	terav	[teraʋ]
cego	nüri	[nʉri]
embotar-se (vr)	nüriks minema	[nʉriks minema]
afiar, amolar (vt)	teritama	[teritama]

parafuso (m)	polt	[polʲt]
porca (f)	mutter	[mutter]
rosca (f)	vint	[ʋint]
parafuso (m) para madeira	kruvi	[kruʋi]

| prego (m) | nael | [naelʲ] |
| cabeça (f) do prego | naelapea | [naelapea] |

régua (f)	joonlaud	[jo:nlaut]
fita (f) métrica	mõõdulint	[mɜ:dulint]
nível (m)	vaaderpass	[ʋa:derpass]
lupa (f)	luup	[lu:p]

medidor (m)	mõõteriist	[mɜ:teri:sʲt]
medir (vt)	mõõtma	[mɜ:tma]
escala (f)	skaala	[ska:la]
indicação (f), registo (m)	näit	[næjt]

| compressor (m) | kompressor | [kompressor] |
| microscópio (m) | mikroskoop | [mikrosko:p] |

bomba (f)	pump	[pump]
robô (m)	robot	[robot]
laser (m)	laser	[laser]

chave (f) de boca	mutrivõti	[mutriʋɜti]
fita (f) adesiva	kleeplint	[kle:plint]
cola (f)	liim	[li:m]

lixa (f)	liivapaber	[li:ʋapaber]
mola (f)	vedru	[ʋedru]
íman (m)	magnet	[magnet]

luvas (f pl)	kindad	[kindat]
corda (f)	nöör	[nø:r]
cordel (m)	nöör	[nø:r]
fio (m)	juhe	[juhe]
cabo (m)	kaabel	[ka:belʲ]

marreta (f)	sepavasar	[sepaʋasar]
pé de cabra (m)	kang	[kang]
escada (f) de mão	redel	[redelʲ]
escadote (m)	treppredel	[treppredelʲ]

enroscar (vt)	kinni keerama	[kinni ke:rama]
desenroscar (vt)	lahti keerama	[lahti ke:rama]
apertar (vt)	kinni suruma	[kinni suruma]
colar (vt)	kleepima	[kle:pima]
cortar (vt)	lõikama	[lɜikama]

falha (mau funcionamento)	rike	[rike]
conserto (m)	parandamine	[parandamine]
consertar, reparar (vt)	remontima	[remontima]
regular, ajustar (vt)	reguleerima	[regule:rima]

verificar (vt)	kontrollima	[kontrolʲima]
verificação (f)	kontrollimine	[kontrolʲimine]
indicação (f), registo (m)	näit	[næjt]

| seguro | töökindel | [tø:kindelʲ] |
| complicado | keeruline | [ke:ruline] |

enferrujar (vi)	roostetama	[ro:sʲtetama]
enferrujado	roostetanud	[ro:sʲtetanut]
ferrugem (f)	rooste	[ro:sʲte]

Transportes

169. Avião

avião (m)	lennuk	[lennuk]
bilhete (m) de avião	lennukipilet	[lennukipilet]
companhia (f) aérea	lennukompanii	[lennukompani:]
aeroporto (m)	lennujaam	[lennuja:m]
supersónico	ülehelikiiruse	[üleheliki:ruse]
comandante (m) do avião	lennukikomandör	[lennukikomandør]
tripulação (f)	meeskond	[me:skont]
piloto (m)	piloot	[pilo:t]
hospedeira (f) de bordo	stjuardess	[sʲtjuardess]
copiloto (m)	tüürimees	[tʉ:rime:s]
asas (f pl)	tiivad	[ti:ʋat]
cauda (f)	saba	[saba]
cabine (f) de pilotagem	kabiin	[kabi:n]
motor (m)	mootor	[mo:tor]
trem (m) de aterragem	telik	[telik]
turbina (f)	turbiin	[turbi:n]
hélice (f)	propeller	[propelʲer]
caixa-preta (f)	must kast	[musʲt kasʲt]
coluna (f) de controlo	tüür	[tʉ:r]
combustível (m)	kütus	[kʉtus]
instruções (f pl) de segurança	instruktsioon	[insʲtruktsio:n]
máscara (f) de oxigénio	hapnikumask	[hapnikumask]
uniforme (m)	vormiriietus	[ʋormiri:etus]
colete (m) salva-vidas	päästevest	[pæ:sʲteʋesʲt]
paraquedas (m)	langevari	[langeʋari]
descolagem (f)	õhkutõusmine	[ɜhkutɜusmine]
descolar (vi)	õhku tõusma	[ɜhku tɜusma]
pista (f) de descolagem	tõusurada	[tɜusurada]
visibilidade (f)	nähtavus	[næhtaʋus]
voo (m)	lend	[lent]
altura (f)	kõrgus	[kɜrgus]
poço (m) de ar	õhuauk	[ɜhuauk]
assento (m)	koht	[koht]
auscultadores (m pl)	kõrvaklapid	[kɜrʋaklapit]
mesa (f) rebatível	klapplaud	[klapplaut]
vigia (f)	illuminaator	[ilʲumina:tor]
passagem (f)	vahekäik	[ʋahekæjk]

170. Comboio

comboio (m)	rong	[rong]
comboio (m) suburbano	elektrirong	[elektrirong]
comboio (m) rápido	kiirrong	[ki:rrong]
locomotiva (f) diesel	mootorvedur	[mo:torʋedur]
locomotiva (f) a vapor	auruvedur	[auruʋedur]

carruagem (f)	vagun	[ʋagun]
carruagem restaurante (f)	restoranvagun	[resˈtoranʋagun]

carris (m pl)	rööpad	[rø:pat]
caminho de ferro (m)	raudtee	[raudte:]
travessa (f)	liiper	[li:per]

plataforma (f)	platvorm	[platʋorm]
linha (f)	tee	[te:]
semáforo (m)	semafor	[semafor]
estação (f)	jaam	[ja:m]

maquinista (m)	vedurijuht	[ʋedurijuht]
bagageiro (m)	pakikandja	[pakikandja]
hospedeiro, -a (da carruagem)	vagunisaatja	[ʋagunisa:tja]
passageiro (m)	reisija	[rejsija]
revisor (m)	kontrolör	[kontrolør]

corredor (m)	koridor	[koridor]
freio (m) de emergência	hädapidur	[hæʹdapidur]

compartimento (m)	kupee	[kupe:]
cama (f)	nari	[nari]
cama (f) de cima	ülemine nari	[ʉlemine nari]
cama (f) de baixo	alumine nari	[alumine nari]
roupa (f) de cama	voodipesu	[ʋo:dipesu]

bilhete (m)	pilet	[pilet]
horário (m)	sõiduplaan	[sɜidupla:n]
painel (m) de informação	tabloo	[tablo:]

partir (vt)	väljuma	[ʋæljuma]
partida (f)	väljumine	[ʋæljumine]
chegar (vi)	saabuma	[sa:buma]
chegada (f)	saabumine	[sa:bumine]

chegar de comboio	rongiga saabuma	[rongiga sa:buma]
apanhar o comboio	rongile minema	[rongile minema]
sair do comboio	rongilt maha minema	[rongilʹt maha minema]

acidente (m) ferroviário	rongiõnnetus	[rongiɜnnetus]
descarrilar (vi)	rööbastelt maha jooksma	[rø:basʹtelʹt maha jo:ksma]
locomotiva (f) a vapor	auruvedur	[auruʋedur]
fogueiro (m)	kütja	[kʉtja]
fornalha (f)	kolle	[kolʹe]
carvão (m)	süsi	[sʉsi]

171. Barco

navio (m)	laev	[laeʊ]
embarcação (f)	laev	[laeʊ]
vapor (m)	aurik	[aurik]
navio (m)	mootorlaev	[moːtorlaeʊ]
transatlântico (m)	liinilaev	[liːnilaeʊ]
cruzador (m)	ristleja	[risˈtleja]
iate (m)	jaht	[jaht]
rebocador (m)	puksiir	[puksiːr]
barcaça (f)	lodi	[lodi]
ferry (m)	parvlaev	[parʋlaeʊ]
veleiro (m)	purjelaev	[purjelaeʊ]
bergantim (m)	brigantiin	[briganti:n]
quebra-gelo (m)	jäälõhkuja	[jæːlɜhkuja]
submarino (m)	allveelaev	[alˈʋeːlaeʊ]
bote, barco (m)	paat	[paːt]
bote, dingue (m)	luup	[luːp]
bote (m) salva-vidas	päästepaat	[pæːsˈtepaːt]
lancha (f)	kaater	[kaːter]
capitão (m)	kapten	[kapten]
marinheiro (m)	madrus	[madrus]
marujo (m)	meremees	[meremeːs]
tripulação (f)	meeskond	[meːskont]
contramestre (m)	pootsman	[poːtsman]
grumete (m)	junga	[junga]
cozinheiro (m) de bordo	kokk	[kokk]
médico (m) de bordo	laevaarst	[laeʋaːrsˈt]
convés (m)	tekk	[tekk]
mastro (m)	mast	[masˈt]
vela (f)	puri	[puri]
porão (m)	trümm	[trʉmm]
proa (f)	vöör	[ʋøːr]
popa (f)	ahter	[ahter]
remo (m)	aer	[aer]
hélice (f)	kruvi	[kruʋi]
camarote (m)	kajut	[kajut]
sala (f) dos oficiais	ühiskajut	[ʉhiskajut]
sala (f) das máquinas	masinaruum	[masinaruːm]
ponte (m) de comando	kaptenisild	[kaptenisilˈt]
sala (f) de comunicações	raadiosõlm	[raːdiosɜlˈm]
onda (f) de rádio	raadiolaine	[raːdiolaine]
diário (m) de bordo	logiraamat	[logiraːmat]
luneta (f)	pikksilm	[pikksilˈm]
sino (m)	kirikukell	[kirikukelˈ]

bandeira (f)	lipp	[lipp]
cabo (m)	köis	[køis]
nó (m)	sõlm	[sɜlʲm]

corrimão (m)	käsipuu	[kæsipu:]
prancha (f) de embarque	trapp	[trapp]

âncora (f)	ankur	[ankur]
recolher a âncora	ankur sisse	[ankur sisse]
lançar a âncora	ankur välja	[ankur ʋælja]
amarra (f)	ankrukett	[ankrukett]

porto (m)	sadam	[sadam]
cais, amarradouro (m)	sadam	[sadam]
atracar (vi)	randuma	[randuma]
desatracar (vi)	kaldast eemalduma	[kalʲdasʲt e:malʲduma]

viagem (f)	reis	[rejs]
cruzeiro (m)	kruiis	[krui:s]
rumo (m), rota (f)	kurss	[kurss]
itinerário (m)	marsruut	[marsru:t]

canal (m) navegável	laevasõidutee	[laeʋasɜidute:]
banco (m) de areia	madalik	[madalik]
encalhar (vt)	madalikule jääma	[madalikule jæ:ma]

tempestade (f)	torm	[torm]
sinal (m)	signaal	[signa:lʲ]
afundar-se (vr)	uppuma	[uppuma]
Homem ao mar!	Mees üle parda!	[me:s üle parda!]
SOS	SOS	[sos]
boia (f) salva-vidas	päästerõngas	[pæ:sʲterɜngas]

172. Aeroporto

aeroporto (m)	lennujaam	[lennuja:m]
avião (m)	lennuk	[lennuk]
companhia (f) aérea	lennukompanii	[lennukompani:]
controlador (m) de tráfego aéreo	dispetšer	[dispetʃer]

partida (f)	väljalend	[ʋæljalent]
chegada (f)	saabumine	[sa:bumine]
chegar (~ de avião)	saabuma	[sa:buma]

hora (f) de partida	väljalennuaeg	[ʋæljalennuaeg]
hora (f) de chegada	saabumisaeg	[sa:bumisaeg]

estar atrasado	hilinema	[hilinema]
atraso (m) de voo	väljalend hilineb	[ʋæljalent hilineb]

painel (m) de informação	teadetetabloo	[teadetetablo:]
informação (f)	teave	[teaʋe]
anunciar (vt)	teatama	[teatama]

voo (m)	reis	[rejs]
alfândega (f)	toll	[tolʲ]
funcionário (m) da alfândega	tolliametnik	[tolʲiametnik]
declaração (f) alfandegária	deklaratsioon	[deklaratsio:n]
preencher (vt)	täitma	[tæjtma]
preencher a declaração	deklaratsiooni täitma	[deklaratsio:ni tæjtma]
controlo (m) de passaportes	passikontroll	[passikontrolʲ]
bagagem (f)	pagas	[pagas]
bagagem (f) de mão	käsipakid	[kæsipakit]
carrinho (m)	pagasikäru	[pagasikæru]
aterragem (f)	maandumine	[ma:ndumine]
pista (f) de aterragem	maandumisrada	[ma:ndumisrada]
aterrar (vi)	maanduma	[ma:nduma]
escada (f) de avião	lennukitrepp	[lennukitrepp]
check-in (m)	registreerimine	[regisʲtre:rimine]
balcão (m) do check-in	registreerimiselett	[regisʲtre:rimiselett]
fazer o check-in	registreerima	[regisʲtre:rima]
cartão (m) de embarque	lennukissemineku talong	[lennukissemineku talong]
porta (f) de embarque	lennukisse minek	[lennukisse minek]
trânsito (m)	transiit	[transi:t]
esperar (vi, vt)	ootama	[o:tama]
sala (f) de espera	ooteruum	[o:teru:m]
despedir-se de ...	saatma	[sa:tma]
despedir-se (vr)	hüvasti jätma	[hʉʋasʲti jætma]

173. Bicicleta. Motocicleta

bicicleta (f)	jalgratas	[jalʲgratas]
scotter, lambreta (f)	motoroller	[motorolʲer]
mota (f)	mootorratas	[mo:torratas]
ir de bicicleta	jalgrattaga sõitma	[jalʲgrattaga sɜitma]
guiador (m)	rool	[ro:lʲ]
pedal (m)	pedaal	[peda:lʲ]
travões (m pl)	pidur	[pidur]
selim (m)	sadul	[sadulʲ]
bomba (f) de ar	pump	[pump]
porta-bagagens (m)	pakiruum	[pakiru:m]
lanterna (f)	lamp	[lamp]
capacete (m)	kiiver	[ki:ʋer]
roda (f)	ratas	[ratas]
guarda-lamas (m)	poritiib	[poriti:b]
aro (m)	velg	[ʋelʲg]
raio (m)	kodar	[kodar]

Carros

174. Tipos de carros

carro, automóvel (m)	auto	[auto]
carro (m) desportivo	spordiauto	[spordiauto]
limusine (f)	limusiin	[limusi:n]
todo o terreno (m)	maastur	[ma:siᵗur]
descapotável (m)	kabriolett	[kabriolett]
minibus (m)	väikebuss	[ʋæjkebuss]
ambulância (f)	kiirabi	[ki:rabi]
limpa-neve (m)	lumekoristusauto	[lumekorisᵗtusauto]
camião (m)	veoauto	[ʋeoauto]
camião-cisterna (m)	bensiiniauto	[bensi:niauto]
carrinha (f)	furgoon	[furgo:n]
camião-trator (m)	veduk	[ʋeduk]
atrelado (m)	järelkäru	[jærelᵗkæru]
confortável	mugav	[mugaʋ]
usado	kasutatud	[kasutatut]

175. Carros. Carroçaria

capô (m)	kapott	[kapott]
guarda-lamas (m)	tiib	[ti:b]
tejadilho (m)	katus	[katus]
para-brisa (m)	tuuleklaas	[tu:lekla:s]
espelho (m) retrovisor	tahavaatepeegel	[tahaʋa:tepe:gelᶥ]
lavador (m)	uhtuja	[uhtuja]
limpa-para-brisas (m)	klaasipuhasti	[kla:sipuhasᵗti]
vidro (m) lateral	küljeklaas	[kɯljekla:s]
elevador (m) do vidro	klaasitõstja	[kla:sit3sᵗtja]
antena (f)	antenn	[antenn]
teto solar (m)	luuk	[lu:k]
para-choques (m pl)	kaitseraud	[kaitseraut]
bagageira (f)	pakiruum	[pakiru:m]
bagageira (f) de tejadilho	pakiraam	[pakira:m]
porta (f)	uksed	[ukset]
maçaneta (f)	ukselink	[ukselink]
fechadura (f)	lukk	[lukk]
matrícula (f)	autonumber	[autonumber]
silenciador (m)	summutaja	[summutaja]

| tanque (m) de gasolina | bensiinipaak | [bensi:nipa:k] |
| tubo (m) de escape | heitgaasitoru | [hejtga:sitoru] |

acelerador (m)	gaas	[ga:s]
pedal (m)	pedaal	[peda:lʲ]
pedal (m) do acelerador	gaasipedaal	[ga:sipeda:lʲ]

travão (m)	pidur	[pidur]
pedal (m) do travão	piduripedaal	[piduripeda:lʲ]
travar (vt)	pidurdama	[pidurdama]
travão (m) de mão	seisupidur	[sejsupidur]

embraiagem (f)	sidur	[sidur]
pedal (m) da embraiagem	siduripedaal	[siduripeda:lʲ]
disco (m) de embraiagem	siduriketas	[siduriketas]
amortecedor (m)	amortisaator	[amortisa:tor]

roda (f)	ratas	[ratas]
pneu (m) sobresselente	tagavararatas	[tagaʋararatas]
pneu (m)	rehv	[rehʋ]
tampão (m) de roda	kilp	[kilʲp]

rodas (f pl) motrizes	veorattad	[ʋeorattat]
de tração dianteira	eesveoga	[e:sʋeoga]
de tração traseira	tagaveoga	[tagaʋeoga]
de tração às 4 rodas	täisveoga	[tæjsʋeoga]

caixa (f) de mudanças	käigukast	[kæjgukasʲt]
automático	automaatne	[automa:tne]
mecânico	mehaaniline	[meha:niline]
alavanca (f) das mudanças	käigukang	[kæjgukang]

| farol (m) | latern | [latern] |
| faróis, luzes | laternad | [laternat] |

médios (m pl)	lähituled	[lʲæhitulet]
máximos (m pl)	kaugtuled	[kaugtulet]
luzes (f pl) de stop	stopp-signaal	[sʲtopp-signa:lʲ]

mínimos (m pl)	gabariittuled	[gabari:ttulet]
luzes (f pl) de emergência	avariituled	[aʋari:tulet]
faróis (m pl) antinevoeiro	udulaternad	[udulaternat]
pisca-pisca (m)	pöörmetuled	[pø:rmetulet]
luz (f) de marcha atrás	tagasikäik	[tagasikæjk]

176. Carros. Habitáculo

interior (m) do carro	sõitjateruum	[sɜitjateru:m]
de couro, de pele	nahast	[nahasʲt]
de veludo	veluurist	[ʋelu:risʲt]
estofos (m pl)	kattematerjal	[kattematerjalʲ]

| indicador (m) | seade | [seade] |
| painel (m) de instrumentos | armatuurlaud | [armatu:rlaut] |

| velocímetro (m) | spidomeeter | [spidome:ter] |
| ponteiro (m) | nool | [no:lʲ] |

conta-quilómetros (m)	taksomeeter	[taksome:ter]
sensor (m)	andur	[andur]
nível (m)	tase	[tase]
luz (f) avisadora	elektripirn	[elektripirn]

volante (m)	rool, rooliratas	[ro:l, ro:liratas]
buzina (f)	signaal	[signa:lʲ]
botão (m)	nupp	[nupp]
interruptor (m)	suunatuli	[su:natuli]

assento (m)	iste	[isʲte]
costas (f pl) do assento	seljatugi	[seljatugi]
cabeceira (f)	peatugi	[peatugi]
cinto (m) de segurança	turvavöö	[turʋaʋø:]
apertar o cinto	turvavööd kinni panema	[turʋaʋø:t kinni panema]
regulação (f)	reguleerimine	[regule:rimine]

| airbag (m) | õhkpadi | [ɜhkpadi] |
| ar (m) condicionado | konditsioneer | [konditsione:r] |

rádio (m)	raadio	[ra:dio]
leitor (m) de CD	CD-mängija	[ʦede mængija]
ligar (vt)	sisse lülitama	[sisse lʉlitama]
antena (f)	antenn	[antenn]
porta-luvas (m)	kindalaegas	[kindalaegas]
cinzeiro (m)	tuhatoos	[tuhato:s]

177. Carros. Motor

motor (m)	mootor	[mo:tor]
diesel	diisel	[di:selʲ]
a gasolina	bensiini	[bensi:ni]

cilindrada (f)	mootorimaht	[mo:torimaht]
potência (f)	võimsus	[ʋɜimsus]
cavalo-vapor (m)	hobujõud	[hobujɜut]
pistão (m)	kolb	[kolʲb]
cilindro (m)	silinder	[silinder]
válvula (f)	klapp	[klapp]

injetor (m)	suru-jugapump	[suru-jugapump]
gerador (m)	generaator	[genera:tor]
carburador (m)	karburaator	[karbura:tor]
óleo (m) para motor	mootoriõli	[mo:toriɜli]

radiador (m)	radiaator	[radia:tor]
refrigerante (m)	jahutusvedelik	[jahutusʋedelik]
ventilador (m)	ventilaator	[ʋentila:tor]

| bateria (f) | aku | [aku] |
| dispositivo (m) de arranque | käiviti | [kæjʉiti] |

| ignição (f) | süüde | [suːde] |
| vela (f) de ignição | süüteküünal | [suːtekuːnalʲ] |

borne (m)	klemm	[klemm]
borne (m) positivo	pluss	[pluss]
borne (m) negativo	miinus	[miːnus]
fusível (m)	kaitse	[kaitse]

filtro (m) de ar	õhufilter	[ɜhufilʲter]
filtro (m) de óleo	õlifilter	[ɜlifilʲter]
filtro (m) de combustível	kütusefilter	[kʉtusefilʲter]

178. Carros. Batidas. Reparação

acidente (m) de carro	avarii	[avariː]
acidente (m) rodoviário	liiklusõnnetus	[liːklusɜnnetus]
ir contra ...	sisse sõitma	[sisse sɜitma]
sofrer um acidente	purunema	[purunema]
danos (m pl)	vigastus	[vigasʲtus]
intato	terve	[terve]

avaria (no motor, etc.)	rike	[rike]
avariar (vi)	purunema	[purunema]
cabo (m) de reboque	puksiirtross	[puksiːrtross]

furo (m)	auk	[auk]
estar furado	tühjaks minema	[tʉhjaks minema]
encher (vt)	täis pumpama	[tæjs pumpama]
pressão (f)	rõhk	[rɜhk]
verificar (vt)	kontrollima	[kontrolʲima]

reparação (f)	remont	[remont]
oficina (f) de reparação de carros	autoremonditöökoda	[autoremonditøːkoda]
peça (f) sobresselente	varuosa	[varuosa]
peça (f)	detail	[detailʲ]

parafuso (m)	polt	[polʲt]
parafuso (m)	vint	[vint]
porca (f)	mutter	[mutter]
anilha (f)	seib	[sejb]
rolamento (m)	kuullaager	[kuːlʲæːger]

tubo (m)	toru	[toru]
junta (f)	tihend	[tihent]
fio, cabo (m)	juhe	[juhe]

macaco (m)	tungraud	[tungraut]
chave (f) de boca	mutrivõti	[mutrivɔti]
martelo (m)	haamer	[haːmer]
bomba (f)	pump	[pump]
chave (f) de fendas	kruvikeeraja	[kruvikeːraja]
extintor (m)	tulekustuti	[tulekusʲtuti]
triângulo (m) de emergência	avariikolmnurk	[avariːkolʲmnurk]

159

parar (vi) (motor)	välja surema	[uælja surema]
paragem (f)	seisak	[sejsak]
estar quebrado	rikkis	[rikkis]

superaquecer-se (vr)	üle kuumenema	[ule ku:menema]
entupir-se (vr)	ummistuma	[ummisʲtuma]
congelar-se (vr)	kinni külmuma	[kinni kuʎʲmuma]
rebentar (vi)	lõhki minema	[lɜhki minema]

pressão (f)	rõhk	[rɜhk]
nível (m)	tase	[tase]
frouxo	nõrk	[nɜrk]

mossa (f)	muljutis	[muljutis]
ruído (m)	koputus	[koputus]
fissura (f)	pragu	[pragu]
arranhão (m)	kriimustus	[kri:musʲtus]

179. Carros. Estrada

estrada (f)	tee	[te:]
autoestrada (f)	kiirtee	[ki:rte:]
rodovia (f)	maantee	[ma:nte:]
direção (f)	suund	[su:nt]
distância (f)	vahemaa	[uahema:]

ponte (f)	sild	[silʲt]
parque (m) de estacionamento	parkla	[parkla]
praça (f)	väljak	[uæljak]
nó (m) rodoviário	liiklussõlm	[li:klussɜlʲm]
túnel (m)	tunnel	[tunnelʲ]

posto (m) de gasolina	tankla	[tankla]
parque (m) de estacionamento	parkla	[parkla]
bomba (f) de gasolina	tankla	[tankla]
oficina (f) de reparação de carros	garaaž	[gara:ʒ]
abastecer (vt)	tankima	[tankima]
combustível (m)	kütus	[kutus]
bidão (m) de gasolina	kanister	[kanisʲter]

asfalto (m)	asfalt	[asfalʲt]
marcação (f) de estradas	märgistus	[mærgisʲtus]
lancil (m)	piire	[pi:re]
proteção (f) guard-rail	tara	[tara]
valeta (f)	kraav	[kra:u]
berma (f) da estrada	teeperv	[te:peru]
poste (m) de luz	post	[posʲt]

conduzir, guiar (vt)	juhtima	[juhtima]
virar (ex. ~ à direita)	pöörama	[pø:rama]
dar retorno	ümber pöörama	[umber pø:rama]
marcha-atrás (f)	tagasikäik	[tagasikæjk]
buzinar (vi)	signaali andma	[signa:li andma]

buzina (f)	helisignaal	[helisigna:lʲ]
atolar-se (vr)	kinni jääma	[kinni jæ:ma]
patinar (na lama)	puksima	[puksima]
desligar (vt)	seisma jätma	[sejsma jætma]

velocidade (f)	kiirus	[ki:rus]
exceder a velocidade	kiirust ületama	[ki:rusʲt ʉletama]
multar (vt)	trahvima	[trahʉima]
semáforo (m)	valgusfoor	[ʋalʲgusfo:r]
carta (f) de condução	juhiload	[juhiloat]

passagem (f) de nível	ülesõit	[ʉlesɜit]
cruzamento (m)	ristmik	[risʲtmik]
passadeira (f)	jalakäijate ülekäik	[jalakæjjate ʉlekæjk]
curva (f)	kurv	[kurʊ]
zona (f) pedonal	jalakäijate tsoon	[jalakæjjate tso:n]

180. Sinais de trânsito

código (m) da estrada	liikluseeskirjad	[li:kluse:skirjat]
sinal (m) de trânsito	liiklusmärk	[li:klusmærk]
ultrapassagem (f)	möödasõit	[mø:dasɜit]
curva (f)	kurv	[kurʊ]
inversão (f) de marcha	tagasipöördekoht	[tagasipø:rdekoht]
rotunda (f)	ringliiklus	[ringli:klus]

sentido proibido	sissesõidu keeld	[sissesɜidu ke:lʲt]
trânsito proibido	sõidu keeld	[sɜidu ke:lʲt]
proibição de ultrapassar	möödasõidu keeld	[mø:dasɜidu ke:lʲt]
estacionamento proibido	parkimise keeld	[parkimise ke:lʲt]
paragem proibida	peatumise keeld	[peatumise ke:lʲt]

curva (f) perigosa	järsk kurv	[jærsk kurʊ]
descida (f) perigosa	järsk lang	[jærsk lang]
trânsito de sentido único	ühesuunalisele teele	[ʉhesu:nalisele te:le]
passadeira (f)	ülekäigurada	[ʉlekæjgurada]
pavimento (m) escorregadio	libe tee	[libe te:]
cedência de passagem	anna teed	[anna te:t]

PESSOAS. EVENTOS

Eventos

181. Férias. Evento

festa (f)	pidu	[pidu]
festa (f) nacional	rahvuspüha	[rahʊʊspʉha]
feriado (m)	pidupäev	[pidupæəʊ]
festejar (vt)	pidu pidama	[pidu pidama]
evento (festa, etc.)	sündmus	[sʉndmus]
evento (banquete, etc.)	üritus	[ʉritus]
banquete (m)	bankett	[bankett]
receção (f)	vastuvõtt	[ʋasʲtuʊɜtt]
festim (m)	pidu	[pidu]
aniversário (m)	aastapäev	[a:sʲtapæəʊ]
jubileu (m)	juubelipidu	[ju:belipidu]
celebrar (vt)	tähistama	[tæhisʲtama]
Ano (m) Novo	Uusaasta	[u:sa:sʲta]
Feliz Ano Novo!	Head uut aastat!	[heat u:t a:sʲtat!]
Pai (m) Natal	Jõuluvana	[jɜuluʊana]
Natal (m)	Jõulud	[jɜulut]
Feliz Natal!	Rõõmsaid jõulupühi!	[rɜ:msait jɜulupʉhi!]
árvore (f) de Natal	jõulukuusk	[jɜuluku:sk]
fogo (m) de artifício	saluut	[salu:t]
boda (f)	pulmad	[pulʲmat]
noivo (m)	peigmees	[pejgme:s]
noiva (f)	pruut	[pru:t]
convidar (vt)	kutsuma	[kutsuma]
convite (m)	kutse	[kutse]
convidado (m)	külaline	[kʉlaline]
visitar (vt)	külla minema	[kʉlʲæ minema]
receber os hóspedes	külalisi vastu võtma	[kʉlalisi ʋasʲtu ʊɜtma]
presente (m)	kingitus	[kingitus]
oferecer (vt)	kinkima	[kinkima]
receber presentes	kingitusi saama	[kingitusi sa:ma]
ramo (m) de flores	lillekimp	[lilʲekimp]
felicitações (f pl)	õnnitlus	[ɜnnitlus]
felicitar (dar os parabéns)	õnnitlema	[ɜnnitlema]
cartão (m) de parabéns	õnnitluskaart	[ɜnnitluska:rt]

| enviar um postal | kaarti saatma | [ka:rti sa:tma] |
| receber um postal | kaarti saama | [ka:rti sa:ma] |

brinde (m)	toost	[to:sʲt]
oferecer (vt)	kostitama	[kosʲtitama]
champanhe (m)	šampus	[ʃampus]

divertir-se (vr)	lõbutsema	[lɜbutsema]
diversão (f)	lust	[lusʲt]
alegria (f)	rõõm	[rɜ:m]

| dança (f) | tants | [tants] |
| dançar (vi) | tantsima | [tantsima] |

| valsa (f) | valss | [ʋalʲss] |
| tango (m) | tango | [tango] |

182. Funerais. Enterro

cemitério (m)	kalmistu	[kalʲmisʲtu]
sepultura (f), túmulo (m)	haud	[haut]
cruz (f)	rist	[risʲt]
lápide (f)	hauakivi	[hauakiʋi]
cerca (f)	piirdeaed	[pi:rdeaet]
capela (f)	kabel	[kabelʲ]

morte (f)	surm	[surm]
morrer (vi)	surema	[surema]
defunto (m)	kadunu	[kadunu]
luto (m)	lein	[lejn]

enterrar, sepultar (vt)	matma	[matma]
agência (f) funerária	matusebüroo	[matusebʉro:]
funeral (m)	matus	[matus]

coroa (f) de flores	pärg	[pærg]
caixão (m)	kirst	[kirsʲt]
carro (m) funerário	katafalk	[katafalʲk]
mortalha (f)	surilina	[surilina]

procissão (f) funerária	matuserongkäik	[matuserongkæjk]
urna (f) funerária	urn	[urn]
crematório (m)	krematoorium	[kremato:rium]

obituário (m), necrologia (f)	nekroloog	[nekrolo:g]
chorar (vi)	nutma	[nutma]
soluçar (vi)	ulguma	[ulʲguma]

183. Guerra. Soldados

| pelotão (m) | jagu | [jagu] |
| companhia (f) | rood | [ro:t] |

regimento (m)	polk	[polʲk]
exército (m)	kaitsevägi	[kaitseʋægi]
divisão (f)	divisjon	[diʋisjon]

| destacamento (m) | rühm | [rɯhm] |
| hoste (f) | vägi | [ʋægi] |

| soldado (m) | sõdur | [sɜdur] |
| oficial (m) | ohvitser | [ohʋitser] |

soldado (m) raso	reamees	[reame:s]
sargento (m)	seersant	[se:rsant]
tenente (m)	leitnant	[lejtnant]
capitão (m)	kapten	[kapten]
major (m)	major	[major]
coronel (m)	kolonel	[kolonelʲ]
general (m)	kindral	[kindralʲ]

marujo (m)	meremees	[mereme:s]
capitão (m)	kapten	[kapten]
contramestre (m)	pootsman	[po:tsman]

artilheiro (m)	suurtükiväelane	[su:rtɯkiʋæəlane]
soldado (m) paraquedista	dessantväelane	[dessantʋæəlane]
piloto (m)	lendur	[lendur]
navegador (m)	tüürimees	[tɯ:rime:s]
mecânico (m)	mehaanik	[meha:nik]

sapador (m)	sapöör	[sapø:r]
paraquedista (m)	langevarjur	[langeʋarjur]
explorador (m)	luuraja	[lu:raja]
franco-atirador (m)	snaiper	[snaiper]

patrulha (f)	patrull	[patrulʲ]
patrulhar (vt)	patrullima	[patrulʲima]
sentinela (f)	tunnimees	[tunnime:s]

| guerreiro (m) | sõjamees | [sɜjame:s] |
| patriota (m) | patrioot | [patrio:t] |

| herói (m) | kangelane | [kangelane] |
| heroína (f) | kangelanna | [kangelanna] |

| traidor (m) | äraandja | [æra:ndja] |
| trair (vt) | ära andma | [æra andma] |

| desertor (m) | desertöör | [desertø:r] |
| desertar (vt) | deserteerima | [deserte:rima] |

mercenário (m)	palgasõdur	[palʲgasɜdur]
recruta (m)	noorsõdur	[no:rsɜdur]
voluntário (m)	vabatahtlik	[ʋabatahtlik]

morto (m)	tapetu	[tapetu]
ferido (m)	haavatu	[ha:ʋatu]
prisioneiro (m) de guerra	sõjavang	[sɜjaʋang]

184. Guerra. Ações militares. Parte 1

guerra (f)	sõda	[sɜda]
guerrear (vt)	sõdima	[sɜdima]
guerra (f) civil	kodusõda	[kodusɜda]

perfidamente	reetlikult	[reːtlikulʲt]
declaração (f) de guerra	sõjakuulutamine	[sɜjakuːlutamine]
declarar (vt) guerra	sõda kuulutama	[sɜda kuːlutama]
agressão (f)	agressioon	[agressioːn]
atacar (vt)	kallale tungima	[kalʲæle tungima]

invadir (vt)	anastama	[anasʲtama]
invasor (m)	anastaja	[anasʲtaja]
conquistador (m)	vallutaja	[ʋalʲutaja]

defesa (f)	kaitse	[kaitse]
defender (vt)	kaitsma	[kaitsma]
defender-se (vr)	ennast kaitsma	[ennasʲt kaitsma]

inimigo (m)	vaenlane	[ʋaenlane]
adversário (m)	vastane	[ʋasʲtane]
inimigo	vaenulik	[ʋaenulik]

estratégia (f)	strateegia	[sʲtrateːgia]
tática (f)	taktika	[taktika]

ordem (f)	käsk	[kæsk]
comando (m)	käsk	[kæsk]
ordenar (vt)	käskima	[kæskima]
missão (f)	ülesanne	[ᵾlesanne]
secreto	salajane	[salajane]

batalha (f)	võitlus	[ʋɜitlus]
combate (m)	lahing	[lahing]

ataque (m)	rünnak	[rᵾnnak]
assalto (m)	rünnak	[rᵾnnak]
assaltar (vt)	ründama	[rᵾndama]
assédio, sítio (m)	ümberpiiramine	[ᵾmberpiːramine]

ofensiva (f)	pealetung	[pealetung]
passar à ofensiva	peale tungima	[peale tungima]

retirada (f)	taganemine	[taganemine]
retirar-se (vr)	taganema	[taganema]

cerco (m)	ümberpiiramine	[ᵾmberpiːramine]
cercar (vt)	ümber piirama	[ᵾmber piːrama]

bombardeio (m)	pommitamine	[pommitamine]
lançar uma bomba	pommi heitma	[pommi hejtma]
bombardear (vt)	pommitama	[pommitama]
explosão (f)	plahvatus	[plahʋatus]
tiro (m)	lask	[lask]

disparar um tiro	**tulistama**	[tulis╵tama]
tiroteio (m)	**tulistamine**	[tulis╵tamine]

apontar para ...	**sihtima**	[sihtima]
apontar (vt)	**sihikule võtma**	[sihikule ʋɜtma]
acertar (vt)	**tabama**	[tabama]

afundar (um navio)	**põhja laskma**	[pɜhja laskma]
brecha (f)	**mürsuauk**	[mɵrsuauk]
afundar-se (vr)	**põhja minema**	[pɜhja minema]

frente (m)	**rinne**	[rinne]
evacuação (f)	**evakuatsioon**	[eʋakuatsio:n]
evacuar (vt)	**evakueerima**	[eʋakue:rima]

trincheira (f)	**kaevik**	[kaeʋik]
arame (m) farpado	**okastraat**	[okas╵tra:t]
obstáculo (m) anticarro	**kaitsevall**	[kaitseʋalʲ]
torre (f) de vigia	**vaatetorn**	[ʋa:tetorn]

hospital (m)	**hospital**	[hospitalʲ]
ferir (vt)	**haavama**	[ha:ʋama]
ferida (f)	**haav**	[ha:ʋ]
ferido (m)	**haavatu**	[ha:ʋatu]
ficar ferido	**haavata saama**	[ha:ʋata sa:ma]
grave (ferida ~)	**raske**	[raske]

185. Guerra. Ações militares. Parte 2

cativeiro (m)	**vangistus**	[ʋangis╵tus]
capturar (vt)	**vangi võtma**	[ʋangi ʋɜtma]
estar em cativeiro	**vangis olema**	[ʋangis olema]
ser aprisionado	**vangi sattuma**	[ʋangi sattuma]

campo (m) de concentração	**koonduslaager**	[ko:ndusla:ger]
prisioneiro (m) de guerra	**sõjavang**	[sɜjaʋang]
escapar (vi)	**vangist põgenema**	[ʋangis╵t pɜgenema]

trair (vt)	**reetma, ära andma**	[re:tma, æra andma]
traidor (m)	**äraandja**	[æra:ndja]
traição (f)	**reetmine**	[re:tmine]

fuzilar, executar (vt)	**maha laskma**	[maha laskma]
fuzilamento (m)	**mahalaskmine**	[mahalaskmine]

equipamento (m)	**vormiriietus**	[ʋormiri:etus]
platina (f)	**pagun**	[pagun]
máscara (f) antigás	**gaasimask**	[ga:simask]

rádio (m)	**raadiosaatja**	[ra:diosa:tja]
cifra (f), código (m)	**šiffer**	[ʃiffer]
conspiração (f)	**konspiratsioon**	[konspiratsio:n]
senha (f)	**parool**	[paro:lʲ]
mina (f)	**miin**	[mi:n]

| minar (vt) | mineerima | [mine:rima] |
| campo (m) minado | miiniväli | [mi:niʋæli] |

alarme (m) aéreo	õhuhäire	[ʒhuhæejre]
alarme (m)	häire	[hæejre]
sinal (m)	signaal	[signa:lʲ]
sinalizador (m)	signaalrakett	[signa:lʲrakett]

estado-maior (m)	staap	[sʲta:p]
reconhecimento (m)	luure	[lu:re]
situação (f)	olukord	[olukort]
relatório (m)	raport	[raport]
emboscada (f)	varistus	[ʋarisʲtus]
reforço (m)	lisajõud	[lisajʒut]

alvo (m)	märklaud	[mærklaut]
campo (m) de tiro	polügoon	[poluɡo:n]
manobras (f pl)	manöövrid	[manø:ʋrit]

pânico (m)	paanika	[pa:nika]
devastação (f)	häving	[hæʋing]
ruínas (f pl)	purustused	[purusʲtuset]
destruir (vt)	purustama	[purusʲtama]

sobreviver (vi)	ellu jääma	[elʲu jæ:ma]
desarmar (vt)	relvituks tegema	[relʲʋituks tegema]
manusear (vt)	relva käsitlema	[relʲʋa kæsitlema]

| Firmes! | Valvel! | [ʋalʲʋel!] |
| Descansar! | Vabalt! | [ʋabalʲt!] |

façanha (f)	kangelastegu	[kangelasʲtegu]
juramento (m)	tõotus	[tʒotus]
jurar (vi)	tõotama	[tʒotama]

condecoração (f)	autasu	[autasu]
condecorar (vt)	autasustama	[autasusʲtama]
medalha (f)	medal	[medalʲ]
ordem (f)	orden	[orden]

vitória (f)	võit	[ʋʒit]
derrota (f)	kaotus	[kaotus]
armistício (m)	vaherahu	[ʋaherahu]

bandeira (f)	lipp	[lipp]
glória (f)	kuulsus	[ku:lʲsus]
desfile (m) militar	paraad	[para:t]
marchar (vi)	marssima	[marssima]

186. Armas

arma (f)	relv	[relʲʋ]
arma (f) de fogo	tulirelv	[tulirelʲʋ]
arma (f) branca	külmrelv	[kulʲmrelʲʋ]

arma (f) química	keemiarelv	[ke:miarelʲʊ]
nuclear	tuuma-	[tu:ma-]
arma (f) nuclear	tuumarelv	[tu:marelʲʊ]

| bomba (f) | pomm | [pomm] |
| bomba (f) atómica | aatomipomm | [a:tomipomm] |

pistola (f)	püstol	[pʉsʲtolʲ]
caçadeira (f)	püss	[pʉss]
pistola-metralhadora (f)	automaat	[automa:t]
metralhadora (f)	kuulipilduja	[ku:lipilʲduja]

boca (f)	püssitoru	[pʉssitoru]
cano (m)	püssitoru	[pʉssitoru]
calibre (m)	kaliiber	[kali:ber]

gatilho (m)	vinn	[ʊinn]
mira (f)	sihik	[sihik]
carregador (m)	padrunisalv	[padrunisalʲʊ]
coronha (f)	püssipära	[pʉssipæra]

| granada (f) de mão | granaat | [grana:t] |
| explosivo (m) | lõhkeaine | [lɜhkeaine] |

bala (f)	kuul	[ku:lʲ]
cartucho (m)	padrun	[padrun]
carga (f)	laeng	[laeng]
munições (f pl)	lahingumoon	[lahingumo:n]

bombardeiro (m)	pommilennuk	[pommilennuk]
avião (m) de caça	hävituslennuk	[hæʊituslennuk]
helicóptero (m)	helikopter	[helikopter]

canhão (m) antiaéreo	õhutõrjekahur	[ɜhutɜrjekahur]
tanque (m)	tank	[tank]
canhão (de um tanque)	kahur	[kahur]

artilharia (f)	kahurivägi	[kahuriʊægi]
canhão (m)	suurtükk	[su:rtʉkk]
fazer a pontaria	sihikule võtma	[sihikule ʊɜtma]

obus (m)	mürsk	[mʉrsk]
granada (f) de morteiro	miin	[mi:n]
morteiro (m)	miinipilduja	[mi:nipilʲduja]
estilhaço (m)	kild	[kilʲt]

submarino (m)	allveelaev	[alʲʊe:laeʊ]
torpedo (m)	torpeedo	[torpe:do]
míssil (m)	rakett	[rakett]

carregar (uma arma)	laadima	[la:dima]
atirar, disparar (vi)	tulistama	[tulisʲtama]
apontar para ...	sihtima	[sihtima]
baioneta (f)	tääk	[tæ:k]
espada (f)	mõõk	[mɜ:k]
sabre (m)	saabel	[sa:belʲ]

lança (f)	oda	[oda]
arco (m)	vibu	[ʋibu]
flecha (f)	nool	[noːlʲ]
mosquete (m)	musket	[musket]
besta (f)	arbalett	[arbalett]

187. Povos da antiguidade

primitivo	ürgne	[ɤrgne]
pré-histórico	eelajalooline	[eːlajaloːline]
antigo	iidne	[iːdne]
Idade (f) da Pedra	kiviaeg	[kiʋiaeg]
Idade (f) do Bronze	pronksiaeg	[pronksiaeg]
período (m) glacial	jääaeg	[jæːːeg]
tribo (f)	suguharu	[suguharu]
canibal (m)	inimsööja	[inimsøːja]
caçador (m)	kütt	[kɤtt]
caçar (vi)	jahil käima	[jahilʲ kæjma]
mamute (m)	mammut	[mammut]
caverna (f)	koobas	[koːbas]
fogo (m)	tuli	[tuli]
fogueira (f)	lõke	[lɜke]
pintura (f) rupestre	kaljujoonis	[kaljujoːnis]
ferramenta (f)	tööriist	[tøːriːsʲt]
lança (f)	oda	[oda]
machado (m) de pedra	kivikirves	[kiʋikirʋes]
guerrear (vt)	sõdima	[sɜdima]
domesticar (vt)	kodustama	[kodusʲtama]
ídolo (m)	iidol	[iːdolʲ]
adorar, venerar (vt)	kummardama	[kummardama]
superstição (f)	ebausk	[ebausk]
ritual (m)	riitus	[riːtus]
evolução (f)	evolutsioon	[eʋolutsioːn]
desenvolvimento (m)	areng	[areng]
desaparecimento (m)	kadumine	[kadumine]
adaptar-se (vr)	kohanema	[kohanema]
arqueologia (f)	arheoloogia	[arheoloːgia]
arqueólogo (m)	arheoloog	[arheoloːg]
arqueológico	arheoloogiline	[arheoloːgiline]
local (m) das escavações	väljakaevamised	[ʋæljakaeʋamiset]
escavações (f pl)	väljakaevamised	[ʋæljakaeʋamiset]
achado (m)	leid	[lejt]
fragmento (m)	fragment	[fragment]

188. Idade média

povo (m)	rahvas	[rahʋas]
povos (m pl)	rahvad	[rahʋat]
tribo (f)	suguharu	[suguharu]
tribos (f pl)	hõimud	[hɜimut]

bárbaros (m pl)	barbar	[barbar]
gauleses (m pl)	gallid	[galʲit]
godos (m pl)	goodid	[goːdit]
eslavos (m pl)	slaavlased	[slaːʋlaset]
víquingues (m pl)	viikingid	[ʋiːkingit]

romanos (m pl)	roomlased	[roːmlaset]
romano	rooma	[roːma]

bizantinos (m pl)	bütsantslased	[bʉtsantslaset]
Bizâncio	Bütsants	[bʉtsants]
bizantino	bütsantsi	[bʉtsantsi]

imperador (m)	imperaator	[imperaːtor]
líder (m)	pealik	[pealik]
poderoso	võimas	[ʋɜimas]
rei (m)	kuningas	[kuningas]
governante (m)	valitseja	[ʋalitseja]

cavaleiro (m)	rüütel	[rʉːtelʲ]
senhor feudal (m)	feodaal	[feodaːlʲ]
feudal	feodaalne	[feodaːlʲne]
vassalo (m)	vasall	[ʋasalʲ]

duque (m)	hertsog	[hertsog]
conde (m)	krahv	[krahʋ]
barão (m)	parun	[parun]
bispo (m)	piiskop	[piːskop]

armadura (f)	lahinguvarustus	[lahinguʋarusʲtus]
escudo (m)	kilp	[kilʲp]
espada (f)	mõõk	[mɜːk]
viseira (f)	visiir	[ʋisiːr]
cota (f) de malha	raudrüü	[raudrʉː]

cruzada (f)	ristiretk	[risʲtiretk]
cruzado (m)	ristirüütel	[risʲtirʉːtelʲ]

território (m)	territoorium	[territoːrium]
atacar (vt)	kallale tungima	[kalʲæle tungima]
conquistar (vt)	vallutama	[ʋalʲutama]
ocupar, invadir (vt)	anastama	[anasʲtama]

assédio, sítio (m)	ümberpiiramine	[ʉmberpiːramine]
sitiado	ümberpiiratud	[ʉmberpiːratut]
assediar, sitiar (vt)	ümber piirama	[ʉmber piːrama]
inquisição (f)	inkvisitsioon	[inkʋisitsioːn]
inquisidor (m)	inkvisiitor	[inkʋisiːtor]

tortura (f)	piinamine	[pi:namine]
cruel	julm	[julʲm]
herege (m)	ketser	[ketser]
heresia (f)	ketserlus	[ketserlus]

navegação (f) marítima	meresõit	[meresɜit]
pirata (m)	piraat	[pira:t]
pirataria (f)	piraatlus	[pira:tlus]
abordagem (f)	abordaaž	[aborda:ʒ]
presa (f), butim (m)	sõjasaak	[sɜjasa:k]
tesouros (m pl)	aarded	[a:rdet]

descobrimento (m)	maadeavastamine	[ma:deaʋasʲtamine]
descobrir (novas terras)	avastama	[aʋasʲtama]
expedição (f)	ekspeditsioon	[ekspeditsio:n]

mosqueteiro (m)	musketär	[musketær]
cardeal (m)	kardinal	[kardinalʲ]
heráldica (f)	heraldika	[heralʲdika]
heráldico	heraldiline	[heralʲdiline]

189. Líder. Chefe. Autoridades

rei (m)	kuningas	[kuningas]
rainha (f)	kuninganna	[kuninganna]
real	kuninglik	[kuninglik]
reino (m)	kuningriik	[kuningri:k]

| príncipe (m) | prints | [prints] |
| princesa (f) | printsess | [printsess] |

presidente (m)	president	[president]
vice-presidente (m)	asepresident	[asepresident]
senador (m)	senaator	[sena:tor]

monarca (m)	monarh	[monarh]
governante (m)	valitseja	[ʋalitseja]
ditador (m)	diktaator	[dikta:tor]
tirano (m)	türann	[tʉrann]
magnata (m)	magnaat	[magna:t]

diretor (m)	direktor	[direktor]
chefe (m)	šeff	[ʃeff]
dirigente (m)	juhataja	[juhataja]
patrão (m)	boss	[boss]
dono (m)	peremees	[pereme:s]

líder, chefe (m)	liider	[li:der]
chefe (~ de delegação)	juht	[juht]
autoridades (f pl)	võimud	[ʋɜimut]
superiores (m pl)	juhtkond	[juhtkont]

| governador (m) | kuberner | [kuberner] |
| cônsul (m) | konsul | [konsulʲ] |

diplomata (m)	diplomaat	[diploma:t]
Presidente (m) da Câmara	linnapea	[linnapea]
xerife (m)	šerif	[ʃerif]

imperador (m)	imperaator	[impera:tor]
czar (m)	tsaar	[tsa:r]
faraó (m)	vaarao	[ʋa:rao]
cã (m)	khaan	[kha:n]

190. Estrada. Caminho. Direções

| estrada (f) | tee | [te:] |
| caminho (m) | tee | [te:] |

rodovia (f)	maantee	[ma:nte:]
autoestrada (f)	kiirtee	[ki:rte:]
estrada (f) nacional	üldriiklik tee	[ʉlʲdri:klik te:]

| estrada (f) principal | peatee | [peate:] |
| caminho (m) de terra batida | metsavahetee | [metsaʋahete:] |

| trilha (f) | rada | [rada] |
| vereda (f) | jalgrada | [jalʲgrada] |

Onde?	Kus?	[kus?]
Para onde?	Kuhu?	[kuhu?]
De onde?	Kust?	[kusʲt?]

| direção (f) | suund | [su:nt] |
| indicar (orientar) | näitama | [næjtama] |

para esquerda	vasakule	[ʋasakule]
para direita	paremale	[paremale]
em frente	otse	[otse]
para trás	tagasi	[tagasi]

curva (f)	kurv	[kurʋ]
virar (ex. ~ à direita)	pöörama	[pø:rama]
dar retorno	ümber pöörama	[ʉmber pø:rama]

| estar visível | paistma | [paisʲtma] |
| aparecer (vi) | paistma | [paisʲtma] |

paragem (pausa)	peatus	[peatus]
descansar (vi)	puhkama	[puhkama]
descanso (m)	puhkus	[puhkus]

perder-se (vr)	ära eksima	[æra eksima]
conduzir (caminho)	... viima	[... ʋi:ma]
chegar a ...	... välja jõudma	[... ʋælja jɜudma]
trecho (m)	vahemaa	[ʋahema:]

| asfalto (m) | asfalt | [asfalʲt] |
| lancil (m) | piire | [pi:re] |

valeta (f)	kraav	[kra:ʊ]
tampa (f) de esgoto	luuk	[lu:k]
berma (f) da estrada	teeperv	[te:perʊ]
buraco (m)	auk	[auk]

| ir (a pé) | minema | [minema] |
| ultrapassar (vt) | järele jõudma | [jærele jɜudma] |

| passo (m) | samm | [samm] |
| a pé | jalgsi | [jalʲgsi] |

bloquear (vt)	tõkestama	[tɜkesʲtama]
cancela (f)	tõkkepuu	[tɜkkepu:]
beco (m) sem saída	umbtänav	[umbtænaʊ]

191. Viloação da lei. Criminosos. Parte 1

bandido (m)	bandiit	[bandi:t]
crime (m)	kuritegu	[kuritegu]
criminoso (m)	kurjategija	[kurjategija]

ladrão (m)	varas	[ʊaras]
roubar (vt)	varastama	[ʊarasʲtama]
furto, roubo (m)	vargus	[ʊargus]

raptar (ex. ~ uma criança)	röövima	[rø:ʊima]
rapto (m)	inimrööv	[inimrø:ʊ]
raptor (m)	röövija	[rø:ʊija]

| resgate (m) | lunaraha | [lunaraha] |
| pedir resgate | lunaraha nõudma | [lunaraha nɜudma] |

roubar (vt)	röövima	[rø:ʊima]
assalto, roubo (m)	rööv	[rø:ʊ]
assaltante (m)	röövel	[rø:ʊelʲ]

extorquir (vt)	välja pressima	[ʊælja pressima]
extorsionário (m)	väljapressija	[ʊæljapressija]
extorsão (f)	väljapressimine	[ʊæljapressimine]

matar, assassinar (vt)	tapma	[tapma]
homicídio (m)	mõrv	[mɜrʊ]
homicida, assassino (m)	mõrvar	[mɜrʊar]

tiro (m)	lask	[lask]
dar um tiro	tulistama	[tulisʲtama]
matar a tiro	maha laskma	[maha laskma]
atirar, disparar (vi)	tulistama	[tulisʲtama]
tiroteio (m)	laskmine	[laskmine]

incidente (m)	juhtum	[juhtum]
briga (~ de rua)	kaklus	[kaklus]
Socorro!	Appi!	[appi!]
vítima (f)	ohver	[ohʊer]

173

danificar (vt)	vigastama	[ʋigasʲtama]
dano (m)	vigastus	[ʋigasʲtus]
cadáver (m)	laip	[laip]
grave	ränk	[rænk]

atacar (vt)	kallale tungima	[kalʲæle tungima]
bater (espancar)	lööma	[lø:ma]
espancar (vt)	läbi peksma	[lʲæbi peksma]
tirar, roubar (dinheiro)	ära võtma	[æra ʋɔtma]
esfaquear (vt)	pussitama	[pussitama]
mutilar (vt)	sandiks peksma	[sandiks peksma]
ferir (vt)	haavama	[ha:ʋama]

chantagem (f)	šantaaž	[ʃanta:ʒ]
chantagear (vt)	šantažeerima	[ʃantaʒe:rima]
chantagista (m)	šantažeerija	[ʃantaʒe:rija]

extorsão (em troca de proteção)	reket	[reket]
extorsionário (m)	väljapressija	[ʋæljapressija]
gângster (m)	gangster	[gangsʲter]
máfia (f)	maffia	[maffia]

carteirista (m)	taskuvaras	[taskuʋaras]
assaltante, ladrão (m)	murdvaras	[murdʋaras]
contrabando (m)	salakaubandus	[salakaubandus]
contrabandista (m)	salakaubavedaja	[salakaubaʋedaja]

falsificação (f)	võltsing	[ʋɔlʲtsing]
falsificar (vt)	võltsima	[ʋɔlʲtsima]
falsificado	võltsitud	[ʋɔlʲtsitut]

192. Viloação da lei. Criminosos. Parte 2

violação (f)	vägistamine	[ʋægisʲtamine]
violar (vt)	vägistama	[ʋægisʲtama]
violador (m)	vägistaja	[ʋægisʲtaja]
maníaco (m)	maniakk	[maniakk]

prostituta (f)	prostituut	[prosʲtitu:t]
prostituição (f)	prostitutsioon	[prosʲtitutsio:n]
chulo (m)	sutenöör	[sutenø:r]

| toxicodependente (m) | narkomaan | [narkoma:n] |
| traficante (m) | narkokaupmees | [narkokaupme:s] |

explodir (vt)	õhku laskma	[ɜhku laskma]
explosão (f)	plahvatus	[plahʋatus]
incendiar (vt)	süütama	[sʉ:tama]
incendiário (m)	süütaja	[sʉ:taja]

terrorismo (m)	terrorism	[terrorism]
terrorista (m)	terrorist	[terrorisʲt]
refém (m)	pantvang	[pantʋang]

enganar (vt)	petma	[petma]
engano (m)	pettus	[pettus]
vigarista (m)	petis	[petis]

subornar (vt)	pistist andma	[pis'tis't andma]
suborno (atividade)	pistise andmine	[pis'tise andmine]
suborno (dinheiro)	altkäemaks	[al'tkæəmaks]

veneno (m)	mürk	[mʉrk]
envenenar (vt)	mürgitama	[mʉrgitama]
envenenar-se (vr)	ennast mürgitama	[ennas't mʉrgitama]

suicídio (m)	enesetapp	[enesetapp]
suicida (m)	enesetapja	[enesetapja]

ameaçar (vt)	ähvardama	[æhʋardama]
ameaça (f)	ähvardus	[æhʋardus]
atentar contra a vida de ...	kallale kippuma	[kal'æle kippuma]
atentado (m)	elule kallalekippumine	[elule kal'ælekippumine]

roubar (o carro)	ärandama	[ærandama]
desviar (o avião)	kaaperdama	[ka:perdama]

vingança (f)	kättemaks	[kættemaks]
vingar (vt)	kätte maksma	[kætte maksma]

torturar (vt)	piinama	[pi:nama]
tortura (f)	piinamine	[pi:namine]
atormentar (vt)	vaevama	[ʋaeʋama]

pirata (m)	piraat	[pira:t]
desordeiro (m)	huligaan	[huliga:n]
armado	relvastatud	[rel'ʋas'tatut]
violência (f)	vägivald	[ʋægiʋal't]
ilegal	illegaalne	[il'ega:l'ne]

espionagem (f)	spionaaž	[spiona:ʒ]
espionar (vi)	nuhkima	[nuhkima]

193. Polícia. Lei. Parte 1

justiça (f)	kohtumõistmine	[kohtumɜis'tmine]
tribunal (m)	kohus	[kohus]

juiz (m)	kohtunik	[kohtunik]
jurados (m pl)	vandemees	[ʋandeme:s]
tribunal (m) do júri	vandemeeste kohus	[ʋandeme:s'te kohus]
julgar (vt)	kohut mõistma	[kohut mɜis'tma]

advogado (m)	advokaat	[aduoka:t]
réu (m)	kohtualune	[kohtualune]
banco (m) dos réus	kohtupink	[kohtupink]
acusação (f)	süüdistus	[sʉ:dis'tus]
acusado (m)	süüdistatav	[sʉ:dis'tataʋ]

175

sentença (f)	kohtuotsus	[kohtuotsus]
sentenciar (vt)	süüdi mõistma	[su:di mɜisʲtma]
culpado (m)	süüdlane	[su:tlane]
punir (vt)	karistama	[karisʲtama]
punição (f)	karistus	[karisʲtus]
multa (f)	trahv	[trahʋ]
prisão (f) perpétua	eluaegne vanglakaristus	[eluaegne ʋanglakarisʲtus]
pena (f) de morte	surmanuhtlus	[surmanuhtlus]
cadeira (f) elétrica	elektritool	[elektrito:lʲ]
forca (f)	võllas	[ʋɜlʲæs]
executar (vt)	hukkama	[hukkama]
execução (f)	hukkamine	[hukkamine]
prisão (f)	vangla	[ʋangla]
cela (f) de prisão	vangikong	[ʋangikong]
escolta (f)	konvoi	[konʋoj]
guarda (m) prisional	vangivalvur	[ʋangiʋalʲʋur]
preso (m)	vang	[ʋang]
algemas (f pl)	käerauad	[kæərauat]
algemar (vt)	käsi raudu panema	[kæsi raudu panema]
fuga, evasão (f)	põgenemine	[pɜgenemine]
fugir (vi)	põgenema	[pɜgenema]
desaparecer (vi)	kadunuks jääma	[kadunuks jæ:ma]
soltar, libertar (vt)	vabastama	[ʋabasʲtama]
amnistia (f)	amnestia	[amnesʲtia]
polícia (instituição)	politsei	[politsej]
polícia (m)	politseinik	[politsejnik]
esquadra (f) de polícia	politseijaoskond	[politsejjaoskont]
cassetete (m)	kumminui	[kumminui]
megafone (m)	ruupor	[ru:por]
carro (m) de patrulha	patrullauto	[patrulʲæuto]
sirene (f)	sireen	[sire:n]
ligar a sirene	sireeni sisse lülitama	[sire:ni sisse lʉlitama]
toque (m) da sirene	sireen heli	[sire:n heli]
cena (f) do crime	sündmuspaik	[sʉndmuspaik]
testemunha (f)	tunnistaja	[tunnisʲtaja]
liberdade (f)	vabadus	[ʋabadus]
cúmplice (m)	kaasosaline	[ka:sosaline]
escapar (vi)	varjuma	[ʋarjuma]
traço (não deixar ~s)	jälg	[jælʲg]

194. Polícia. Lei. Parte 2

procura (f)	tagaotsimine	[tagaotsimine]
procurar (vt)	otsima ...	[otsima ...]

suspeita (f)	kahtlustus	[kahtlusᶦtus]
suspeito	kahtlane	[kahtlane]
parar (vt)	peatama	[peatama]
deter (vt)	kinni pidama	[kinni pidama]

caso (criminal)	kohtuasi	[kohtuasi]
investigação (f)	uurimine	[uːrimine]
detetive (m)	detektiiv	[detektiːʋ]
investigador (m)	uurija	[uːrija]
versão (f)	versioon	[ʋersioːn]

motivo (m)	motiiv	[motiːʋ]
interrogatório (m)	ülekuulamine	[ʉleku:lamine]
interrogar (vt)	üle kuulama	[ʉle kuːlama]
questionar (vt)	küsitlema	[kʉsitlema]
verificação (f)	kontrollimine	[kontrolᶦimine]

batida (f) policial	haarang	[haːrang]
busca (f)	läbiotsimine	[lᶦæbiotsimine]
perseguição (f)	tagaajamine	[taga:jamine]
perseguir (vt)	jälitama	[jælitama]
seguir (vt)	jälgima	[jælᶦgima]

prisão (f)	arest	[aresᶦt]
prender (vt)	arreteerima	[arrete:rima]
pegar, capturar (vt)	kinni võtma	[kinni ʋɜtma]
captura (f)	kinnivõtmine	[kinniʋɜtmine]

documento (m)	dokument	[dokument]
prova (f)	tõestus	[tɜesᶦtus]
provar (vt)	tõestama	[tɜesᶦtama]
pegada (f)	jälg	[jælᶦg]
impressões (f pl) digitais	sõrmejäljed	[sɜrmejæljet]
prova (f)	süütõend	[sʉːtɜent]

álibi (m)	alibi	[alibi]
inocente	süütu	[sʉːtu]
injustiça (f)	ebaõiglus	[ebaɜiglus]
injusto	ebaõiglane	[ebaɜiglane]

criminal	kriminaalne	[kriminaːlᶦne]
confiscar (vt)	konfiskeerima	[konfiske:rima]
droga (f)	narkootik	[narko:tik]
arma (f)	relv	[relᶦʋ]
desarmar (vt)	relvituks tegema	[relᶦʋituks tegema]
ordenar (vt)	käskima	[kæskima]
desaparecer (vi)	ära kaduma	[æra kaduma]

lei (f)	seadus	[seadus]
legal	seaduslik	[seaduslik]
ilegal	ebaseaduslik	[ebaseaduslik]

| responsabilidade (f) | vastutus | [ʋasᶦtutus] |
| responsável | vastutama | [ʋasᶦtutama] |

NATUREZA

A Terra. Parte 1

195. Espaço sideral

cosmos (m)	kosmos	[kosmos]
cósmico	kosmiline	[kosmiline]
espaço (m) cósmico	maailmaruum	[maːilʲmarʉːm]
mundo (m)	maailm	[maːilʲm]
universo (m)	universum	[uniʋersum]
galáxia (f)	galaktika	[galaktika]
estrela (f)	täht	[tæht]
constelação (f)	tähtkuju	[tæhtkuju]
planeta (m)	planeet	[planeːt]
satélite (m)	satelliit	[satelʲiːt]
meteorito (m)	meteoriit	[meteoriːt]
cometa (m)	komeet	[komeːt]
asteroide (m)	asteroid	[asʲterojt]
órbita (f)	orbiit	[orbiːt]
girar (vi)	keerlema	[keːrlema]
atmosfera (f)	atmosfäär	[atmosfæːr]
Sol (m)	Päike	[pæjke]
Sistema (m) Solar	Päikesesüsteem	[pæjkesesʉsʲteːm]
eclipse (m) solar	päiksevarjutus	[pæjkseʋarjutus]
Terra (f)	Maa	[maː]
Lua (f)	Kuu	[kuː]
Marte (m)	Marss	[marss]
Vénus (f)	Veenus	[ʋeːnus]
Júpiter (m)	Jupiter	[jupiter]
Saturno (m)	Saturn	[saturn]
Mercúrio (m)	Merkuur	[merkuːr]
Urano (m)	Uraan	[uraːn]
Neptuno (m)	Neptuun	[neptuːn]
Plutão (m)	Pluuto	[pluːto]
Via Láctea (f)	Linnutee	[linnuteː]
Ursa Maior (f)	Suur Vanker	[suːr ʋanker]
Estrela Polar (f)	Põhjanael	[pɜhjanaelʲ]
marciano (m)	marslane	[marslane]
extraterrestre (m)	võõra planeedi asukas	[ʋɜːra planeːdi asukas]

178

| alienígena (m) | tulnukas | [tulʲnukas] |
| disco (m) voador | lendav taldrik | [lendau talʲdrik] |

nave (f) espacial	kosmoselaev	[kosmoselaeu]
estação (f) orbital	orbitaaljaam	[orbita:lja:m]
lançamento (m)	start	[sʲtart]

motor (m)	mootor	[mo:tor]
bocal (m)	düüs	[dʉ:s]
combustível (m)	kütus	[kʉtus]

cabine (f)	kabiin	[kabi:n]
antena (f)	antenn	[antenn]
vigia (f)	illuminaator	[ilʲumina:tor]
bateria (f) solar	päikesepatarei	[pæjkesepatarej]
traje (m) espacial	skafander	[skafander]

| imponderabilidade (f) | kaaluta olek | [ka:luta olek] |
| oxigénio (m) | hapnik | [hapnik] |

| acoplagem (f) | põkkumine | [pɜkkumine] |
| fazer uma acoplagem | põkkama | [pɜkkama] |

observatório (m)	observatoorium	[obseruato:rium]
telescópio (m)	teleskoop	[telesko:p]
observar (vt)	jälgima	[jælʲgima]
explorar (vt)	uurima	[u:rima]

196. A Terra

Terra (f)	Maa	[ma:]
globo terrestre (Terra)	maakera	[ma:kera]
planeta (m)	planeet	[plane:t]

atmosfera (f)	atmosfäär	[atmosfæ:r]
geografia (f)	geograafia	[geogra:fia]
natureza (f)	loodus	[lo:dus]

globo (mapa esférico)	gloobus	[glo:bus]
mapa (m)	kaart	[ka:rt]
atlas (m)	atlas	[atlas]

| Europa (f) | Euroopa | [euro:pa] |
| Ásia (f) | Aasia | [a:sia] |

| África (f) | Aafrika | [a:frika] |
| Austrália (f) | Austraalia | [ausʲtra:lia] |

América (f)	Ameerika	[ame:rika]
América (f) do Norte	Põhja-Ameerika	[pɜhja-ame:rika]
América (f) do Sul	Lõuna-Ameerika	[lɜuna-ame:rika]

| Antártida (f) | Antarktis | [antarktis] |
| Ártico (m) | Arktika | [arktika] |

197. Pontos cardeais

norte (m)	põhi	[pɜhi]
para norte	põhja	[pɜhja]
no norte	põhjas	[pɜhjas]
do norte	põhja-	[pɜhja-]
sul (m)	lõuna	[lɜuna]
para sul	lõunasse	[lɜunasse]
no sul	lõunas	[lɜunas]
do sul	lõuna-	[lɜuna-]
oeste, ocidente (m)	lääs	[lʲæːs]
para oeste	läände	[lʲæːnde]
no oeste	läänes	[lʲæːnes]
ocidental	lääne-	[lʲæːne-]
leste, oriente (m)	ida	[ida]
para leste	itta	[itta]
no leste	idas	[idas]
oriental	ida-	[ida-]

198. Mar. Oceano

mar (m)	meri	[meri]
oceano (m)	ookean	[oːkean]
golfo (m)	laht	[laht]
estreito (m)	väin	[ʋæjn]
terra (f) firme	maismaa	[maismaː]
continente (m)	manner	[manner]
ilha (f)	saar	[saːr]
península (f)	poolsaar	[poːlʲsaːr]
arquipélago (m)	arhipelaag	[arhipelaːg]
baía (f)	laht	[laht]
porto (m)	sadam	[sadam]
lagoa (f)	laguun	[laguːn]
cabo (m)	neem	[neːm]
atol (m)	atoll	[atolʲ]
recife (m)	riff	[riff]
coral (m)	korall	[koralʲ]
recife (m) de coral	korallrahu	[koralʲrahu]
profundo	sügav	[sɤgaʊ]
profundidade (f)	sügavus	[sɤgaʊus]
abismo (m)	sügavik	[sɤgaʊik]
fossa (f) oceânica	nõgu	[nɜgu]
corrente (f)	hoovus	[hoːʊus]
banhar (vt)	uhtuma	[uhtuma]
litoral (m)	rand	[rant]

costa (f)	rannik	[rannik]
maré (f) alta	tõus	[tɜus]
refluxo (m), maré (f) baixa	mõõn	[mɜ:n]
restinga (f)	madalik	[madalik]
fundo (m)	põhi	[pɜhi]

onda (f)	laine	[laine]
crista (f) da onda	lainehari	[lainehari]
espuma (f)	vaht	[ʋaht]

tempestade (f)	torm	[torm]
furacão (m)	orkaan	[orka:n]
tsunami (m)	tsunami	[tsunami]
calmaria (f)	tuulevaikus	[tu:leʋaikus]
calmo	rahulik	[rahulik]

| polo (m) | poolus | [po:lus] |
| polar | polaar- | [pola:r-] |

latitude (f)	laius	[laius]
longitude (f)	pikkus	[pikkus]
paralela (f)	paralleel	[paralʲe:lʲ]
equador (m)	ekvaator	[ekʋa:tor]

céu (m)	taevas	[taeʋas]
horizonte (m)	silmapiir	[silʲmapi:r]
ar (m)	õhk	[ɜhk]

farol (m)	majakas	[majakas]
mergulhar (vi)	sukelduma	[sukelʲduma]
afundar-se (vr)	uppuma	[uppuma]
tesouros (m pl)	aarded	[a:rdet]

199. Nomes de Mares e Oceanos

Oceano (m) Atlântico	Atlandi ookean	[atlandi o:kean]
Oceano (m) Índico	India ookean	[india o:kean]
Oceano (m) Pacífico	Vaikne ookean	[ʋaikne o:kean]
Oceano (m) Ártico	Põhja-Jäämeri	[pɜhja-jæ:meri]

Mar (m) Negro	Must meri	[musʲt meri]
Mar (m) Vermelho	Punane meri	[punane meri]
Mar (m) Amarelo	Kollane meri	[kolʲæne meri]
Mar (m) Branco	Valge meri	[ʋalʲge meri]

Mar (m) Cáspio	Kaspia meri	[kaspia meri]
Mar (m) Morto	Surnumeri	[surnumeri]
Mar (m) Mediterrâneo	Vahemeri	[ʋahemeri]

| Mar (m) Egeu | Egeuse meri | [egeuse meri] |
| Mar (m) Adriático | Aadria meri | [a:dria meri] |

| Mar (m) Arábico | Araabia meri | [ara:bia meri] |
| Mar (m) do Japão | Jaapani meri | [ja:pani meri] |

Mar (m) de Bering	Beringi meri	[beringi meri]
Mar (m) da China Meridional	Lõuna-Hiina meri	[lɜuna-hi:na meri]
Mar (m) de Coral	Korallide meri	[koralʲide meri]
Mar (m) de Tasman	Tasmaania meri	[tasma:nia meri]
Mar (m) do Caribe	Kariibi meri	[kari:bi meri]
Mar (m) de Barents	Barentsi meri	[barentsi meri]
Mar (m) de Kara	Kara meri	[kara meri]
Mar (m) do Norte	Põhjameri	[pɜhjameri]
Mar (m) Báltico	Läänemeri	[lʲæ:nemeri]
Mar (m) da Noruega	Norra meri	[norra meri]

200. Montanhas

montanha (f)	mägi	[mægi]
cordilheira (f)	mäeahelik	[mæeahelik]
serra (f)	mäeahelik	[mæeahelik]
cume (m)	tipp	[tipp]
pico (m)	mäetipp	[mæetipp]
sopé (m)	jalam	[jalam]
declive (m)	nõlv	[nɜlʲʋ]
vulcão (m)	vulkaan	[ʋulʲka:n]
vulcão (m) ativo	tegutsev vulkaan	[tegutseʋ ʋulʲka:n]
vulcão (m) extinto	kustunud vulkaan	[kusʲtunut ʋulʲka:n]
erupção (f)	vulkaanipurse	[ʋulʲka:nipurse]
cratera (f)	kraater	[kra:ter]
magma (m)	magma	[magma]
lava (f)	laava	[la:ʋa]
fundido (lava ~a)	hõõguv	[hɜ:guʋ]
desfiladeiro (m)	kanjon	[kanjon]
garganta (f)	kuristik, taarn	[kurisʲtik, ta:rn]
fenda (f)	kaljulõhe	[kaljulɜhe]
precipício (m)	kuristik	[kurisʲtik]
passo, colo (m)	kuru	[kuru]
planalto (m)	platoo	[plato:]
falésia (f)	kalju	[kalju]
colina (f)	küngas	[kʉngas]
glaciar (m)	liustik	[liusʲtik]
queda (f) d'água	juga	[juga]
géiser (m)	geiser	[gejser]
lago (m)	järv	[jærʋ]
planície (f)	lausmaa	[lausma:]
paisagem (f)	maastik	[ma:sʲtik]
eco (m)	kaja	[kaja]
alpinista (m)	alpinist	[alʲpinisʲt]

escalador (m)	kaljuronija	[kaljuronija]
conquistar (vt)	vallutama	[ʋalʲutama]
subida, escalada (f)	mäkketõus	[mækketɜus]

201. Nomes de montanhas

Alpes (m pl)	Alpid	[alʲpit]
monte Branco (m)	Mont Blanc	[mon blan]
Pirineus (m pl)	Püreneed	[pɨrene:t]

Cárpatos (m pl)	Karpaadid	[karpa:dit]
montes (m pl) Urais	Uurali mäed	[u:rali mæət]
Cáucaso (m)	Kaukasus	[kaukasus]
Elbrus (m)	Elbrus	[elʲbrus]

Altai (m)	Altai	[alʲtai]
Tian Shan (m)	Tjan-Šan	[tjanʃan]
Pamir (m)	Pamiir	[pami:r]
Himalaias (m pl)	Himaalaja	[hima:laja]
monte (m) Everest	Everest	[eʋeresʲt]

| Cordilheira (f) dos Andes | Andid | [andit] |
| Kilimanjaro (m) | Kilimandžaaro | [kilimandʒa:ro] |

202. Rios

rio (m)	jõgi	[jɜgi]
fonte, nascente (f)	allikas	[alʲikas]
leito (m) do rio	säng	[sæng]
bacia (f)	bassein	[bassejn]
desaguar no ...	suubuma	[su:buma]

| afluente (m) | lisajõgi | [lisajɜgi] |
| margem (do rio) | kallas | [kalʲæs] |

corrente (f)	vool	[ʋo:lʲ]
rio abaixo	allavoolu	[alʲæʋo:lu]
rio acima	ülesvoolu	[ɨlesʋo:lu]

inundação (f)	üleujutus	[ɨleujutus]
cheia (f)	suurvesi	[su:rʋesi]
transbordar (vi)	üle ujutama	[ɨle ujutama]
inundar (vt)	uputama	[uputama]

| banco (m) de areia | madalik | [madalik] |
| rápidos (m pl) | lävi | [lʲæʋi] |

barragem (f)	pais	[pais]
canal (m)	kanal	[kanalʲ]
reservatório (m) de água	veehoidla	[ʋe:hojtla]
eclusa (f)	lüüs	[lʉ:s]
corpo (m) de água	veekogu	[ʋe:kogu]

pântano (m)	soo	[so:]
tremedal (m)	õõtssoo	[ɜːtsso:]
remoinho (m)	veekeeris	[ʋeːkeːris]

arroio, regato (m)	oja	[oja]
potável	joogi-	[joːgi-]
doce (água)	mage-	[mage-]

gelo (m)	jää	[jæː]
congelar-se (vr)	külmuma	[kʉlʲmuma]

203. Nomes de rios

rio Sena (m)	Seine	[sen]
rio Loire (m)	Loire	[luaːr]

rio Tamisa (m)	Thames	[tems]
rio Reno (m)	Rein	[rejn]
rio Danúbio (m)	Doonau	[doːnau]

rio Volga (m)	Volga	[ʋolʲga]
rio Don (m)	Don	[don]
rio Lena (m)	Leena	[leːna]

rio Amarelo (m)	Huang He	[huanhe]
rio Yangtzé (m)	Jangtse	[jangtse]
rio Mekong (m)	Mekong	[mekong]
rio Ganges (m)	Ganges	[ganges]

rio Nilo (m)	Niilus	[niːlus]
rio Congo (m)	Kongo	[kongo]
rio Cubango (m)	Okavango	[okaʋango]
rio Zambeze (m)	Zambezi	[sambesi]
rio Limpopo (m)	Limpopo	[limpopo]
rio Mississípi (m)	Mississippi	[misisippi]

204. Floresta

floresta (f), bosque (m)	mets	[mets]
florestal	metsa-	[metsa-]

mata (f) cerrada	tihnik	[tihnik]
arvoredo (m)	salu	[salu]
clareira (f)	lagendik	[lagendik]

matagal (m)	padrik	[padrik]
mato (m)	põõsastik	[pɜːsasʲtik]

vereda (f)	jalgrada	[jalʲgrada]
ravina (f)	jäärak	[jæːrak]
árvore (f)	puu	[puː]
folha (f)	leht	[leht]

folhagem (f)	lehestik	[lehes'tik]
queda (f) das folhas	lehtede langemine	[lehtede langemine]
cair (vi)	langema	[langema]
topo (m)	latv	[latʋ]
ramo (m)	oks	[oks]
galho (m)	oks	[oks]
botão, rebento (m)	pung	[pung]
agulha (f)	okas	[okas]
pinha (f)	käbi	[kæbi]
buraco (m) de árvore	puuõõs	[pu:ɜ:s]
ninho (m)	pesa	[pesa]
toca (f)	urg	[urg]
tronco (m)	tüvi	[tɐʋi]
raiz (f)	juur	[ju:r]
casca (f) de árvore	koor	[ko:r]
musgo (m)	sammal	[sammaľ]
arrancar pela raiz	juurima	[ju:rima]
cortar (vt)	raiuma	[raiuma]
desflorestar (vt)	maha raiuma	[maha raiuma]
toco, cepo (m)	känd	[kænt]
fogueira (f)	lõke	[lɜke]
incêndio (m) florestal	tulekahju	[tulekahju]
apagar (vt)	kustutama	[kus'tutama]
guarda-florestal (m)	metsavaht	[metsaʋaht]
proteção (f)	taimekaitse	[taimekaitse]
proteger (a natureza)	looduskaitse	[lo:duskaitse]
caçador (m) furtivo	salakütt	[salakɐtt]
armadilha (f)	püünis	[pɐ:nis]
colher (cogumelos, bagas)	korjama	[korjama]
perder-se (vr)	ära eksima	[æra eksima]

205. Recursos naturais

recursos (m pl) naturais	loodusvarad	[lo:dusʋarat]
minerais (m pl)	maavarad	[ma:ʋarat]
depósitos (m pl)	lademed	[lademet]
jazida (f)	leiukoht	[lejukoht]
extrair (vt)	kaevandama	[kaeʋandama]
extração (f)	kaevandamine	[kaeʋandamine]
minério (m)	maak	[ma:k]
mina (f)	kaevandus	[kaeʋandus]
poço (m) de mina	šaht	[ʃaht]
mineiro (m)	kaevur	[kaeʋur]
gás (m)	gaas	[ga:s]
gasoduto (m)	gaasijuhe	[ga:sijuhe]

petróleo (m)	nafta	[nafta]
oleoduto (m)	naftajuhe	[naftajuhe]
poço (m) de petróleo	nafta puurtorn	[nafta pu:rtorn]
torre (f) petrolífera	puurtorn	[pu:rtorn]
petroleiro (m)	tanker	[tanker]

areia (f)	liiv	[li:ʊ]
calcário (m)	paekivi	[paekiʊi]
cascalho (m)	kruus	[kru:s]
turfa (f)	turvas	[turʋas]
argila (f)	savi	[saʋi]
carvão (m)	süsi	[sʉsi]

ferro (m)	raud	[raut]
ouro (m)	kuld	[kulʲt]
prata (f)	hõbe	[hɔbe]
níquel (m)	nikkel	[nikkelʲ]
cobre (m)	vask	[ʋask]

zinco (m)	tsink	[tsink]
manganês (m)	mangaan	[manga:n]
mercúrio (m)	elavhõbe	[elaʊhɔbe]
chumbo (m)	seatina	[seatina]

mineral (m)	mineraal	[minera:lʲ]
cristal (m)	kristall	[krisʲtalʲ]
mármore (m)	marmor	[marmor]
urânio (m)	uraan	[ura:n]

A Terra. Parte 2

206. Tempo

tempo (m)	ilm	[ilʲm]
previsão (f) do tempo	ilmaennustus	[ilʲmaennusʲtus]
temperatura (f)	temperatuur	[temperatu:r]
termómetro (m)	kraadiklaas	[kra:dikla:s]
barómetro (m)	baromeeter	[barome:ter]
húmido	niiske	[ni:ske]
humidade (f)	niiskus	[ni:skus]
calor (m)	kuumus	[ku:mus]
cálido	kuum	[ku:m]
está muito calor	on kuum	[on ku:m]
está calor	soojus	[so:jus]
quente	soe	[soe]
está frio	on külm	[on kʉlʲm]
frio	külm	[kʉlʲm]
sol (m)	päike	[pæɛjke]
brilhar (vi)	paistma	[paisʲtma]
de sol, ensolarado	päikseline	[pæɛjkseline]
nascer (vi)	tõusma	[tɜusma]
pôr-se (vr)	loojuma	[lo:juma]
nuvem (f)	pilv	[pilʲʋ]
nublado	pilves	[pilʲʋes]
nuvem (f) preta	pilv	[pilʲʋ]
escuro, cinzento	sompus	[sompus]
chuva (f)	vihm	[ʋihm]
está a chover	vihma sajab	[ʋihma sajab]
chuvoso	vihmane	[ʋihmane]
chuviscar (vi)	tibutama	[tibutama]
chuva (f) torrencial	paduvihm	[paduʋihm]
chuvada (f)	hoovihm	[ho:ʋihm]
forte (chuva)	tugev	[tugeʋ]
poça (f)	lomp	[lomp]
molhar-se (vr)	märjaks saama	[mæɛrjaks sa:ma]
nevoeiro (m)	udu	[udu]
de nevoeiro	udune	[udune]
neve (f)	lumi	[lumi]
está a nevar	lund sajab	[lunt sajab]

207. Tempo extremo. Catástrofes naturais

trovoada (f)	äike	[æjke]
relâmpago (m)	välk	[υælʲk]
relampejar (vi)	välku lööma	[υælʲku lø:ma]
trovão (m)	kõu	[kɜu]
trovejar (vi)	müristama	[murisʲtama]
está a trovejar	müristab	[murisʲtab]
granizo (m)	rahe	[rahe]
está a cair granizo	rahet sajab	[rahet sajab]
inundar (vt)	üle ujutama	[ule ujutama]
inundação (f)	üleujutus	[uleujutus]
terremoto (m)	maavärin	[ma:υærin]
abalo, tremor (m)	tõuge	[tɜuge]
epicentro (m)	epitsenter	[epitsenter]
erupção (f)	vulkaanipurse	[υulʲka:nipurse]
lava (f)	laava	[la:υa]
turbilhão (m)	tromb	[tromb]
tornado (m)	tornaado	[torna:do]
tufão (m)	taifuun	[taifu:n]
furacão (m)	orkaan	[orka:n]
tempestade (f)	torm	[torm]
tsunami (m)	tsunami	[tsunami]
ciclone (m)	tsüklon	[tsuklon]
mau tempo (m)	halb ilm	[halʲb ilʲm]
incêndio (m)	tulekahju	[tulekahju]
catástrofe (f)	katastroof	[katasʲtro:f]
meteorito (m)	meteoriit	[meteori:t]
avalanche (f)	laviin	[laυi:n]
deslizamento (m) de neve	varing	[υaring]
nevasca (f)	lumetorm	[lumetorm]
tempestade (f) de neve	tuisk	[tuisk]

208. Ruídos. Sons

silêncio (m)	vaikus	[υaikus]
som (m)	heli	[heli]
ruído, barulho (m)	lärm	[lʲærm]
fazer barulho	lärmama	[lʲærmama]
ruidoso, barulhento	lärmakas	[lʲærmakas]
alto (adv)	valjusti	[υaljusʲti]
alto (adj)	vali	[υali]
constante (ruído, etc.)	pidev	[pideυ]

grito (m)	karje	[karje]
gritar (vi)	karjuma	[karjuma]
sussurro (m)	sosin	[sosin]
sussurrar (vt)	sosistama	[sosisʲtama]

latido (m)	haukumine	[haukumine]
latir (vi)	haukuma	[haukuma]

gemido (m)	oie	[oje]
gemer (vi)	oigama	[ojgama]
tosse (f)	köha	[køha]
tossir (vi)	köhima	[køhima]

assobio (m)	vile	[ʋile]
assobiar (vi)	vilistama	[ʋilisʲtama]
batida (f)	koputus	[koputus]
bater (vi)	koputama	[koputama]

estalar (vi)	ragisema	[ragisema]
estalido (m)	ragin	[ragin]

sirene (f)	sireen	[sire:n]
apito (m)	vile	[ʋile]
apitar (vi)	undama	[undama]
buzina (f)	signaal	[signa:lʲ]
buzinar (vi)	signaali andma	[signa:li andma]

209. Inverno

inverno (m)	talv	[talʲʋ]
de inverno	talvine	[talʲʋine]
no inverno	talvel	[talʲʋelʲ]

neve (f)	lumi	[lumi]
está a nevar	lund sajab	[lunt sajab]
queda (f) de neve	lumesadu	[lumesadu]
amontoado (m) de neve	hang	[hang]

floco (m) de neve	lumehelbeke	[lumehelʲbeke]
bola (f) de neve	lumepall	[lumepalʲ]
boneco (m) de neve	lumememm	[lumememm]
sincelo (m)	purikas	[purikas]

dezembro (m)	detsember	[detsember]
janeiro (m)	jaanuar	[ja:nuar]
fevereiro (m)	veebruar	[ʋe:bruar]

gelo (m)	pakane	[pakane]
gelado, glacial	pakasene	[pakasene]

abaixo de zero	alla nulli	[alʲæ nulʲi]
geada (f)	öökülmad	[ø:kʉlʲmat]
geada (f) branca	härmatis	[hærmatis]
frio (m)	külm	[kʉlʲm]

está frio	külmalt	[kʉlʲmalʲt]
casaco (m) de peles	kasukas	[kasukas]
mitenes (f pl)	labakindad	[labakindat]

adoecer (vi)	haigeks jääma	[haigeks jæ:ma]
constipação (f)	külmetus	[kʉlʲmetus]
constipar-se (vr)	külmetuma	[kʉlʲmetuma]

gelo (m)	jää	[jæ:]
gelo (m) na estrada	kiilasjää	[ki:lasjæ:]
congelar-se (vr)	külmuma	[kʉlʲmuma]
bloco (m) de gelo	jääpank	[jæ:pank]

esqui (m)	suusad	[su:sat]
esquiador (m)	suusataja	[su:sataja]
esquiar (vi)	suusatama	[su:satama]
patinar (vi)	uisutama	[uisutama]

Fauna

210. Mamíferos. Predadores

predador (m)	kiskja	[kiskja]
tigre (m)	tiiger	[ti:ger]
leão (m)	lövi	[lɜʋi]
lobo (m)	hunt	[hunt]
raposa (f)	rebane	[rebane]

jaguar (m)	jaaguar	[ja:guar]
leopardo (m)	leopard	[leopart]
chita (f)	gepard	[gepart]

pantera (f)	panter	[panter]
puma (m)	puuma	[pu:ma]
leopardo-das-neves (m)	lumeleopard	[lumeleopart]
lince (m)	ilves	[ilʲʋes]

coiote (m)	koiott	[kojott]
chacal (m)	šaakal	[ʃa:kalʲ]
hiena (f)	hüään	[hʉæ:n]

211. Animais selvagens

| animal (m) | loom | [lo:m] |
| besta (f) | metsloom | [metslo:m] |

esquilo (m)	orav	[oraʋ]
ouriço (m)	siil	[si:lʲ]
lebre (f)	jänes	[jænes]
coelho (m)	küülik	[kʉ:lik]

texugo (m)	mäger	[mæger]
guaxinim (m)	pesukaru	[pesukaru]
hamster (m)	hamster	[hamsʲter]
marmota (f)	koopaorav	[ko:paoraʋ]

toupeira (f)	mutt	[mutt]
rato (m)	hiir	[hi:r]
ratazana (f)	rott	[rott]
morcego (m)	nahkhiir	[nahkhi:r]

arminho (m)	kärp	[kærp]
zibelina (f)	soobel	[so:belʲ]
marta (f)	nugis	[nugis]
doninha (f)	nirk	[nirk]
vison (m)	naarits	[na:rits]

castor (m)	kobras	[kobras]
lontra (f)	saarmas	[sa:rmas]

cavalo (m)	hobune	[hobune]
alce (m)	põder	[pɜder]
veado (m)	põhjapõder	[pɜhjapɜder]
camelo (m)	kaamel	[ka:melʲ]

bisão (m)	piison	[pi:son]
auroque (m)	euroopa piison	[euro:pa pi:son]
búfalo (m)	pühvel	[pɯhʋelʲ]

zebra (f)	sebra	[sebra]
antílope (m)	antiloop	[antilo:p]
corça (f)	metskits	[metskits]
gamo (m)	kabehirv	[kabehirʋ]
camurça (f)	mägikits	[mægikits]
javali (m)	metssiga	[metssiga]

baleia (f)	vaal	[ʋa:lʲ]
foca (f)	hüljes	[hɯljes]
morsa (f)	merihobu	[merihobu]
urso-marinho (m)	kotik	[kotik]
golfinho (m)	delfiin	[delfi:n]

urso (m)	karu	[karu]
urso (m) branco	jääkaru	[jæ:karu]
panda (m)	panda	[panda]

macaco (em geral)	ahv	[ahʋ]
chimpanzé (m)	šimpans	[ʃimpans]
orangotango (m)	orangutang	[orangutang]
gorila (m)	gorilla	[gorilʲæ]
macaco (m)	makaak	[maka:k]
gibão (m)	gibon	[gibon]

elefante (m)	elevant	[eleʋant]
rinoceronte (m)	ninasarvik	[ninasarʋik]
girafa (f)	kaelkirjak	[kaelʲkirjak]
hipopótamo (m)	jõehobu	[jɜehobu]

canguru (m)	känguru	[kænguru]
coala (m)	koaala	[koa:la]

mangusto (m)	mangust	[mangusʲt]
chinchila (m)	tšintšilja	[tʃintʃilja]
doninha-fedorenta (f)	skunk	[skunk]
porco-espinho (m)	okassiga	[okassiga]

212. Animais domésticos

gata (f)	kass	[kass]
gato (m) macho	kass	[kass]
cão (m)	koer	[koer]

cavalo (m)	hobune	[hobune]
garanhão (m)	täkk	[tækk]
égua (f)	mära	[mæra]
vaca (f)	lehm	[lehm]
touro (m)	pull	[pulʲ]
boi (m)	härg	[hærg]
ovelha (f)	lammas	[lammas]
carneiro (m)	oinas	[ojnas]
cabra (f)	kits	[kits]
bode (m)	sokk	[sokk]
burro (m)	eesel	[e:selʲ]
mula (f)	muul	[mu:lʲ]
porco (m)	siga	[siga]
leitão (m)	põrsas	[pɜrsas]
coelho (m)	küülik	[kʉ:lik]
galinha (f)	kana	[kana]
galo (m)	kukk	[kukk]
pata (f)	part	[part]
pato (macho)	sinikaelpart	[sinikaelʲpart]
ganso (m)	hani	[hani]
peru (m)	kalkun	[kalʲkun]
perua (f)	kalkun	[kalʲkun]
animais (m pl) domésticos	koduloomad	[kodulo:mat]
domesticado	kodustatud	[kodusʲtatut]
domesticar (vt)	taltsutama	[talʲtsutama]
criar (vt)	üles kasvatama	[ʉles kasʋatama]
quinta (f)	farm	[farm]
aves (f pl) domésticas	kodulinnud	[kodulinnut]
gado (m)	kariloomad	[karilo:mat]
rebanho (m), manada (f)	kari	[kari]
estábulo (m)	hobusetall	[hobusetalʲ]
pocilga (f)	sigala	[sigala]
estábulo (m)	lehmalaut	[lehmalaut]
coelheira (f)	küülikukasvandus	[kʉ:likukasʋandus]
galinheiro (m)	kanala	[kanala]

213. Cães. Raças de cães

cão (m)	koer	[koer]
cão pastor (m)	lambakoer	[lambakoer]
pastor-alemão (m)	saksa lambakoer	[saksa lambakoer]
caniche (m)	puudel	[pu:delʲ]
teckel (m)	taksikoer	[taksikoer]
buldogue (m)	buldog	[bulʲdog]

boxer (m)	bokser	[bokser]
mastim (m)	Mastif	[masʲtif]
rottweiler (m)	Rotveiler	[rotʊejler]
dobermann (m)	dobermann	[dobermann]

basset (m)	basset	[basset]
pastor inglês (m)	vana-inglise lambakoer	[ʊana-inglise lambakoer]
dálmata (m)	Dalmaatsia koer	[dalʲmaːtsia koer]
cocker spaniel (m)	kokkerspanjel	[kokkerspanjelʲ]

terra-nova (m)	Newfoundlandi koer	[njufauntlandi koer]
são-bernardo (m)	bernhardiin	[bernhardiːn]

husky (m)	siberi husky	[siberi husky]
Chow-chow (m)	Tšau-tšau	[tʃau-tʃau]
spitz alemão (m)	spits	[spits]
carlindogue (m)	mops	[mops]

214. Sons produzidos pelos animais

latido (m)	haukumine	[haukumine]
latir (vi)	haukuma	[haukuma]
miar (vi)	näuguma	[næuguma]
ronronar (vi)	nurru lööma	[nurru løːma]

mugir (vaca)	ammuma	[ammuma]
bramir (touro)	möirgama	[møirgama]
rosnar (vi)	urisema	[urisema]

uivo (m)	ulg	[ulʲg]
uivar (vi)	ulguma	[ulʲguma]
ganir (vi)	niutsuma	[niutsuma]

balir (vi)	määgima	[mæːgima]
grunhir (porco)	röhkima	[røhkima]
guinchar (vi)	vinguma	[ʊinguma]

coaxar (sapo)	krooksuma	[kroːksuma]
zumbir (inseto)	vinguma	[ʊinguma]
estridular, ziziar (vi)	siristama	[sirisʲtama]

215. Animais jovens

cria (f), filhote (m)	loomalaps	[loːmalaps]
gatinho (m)	kassipoeg	[kassipoeg]
ratinho (m)	hiirepoeg	[hiːrepoeg]
cãozinho (m)	kutsikas	[kutsikas]

filhote (m) de lebre	jänesepoeg	[jænesepoeg]
coelhinho (m)	küülikupoeg	[kʉːlikupoeg]
lobinho (m)	hundikutsikas	[hundikutsikas]
raposinho (m)	rebasekutsikas	[rebasekutsikas]

ursinho (m)	karupoeg	[karupoeg]
leãozinho (m)	lõvikutsikas	[lɜʋikutsikas]
filhote (m) de tigre	tiigrikutsikas	[ti:grikutsikas]
filhote (m) de elefante	elevandipoeg	[eleʋandipoeg]
leitão (m)	põrsas	[pɜrsas]
bezerro (m)	vasikas	[ʋasikas]
cabrito (m)	kitsetall	[kitsetalʲ]
cordeiro (m)	lambatall	[lambatalʲ]
cria (f) de veado	põdravasikas	[pɜdraʋasikas]
cria (f) de camelo	kaamelipoeg	[ka:melipoeg]
filhote (m) de serpente	ussipoeg	[ussipoeg]
cria (f) de rã	konnapoeg	[konnapoeg]
cria (f) de ave	linnupoeg	[linnupoeg]
pinto (m)	kanapoeg	[kanapoeg]
patinho (m)	pardipoeg	[pardipoeg]

216. Pássaros

pássaro (m), ave (f)	lind	[lint]
pombo (m)	tuvi	[tuʋi]
pardal (m)	varblane	[ʋarblane]
chapim-real (m)	tihane	[tihane]
pega-rabuda (f)	harakas	[harakas]
corvo (m)	ronk	[ronk]
gralha (f) cinzenta	vares	[ʋares]
gralha-de-nuca-cinzenta (f)	hakk	[hakk]
gralha-calva (f)	künnivares	[kʉnniʋares]
pato (m)	part	[part]
ganso (m)	hani	[hani]
faisão (m)	faasan	[fa:san]
águia (f)	kotkas	[kotkas]
açor (m)	kull	[kulʲ]
falcão (m)	kotkas	[kotkas]
abutre (m)	raisakull	[raisakulʲ]
condor (m)	kondor	[kondor]
cisne (m)	luik	[luik]
grou (m)	kurg	[kurg]
cegonha (f)	toonekurg	[to:nekurg]
papagaio (m)	papagoi	[papagoj]
beija-flor (m)	koolibri	[ko:libri]
pavão (m)	paabulind	[pa:bulint]
avestruz (m)	jaanalind	[ja:nalint]
garça (f)	haigur	[haigur]
flamingo (m)	flamingo	[flamingo]
pelicano (m)	pelikan	[pelikan]

rouxinol (m)	ööbik	[ø:bik]
andorinha (f)	suitsupääsuke	[suitsupæ:suke]

tordo-zornal (m)	rästas	[ræsʲtas]
tordo-músico (m)	laulurästas	[lauluræsʲtas]
melro-preto (m)	musträstas	[musʲtræsʲtas]

andorinhão (m)	piiripääsuke	[pi:ripæ:suke]
cotovia (f)	lõoke	[lɜoke]
codorna (f)	vutt	[ʋutt]

pica-pau (m)	rähn	[ræhn]
cuco (m)	kägu	[kægu]
coruja (f)	öökull	[ø:kulʲ]
corujão, bufo (m)	kakk	[kakk]
tetraz-grande (m)	metsis	[metsis]
tetraz-lira (m)	teder	[teder]
perdiz-cinzenta (f)	põldpüü	[pɜlʲtpʉ:]

estorninho (m)	kuldnokk	[kulʲdnokk]
canário (m)	kanaarilind	[kana:rilint]
galinha-do-mato (f)	laanepüü	[la:nepʉ:]
tentilhão (m)	metsvint	[metsʋint]
dom-fafe (m)	leevike	[le:ʋike]

gaivota (f)	kajakas	[kajakas]
albatroz (m)	albatross	[alʲbatross]
pinguim (m)	pingviin	[pinɡʋi:n]

217. Pássaros. Canto e sons

cantar (vi)	laulma	[laulʲma]
gritar (vi)	karjuma	[karjuma]
cantar (o galo)	kirema	[kirema]
cocorocó (m)	kikerikii	[kikeriki:]

cacarejar (vi)	kaagutama	[ka:gutama]
crocitar (vi)	kraaksuma	[kra:ksuma]
grasnar (vi)	prääksuma	[præ:ksuma]
piar (vi)	piiksuma	[pi:ksuma]
chilrear, gorjear (vi)	siristama	[sirisʲtama]

218. Peixes. Animais marinhos

brema (f)	latikas	[latikas]
carpa (f)	karpkala	[karpkala]
perca (f)	ahven	[ahʋen]
siluro (m)	säga	[sæga]
lúcio (m)	haug	[haug]

salmão (m)	lõhe	[lɜhe]
esturjão (m)	tuurakala	[tu:rakala]

arenque (m)	heeringas	[he:ringas]
salmão (m)	väärislõhe	[uæ:rislɜhe]
cavala, sarda (f)	skumbria	[skumbria]
solha (f)	lest	[lesʲt]
lúcio perca (m)	kohakala	[kohakala]
bacalhau (m)	tursk	[tursk]
atum (m)	tuunikala	[tu:nikala]
truta (f)	forell	[foreIʲ]
enguia (f)	angerjas	[angerjas]
raia elétrica (f)	elektrirai	[elektrirai]
moreia (f)	mureen	[mure:n]
piranha (f)	piraaja	[pira:ja]
tubarão (m)	haikala	[haikala]
golfinho (m)	delfiin	[delfi:n]
baleia (f)	vaal	[ua:lʲ]
caranguejo (m)	krabi	[krabi]
medusa, alforreca (f)	meduus	[medu:s]
polvo (m)	kaheksajalg	[kaheksajalʲg]
estrela-do-mar (f)	meritäht	[meritæht]
ouriço-do-mar (m)	merisiil	[merisi:lʲ]
cavalo-marinho (m)	merihobuke	[merihobuke]
ostra (f)	auster	[ausʲter]
camarão (m)	krevett	[kreuett]
lavagante (m)	homaar	[homa:r]
lagosta (f)	langust	[langusʲt]

219. Amfíbios. Répteis

serpente, cobra (f)	uss	[uss]
venenoso	mürgine	[mɐrgine]
víbora (f)	rästik	[ræsʲtik]
cobra-capelo, naja (f)	kobra	[kobra]
pitão (m)	püüton	[pɐ:ton]
jiboia (f)	boamadu	[boamadu]
cobra-de-água (f)	nastik	[nasʲtik]
cascavel (f)	lõgismadu	[lɜgismadu]
anaconda (f)	anakonda	[anakonda]
lagarto (m)	sisalik	[sisalik]
iguana (f)	iguaan	[igua:n]
varano (m)	varaan	[uara:n]
salamandra (f)	salamander	[salamander]
camaleão (m)	kameeleon	[kame:leon]
escorpião (m)	skorpion	[skorpion]
tartaruga (f)	kilpkonn	[kilʲpkonn]
rã (f)	konn	[konn]

| sapo (m) | kärnkonn | [kærnkonn] |
| crocodilo (m) | krokodill | [krokodilʲ] |

220. Insetos

inseto (m)	putukas	[putukas]
borboleta (f)	liblikas	[liblikas]
formiga (f)	sipelgas	[sipelʲgas]
mosca (f)	kärbes	[kærbes]
mosquito (m)	sääsk	[sæːsk]
escaravelho (m)	sitikas	[sitikas]

vespa (f)	herilane	[herilane]
abelha (f)	mesilane	[mesilane]
mamangava (f)	metsmesilane	[metsmesilane]
moscardo (m)	kiin	[kiːn]

| aranha (f) | ämblik | [æmblik] |
| teia (f) de aranha | ämblikuvõrk | [æmblikuʊɜrk] |

libélula (f)	kiil	[kiːlʲ]
gafanhoto-do-campo (m)	rohutirts	[rohutirts]
traça (f)	liblikas	[liblikas]

barata (f)	tarakan	[tarakan]
carraça (f)	puuk	[puːk]
pulga (f)	kirp	[kirp]
borrachudo (m)	kihulane	[kihulane]

gafanhoto (m)	rändtirts	[rændtirts]
caracol (m)	tigu	[tigu]
grilo (m)	ritsikas	[ritsikas]
pirilampo (m)	jaaniuss	[jaːniuss]
joaninha (f)	lepatriinu	[lepatriːnu]
besouro (m)	maipõrnikas	[maipɜrnikas]

sanguessuga (f)	kaan	[kaːn]
lagarta (f)	tõuk	[tɜuk]
minhoca (f)	vagel	[ʊagelʲ]
larva (f)	tõuk	[tɜuk]

221. Animais. Partes do corpo

bico (m)	nokk	[nokk]
asas (f pl)	tiivad	[tiːʊat]
pata (f)	jalg	[jalʲg]
plumagem (f)	sulestik	[sulesʲtik]
pena, pluma (f)	sulg	[sulʲg]
crista (f)	pappus	[pappus]

| brânquias, guelras (f pl) | lõpused | [lɜpuset] |
| ovas (f pl) | kalamari | [kalamari] |

larva (f)	vastne	[ʋasʲtne]
barbatana (f)	uim	[uim]
escama (f)	soomus	[so:mus]

canino (m)	kihv	[kihʋ]
pata (f)	käpp	[kæpp]
focinho (m)	nägu	[nægu]
boca (f)	koon	[ko:n]
cauda (f), rabo (m)	saba	[saba]
bigodes (m pl)	vurrud	[ʋurrut]

| casco (m) | kabi | [kabi] |
| corno (m) | sarv | [sarʋ] |

carapaça (f)	soomuskate	[so:muskate]
concha (f)	koda	[koda]
casca (f) de ovo	munakoor	[munako:r]

| pelo (m) | karvad | [karʋat] |
| pele (f), couro (m) | nahk | [nahk] |

222. Ações dos animais

| voar (vi) | lendama | [lendama] |
| dar voltas | keerlema | [ke:rlema] |

| voar (para longe) | ära lendama | [æra lendama] |
| bater as asas | lehvitama | [lehʋitama] |

| bicar (vi) | nokkima | [nokkima] |
| incubar (vt) | poegi välja hauduma | [poegi ʋælja hauduma] |

| sair do ovo | munast välja tulema | [munasʲt ʋælja tulema] |
| fazer o ninho | pesa punuma | [pesa punuma] |

rastejar (vi)	roomama	[ro:mama]
picar (vt)	nõelama	[nɜelama]
morder (vt)	hammustama	[hammusʲtama]

cheirar (vt)	nuusutama	[nu:sutama]
latir (vi)	haukuma	[haukuma]
silvar (vi)	susisema	[susisema]

| assustar (vt) | ehmatama | [ehmatama] |
| atacar (vt) | kallale tungima | [kalʲæle tungima] |

roer (vt)	närima	[nærima]
arranhar (vt)	kriimustama	[kri:musʲtama]
esconder-se (vr)	ennast ära peitma	[ennasʲt æra pejtma]

brincar (vi)	mängima	[mængima]
caçar (vi)	jahil käima	[jahilʲ kæjma]
hibernar (vi)	talveunes olema	[talʲʋeunes olema]
extinguir-se (vr)	välja surema	[ʋælja surema]

223. Animais. Habitats

hábitat	elukeskkond	[elukeskkont]
migração (f)	migratsioon	[migratsio:n]
montanha (f)	mägi	[mægi]
recife (m)	riff	[riff]
falésia (f)	kalju	[kalju]
floresta (f)	mets	[mets]
selva (f)	džungel	[dʒungelʲ]
savana (f)	savann	[sauann]
tundra (f)	tundra	[tundra]
estepe (f)	stepp	[sʲtepp]
deserto (m)	kõrb	[kɜrb]
oásis (m)	oaas	[oa:s]
mar (m)	meri	[meri]
lago (m)	järv	[jæru]
oceano (m)	ookean	[o:kean]
pântano (m)	soo	[so:]
de água doce	mageveeline	[mageue:line]
lagoa (f)	tiik	[ti:k]
rio (m)	jõgi	[jɜgi]
toca (f) do urso	karukoobas	[karuko:bas]
ninho (m)	pesa	[pesa]
buraco (m) de árvore	õõs	[ɜ:s]
toca (f)	urg	[urg]
formigueiro (m)	sipelgapesa	[sipelʲgapesa]

224. Cuidados com os animais

jardim (m) zoológico	loomaaed	[lo:ma:et]
reserva (f) natural	looduskaitseala	[lo:duskaitseala]
viveiro (m)	kasvandus	[kasuandus]
jaula (f) de ar livre	jooksuaed	[jo:ksuaet]
jaula, gaiola (f)	puur	[pu:r]
casinha (f) de cão	kuut	[ku:t]
pombal (m)	tuvila	[tuuila]
aquário (m)	akvaarium	[akua:rium]
delfinário (m)	delfinaarium	[delfina:rium]
criar (vt)	loomi pidama	[lo:mi pidama]
ninhada (f)	järglased	[jærglaset]
domesticar (vt)	taltsutama	[talʲtsutama]
adestrar (vt)	dresseerima	[dresse:rima]
ração (f)	sööt	[sø:t]
alimentar (vt)	söötma	[sø:tma]

loja (f) de animais	zookauplus	[zo:kauplus]
açaime (m)	suukorv	[su:koru]
coleira (f)	kaelarihm	[kaelarihm]
nome (m)	nimi	[nimi]
pedigree (m)	sugupuu	[sugupu:]

225. Animais. Diversos

alcateia (f)	hundikari	[hundikari]
bando (pássaros)	linnuparv	[linnuparu]
cardume (peixes)	kalaparv	[kalaparu]
manada (cavalos)	hobusekari	[hobusekari]

| macho (m) | isasloom | [isaslo:m] |
| fêmea (f) | emasloom | [emaslo:m] |

faminto	näljane	[næljane]
selvagem	metsik	[metsik]
perigoso	ohtlik	[ohtlik]

226. Cavalos

| cavalo (m) | hobune | [hobune] |
| raça (f) | tõug | [tɜug] |

| potro (m) | varss | [uarss] |
| égua (f) | mära | [mæra] |

mustangue (m)	mustang	[musˈtang]
pónei (m)	poni	[poni]
cavalo (m) de tiro	raskeveohobune	[raskeueohobune]

| crina (f) | lakk | [lakk] |
| cauda (f) | saba | [saba] |

casco (m)	kabi	[kabi]
ferradura (f)	hobuseraud	[hobuseraut]
ferrar (vt)	hobust rautama	[hobusˈt rautama]
ferreiro (m)	sepp	[sepp]

sela (f)	sadul	[sadulʲ]
estribo (m)	jalus	[jalus]
brida (f)	valjad	[ualjat]
rédeas (f pl)	ohjad	[ohjat]
chicote (m)	piits	[pi:ts]

cavaleiro (m)	ratsutaja	[ratsutaja]
colocar sela	saduldama	[sadulʲdama]
montar no cavalo	sadulasse istuma	[sadulasse isˈtuma]

| galope (m) | galopp | [galopp] |
| galopar (vi) | galoppi sõitma | [galoppi sɜitma] |

trote (m)	traav	[tra:ʊ]
a trote	traavi	[tra:ʊi]
ir a trote	traavi sõitma	[tra:ʊi sɜitma]
cavalo (m) de corrida	ratsahobune	[ratsahobune]
corridas (f pl)	ratsavõistlused	[ratsaʊɜisʲtluset]
estábulo (m)	hobusetall	[hobusetalʲ]
alimentar (vt)	söötma	[sø:tma]
feno (m)	hein	[hejn]
dar água	jootma	[jo:tma]
limpar (vt)	puhastama	[puhasʲtama]
carroça (f)	kaarik	[ka:rik]
pastar (vi)	karjamaal olema	[karjama:lʲ olema]
relinchar (vi)	hirnuma	[hirnuma]
dar um coice	jalaga lööma	[jalaga lø:ma]

Flora

227. Árvores

árvore (f)	puu	[pu:]
decídua	lehtpuu	[lehtpu:]
conífera	okaspuu	[okaspu:]
perene	igihaljas	[igihaljas]
macieira (f)	õunapuu	[ɜunapu:]
pereira (f)	pirnipuu	[pirnipu:]
cerejeira (f)	murelipuu	[murelipu:]
ginjeira (f)	kirsipuu	[kirsipu:]
ameixeira (f)	ploomipuu	[plo:mipu:]
bétula (f)	kask	[kask]
carvalho (m)	tamm	[tamm]
tília (f)	pärn	[pærn]
choupo-tremedor (m)	haav	[ha:ʊ]
bordo (m)	vaher	[ʊaher]
espruce-europeu (m)	kuusk	[ku:sk]
pinheiro (m)	mänd	[mænt]
alerce, lariço (m)	lehis	[lehis]
abeto (m)	nulg	[nulʲg]
cedro (m)	seeder	[se:der]
choupo, álamo (m)	pappel	[pappelʲ]
tramazeira (f)	pihlakas	[pihlakas]
salgueiro (m)	paju	[paju]
amieiro (m)	lepp	[lepp]
faia (f)	pöök	[pø:k]
ulmeiro (m)	jalakas	[jalakas]
freixo (m)	saar	[sa:r]
castanheiro (m)	kastan	[kasʲtan]
magnólia (f)	magnoolia	[magno:lia]
palmeira (f)	palm	[palʲm]
cipreste (m)	küpress	[kʉpress]
mangue (m)	mangroovipuu	[mangro:ʊipu:]
embondeiro, baobá (m)	ahvileivapuu	[ahʊilejʊapu:]
eucalipto (m)	eukalüpt	[eukalʉpt]
sequoia (f)	sekvoia	[sekʊoja]

228. Arbustos

arbusto (m)	põõsas	[pɜ:sas]
arbusto (m), moita (f)	põõsastik	[pɜ:sasʲtik]

| videira (f) | viinamarjad | [ʋi:namarjat] |
| vinhedo (m) | viinamarjaistandus | [ʋi:namarjaisˈtandus] |

framboeseira (f)	vaarikas	[ʋa:rikas]
groselheira-preta (f)	mustsõstra põõsas	[musˈt sɜsˈtra pɜ:sas]
groselheira-vermelha (f)	punane sõstar põõsas	[punane sɜsˈtar pɜ:sas]
groselheira (f) espinhosa	karusmari	[karusmari]

acácia (f)	akaatsia	[aka:tsia]
bérberis (f)	kukerpuu	[kukerpu:]
jasmim (m)	jasmiin	[jasmi:n]

junípero (m)	kadakas	[kadakas]
roseira (f)	roosipõõsas	[ro:sipɜ:sas]
roseira (f) brava	kibuvits	[kibuʋits]

229. Cogumelos

cogumelo (m)	seen	[se:n]
cogumelo (m) comestível	söödav seen	[sø:daʋ se:n]
cogumelo (m) venenoso	mürgine seen	[mɤrgine se:n]
chapéu (m)	seenekübar	[se:nekubar]
pé, caule (m)	seenejalg	[se:nejalˈg]

boleto (m)	kivipuravik	[kiʋipuraʋik]
boleto (m) alaranjado	haavapuravik	[ha:ʋapuraʋik]
míscaro (m) das bétulas	kasepuravik	[kasepuraʋik]
cantarela (f)	kukeseen	[kukese:n]
rússula (f)	pilvik	[pilˈʋik]

morchella (f)	mürkel	[mɤrkelˈ]
agário-das-moscas (m)	kärbseseen	[kærbsese:n]
cicuta (f) verde	sitaseen	[sitase:n]

230. Frutos. Bagas

fruta (f)	puuvili	[pu:ʋili]
frutas (f pl)	puuviljad	[pu:ʋiljat]
maçã (f)	õun	[ɜun]
pera (f)	pirn	[pirn]
ameixa (f)	ploom	[plo:m]

morango (m)	aedmaasikas	[aedma:sikas]
ginja (f)	kirss	[kirss]
cereja (f)	murel	[murelˈ]
uva (f)	viinamarjad	[ʋi:namarjat]

framboesa (f)	vaarikas	[ʋa:rikas]
groselha (f) preta	must sõstar	[musˈt sɜsˈtar]
groselha (f) vermelha	punane sõstar	[punane sɜsˈtar]
groselha (f) espinhosa	karusmari	[karusmari]
oxicoco (m)	jõhvikas	[jɜhʋikas]

laranja (f)	apelsin	[apelʲsin]
tangerina (f)	mandariin	[mandari:n]
ananás (m)	ananass	[ananass]
banana (f)	banaan	[bana:n]
tâmara (f)	dattel	[dattelʲ]

limão (m)	sidrun	[sidrun]
damasco (m)	aprikoos	[apriko:s]
pêssego (m)	virsik	[ʋirsik]
kiwi (m)	kiivi	[ki:ʋi]
toranja (f)	greip	[grejp]

baga (f)	mari	[mari]
bagas (f pl)	marjad	[marjat]
arando (m) vermelho	pohlad	[pohlat]
morango-silvestre (m)	maasikas	[ma:sikas]
mirtilo (m)	mustikas	[musʲtikas]

231. Flores. Plantas

| flor (f) | lill | [lilʲ] |
| ramo (m) de flores | lillekimp | [lilʲekimp] |

rosa (f)	roos	[ro:s]
tulipa (f)	tulp	[tulʲp]
cravo (m)	nelk	[nelʲk]
gladíolo (m)	gladiool	[gladio:lʲ]

centáurea (f)	rukkilill	[rukkililʲ]
campânula (f)	kellukas	[kelʲukas]
dente-de-leão (m)	võilill	[ʋɜililʲ]
camomila (f)	karikakar	[karikakar]

aloé (m)	aaloe	[a:loe]
cato (m)	kaktus	[kaktus]
fícus (m)	kummipuu	[kummipu:]

lírio (m)	liilia	[li:lia]
gerânio (m)	geraanium	[gera:nium]
jacinto (m)	hüatsint	[hüatsint]

mimosa (f)	mimoos	[mimo:s]
narciso (m)	nartsiss	[nartsiss]
capuchinha (f)	kress	[kress]

orquídea (f)	orhidee	[orhide:]
peónia (f)	pojeng	[pojeng]
violeta (f)	kannike	[kannike]

amor-perfeito (m)	võõrasemad	[ʋɜ:rasemat]
não-me-esqueças (m)	meelespea	[me:lespea]
margarida (f)	margareeta	[margare:ta]
papoula (f)	moon	[mo:n]
cânhamo (m)	kanep	[kanep]

hortelã (f)	piparmünt	[piparmʉnt]
lírio-do-vale (m)	maikelluke	[maikelʲuke]
campânula-branca (f)	lumikelluke	[lumikelʲuke]

urtiga (f)	nõges	[nɜges]
azeda (f)	hapuoblikas	[hapuoblikas]
nenúfar (m)	vesiroos	[ʋesiro:s]
feto (m), samambaia (f)	sõnajalg	[sɜnajalʲg]
líquen (m)	samblik	[samblik]

estufa (f)	kasvuhoone	[kasʋuho:ne]
relvado (m)	muru	[muru]
canteiro (m) de flores	lillepeenar	[lilʲepe:nar]

planta (f)	taim	[taim]
erva (f)	rohi	[rohi]
folha (f) de erva	rohulible	[rohulible]

folha (f)	leht	[leht]
pétala (f)	õieleht	[ɜieleht]
talo (m)	vars	[ʋars]
tubérculo (m)	sibul	[sibulʲ]

broto, rebento (m)	idu	[idu]
espinho (m)	okas	[okas]

florescer (vi)	õitsema	[ɜitsema]
murchar (vi)	närtsima	[nærtsima]
cheiro (m)	lõhn	[lɜhn]
cortar (flores)	lõikama	[lɜikama]
colher (uma flor)	murdma	[murdma]

232. Cereais, grãos

grão (m)	vili	[ʋili]
cereais (plantas)	teraviljad	[teraʋiljat]
espiga (f)	kõrs	[kɜrs]

trigo (m)	nisu	[nisu]
centeio (m)	rukis	[rukis]
aveia (f)	kaer	[kaer]

milho-miúdo (m)	hirss	[hirss]
cevada (f)	oder	[oder]

milho (m)	mais	[mais]
arroz (m)	riis	[ri:s]
trigo-sarraceno (m)	tatar	[tatar]

ervilha (f)	hernes	[hernes]
feijão (m)	aedoad	[aedoat]
soja (f)	soja	[soja]
lentilha (f)	lääts	[lʲæ:ts]
fava (f)	põldoad	[pɜlʲdoat]

233. Vegetais. Verduras

legumes (m pl)	juurviljad	[juːrʋiljat]
verduras (f pl)	maitseroheline	[maitseroheline]
tomate (m)	tomat	[tomat]
pepino (m)	kurk	[kurk]
cenoura (f)	porgand	[porgant]
batata (f)	kartul	[kartulʲ]
cebola (f)	sibul	[sibulʲ]
alho (m)	küüslauk	[kɐːslauk]
couve (f)	kapsas	[kapsas]
couve-flor (f)	lillkapsas	[lilʲkapsas]
couve-de-bruxelas (f)	brüsseli kapsas	[brɐsseli kapsas]
brócolos (m pl)	brokkoli	[brokkoli]
beterraba (f)	peet	[peːt]
beringela (f)	baklažaan	[baklaʒaːn]
curgete (f)	suvikõrvits	[suʋikɜrʋits]
abóbora (f)	kõrvits	[kɜrʋits]
nabo (m)	naeris	[naeris]
salsa (f)	petersell	[peterselʲ]
funcho, endro (m)	till	[tilʲ]
alface (f)	salat	[salat]
aipo (m)	seller	[selʲer]
espargo (m)	aspar	[aspar]
espinafre (m)	spinat	[spinat]
ervilha (f)	hernes	[hernes]
fava (f)	põldoad	[pɜlʲdoat]
milho (m)	mais	[mais]
feijão (m)	aedoad	[aedoat]
pimentão (m)	pipar	[pipar]
rabanete (m)	redis	[redis]
alcachofra (f)	artišokk	[artiʃokk]

GEOGRAFIA REGIONAL

Países. Nacionalidades

234. Europa Ocidental

Europa (f)	Euroopa	[euro:pa]
União (f) Europeia	Euroopa Liit	[euro:pa li:t]
europeu (m)	eurooplane	[euro:plane]
europeu	euroopa	[euro:pa]
Áustria (f)	Austria	[aus̪tria]
austríaco (m)	austerlane	[aus̪terlane]
austríaca (f)	austerlanna	[aus̪terlanna]
austríaco	austria	[aus̪tria]
Grã-Bretanha (f)	Suurbritannia	[su:rbritannia]
Inglaterra (f)	Inglismaa	[inglisma:]
inglês (m)	inglane	[inglane]
inglesa (f)	inglanna	[inglanna]
inglês	inglise	[inglise]
Bélgica (f)	Belgia	[belʲgia]
belga (m)	belglane	[belʲglane]
belga (f)	belglanna	[belʲglanna]
belga	belgia	[belʲgia]
Alemanha (f)	Saksamaa	[saksama:]
alemão (m)	sakslane	[sakslane]
alemã (f)	sakslanna	[sakslanna]
alemão	saksa	[saksa]
Países (m pl) Baixos	Madalmaad	[madalʲma:t]
Holanda (f)	Holland	[holʲænt]
holandês (m)	hollandlane	[holʲæntlane]
holandesa (f)	hollandlanna	[holʲæntlanna]
holandês	hollandi	[holʲændi]
Grécia (f)	Kreeka	[kre:ka]
grego (m)	kreeklane	[kre:klane]
grega (f)	kreeklanna	[kre:klanna]
grego	kreeka	[kre:ka]
Dinamarca (f)	Taani	[ta:ni]
dinamarquês (m)	taanlane	[ta:nlane]
dinamarquesa (f)	taanlanna	[ta:nlanna]
dinamarquês	taani	[ta:ni]
Irlanda (f)	Iirimaa	[i:rima:]
irlandês (m)	iirlane	[i:rlane]

| irlandesa (f) | iirlanna | [i:rlanna] |
| irlandês | iiri | [i:ri] |

Islândia (f)	Island	[islant]
islandês (m)	islandlane	[islantlane]
islandesa (f)	islandlanna	[islantlanna]
islandês	islandi	[islandi]

Espanha (f)	Hispaania	[hispa:nia]
espanhol (m)	hispaanlane	[hispa:nlane]
espanhola (f)	hispaanlanna	[hispa:nlanna]
espanhol	hispaania	[hispa:nia]

Itália (f)	Itaalia	[ita:lia]
italiano (m)	itaallane	[ita:lʲæne]
italiana (f)	itaallanna	[ita:lʲænna]
italiano	itaalia	[ita:lia]

Chipre (m)	Küpros	[kɥpros]
cipriota (m)	küproslane	[kɥproslane]
cipriota (f)	küproslanna	[kɥproslanna]
cipriota	küprose	[kɥprose]

Malta (f)	Malta	[malʲta]
maltês (m)	maltalane	[malʲtalane]
maltesa (f)	maltalanna	[malʲtalanna]
maltês	malta	[malʲta]

Noruega (f)	Norra	[norra]
norueguês (m)	norralane	[norralane]
norueguesa (f)	norralanna	[norralanna]
norueguês	norra	[norra]

Portugal (m)	Portugal	[portugalʲ]
português (m)	portugallane	[portugalʲæne]
portuguesa (f)	portugallanna	[portugalʲænna]
português	portugali	[portugali]

Finlândia (f)	Soome	[so:me]
finlandês (m)	soomlane	[so:mlane]
finlandesa (f)	soomlanna	[so:mlanna]
finlandês	soome	[so:me]

França (f)	Prantsusmaa	[prantsusma:]
francês (m)	prantslane	[prantslane]
francesa (f)	prantslanna	[prantslanna]
francês	prantsuse	[prantsuse]

Suécia (f)	Rootsi	[ro:tsi]
sueco (m)	rootslane	[ro:tslane]
sueca (f)	rootslanna	[ro:tslanna]
sueco	rootsi	[ro:tsi]

Suíça (f)	Šveits	[ʃʋejts]
suíço (m)	šveitslane	[ʃʋejtslane]
suíça (f)	šveitslanna	[ʃʋejtslanna]

suíço	šveitsi	[ʃʋejtsi]
Escócia (f)	Šotimaa	[ʃotima:]
escocês (m)	šotlane	[ʃotlane]
escocesa (f)	šotlanna	[ʃotlanna]
escocês	šoti	[ʃoti]
Vaticano (m)	Vatikan	[ʋatikan]
Liechtenstein (m)	Liechtenstein	[lihtenʃtejn]
Luxemburgo (m)	Luxembourg	[luksembourg]
Mónaco (m)	Monaco	[monako]

235. Europa Central e de Leste

Albânia (f)	Albaania	[alʲba:nia]
albanês (m)	albaanlane	[alʲba:nlane]
albanesa (f)	albaanlanna	[alʲba:nlanna]
albanês	albaania	[alʲba:nia]
Bulgária (f)	Bulgaaria	[bulʲga:ria]
búlgaro (m)	bulgaarlane	[bulʲga:rlane]
búlgara (f)	bulgaarlanna	[bulʲga:rlanna]
búlgaro	bulgaaria	[bulʲga:ria]
Hungria (f)	Ungari	[ungari]
húngaro (m)	ungarlane	[ungarlane]
húngara (f)	ungarlanna	[ungarlanna]
húngaro	ungari	[ungari]
Letónia (f)	Läti	[lʲæti]
letão (m)	lätlane	[lʲætlane]
letã (f)	lätlanna	[lʲætlanna]
letão	läti	[lʲæti]
Lituânia (f)	Leedu	[le:du]
lituano (m)	leedulane	[le:dulane]
lituana (f)	leedulanna	[le:dulanna]
lituano	leedu	[le:du]
Polónia (f)	Poola	[po:la]
polaco (m)	poolakas	[po:lakas]
polaca (f)	poolatar	[po:latar]
polaco	poola	[po:la]
Roménia (f)	Rumeenia	[rume:nia]
romeno (m)	rumeenlane	[rume:nlane]
romena (f)	rumeenlanna	[rume:nlanna]
romeno	rumeenia	[rume:nia]
Sérvia (f)	Serbia	[serbia]
sérvio (m)	serblane	[serblane]
sérvia (f)	serblanna	[serblanna]
sérvio	serbia	[serbia]
Eslováquia (f)	Slovakkia	[sloʋakkia]
eslovaco (m)	slovakk	[sloʋakk]

eslovaca (f)	slovakitar	[slouakitar]
eslovaco	slovaki	[slouaki]

Croácia (f)	Kroaatia	[kroa:tia]
croata (m)	kroaat	[kroa:t]
croata (f)	horvaaditar	[horua:ditar]
croata	kroaadi	[kroa:di]

República (f) Checa	Tšehhia	[tʃehhia]
checo (m)	tšehh	[tʃehh]
checa (f)	tšehhitar	[tʃehhitar]
checo	tšehhi	[tʃehhi]

Estónia (f)	Eesti	[e:sⁱti]
estónio (m)	eestlane	[e:sⁱtlane]
estónia (f)	eestlanna	[e:sⁱtlanna]
estónio	eesti	[e:sⁱti]

Bósnia e Herzegovina (f)	Bosnia ja Hertsegoviina	[bosnia ja hertsegoui:na]
Macedónia (f)	Makedoonia	[makedo:nia]
Eslovénia (f)	Sloveenia	[sloue:nia]
Montenegro (m)	Montenegro	[montenegro]

236. Países da ex-URSS

Azerbaijão (m)	Aserbaidžaan	[aserbaidʒa:n]
azeri (m)	aserbaidžaanlane	[aserbaidʒa:nlane]
azeri (f)	aserbaidžaanlanna	[aserbaidʒa:nlanna]
azeri, azerbaijano	aserbaidžaani	[aserbaidʒa:ni]

Arménia (f)	Armeenia	[arme:nia]
arménio (m)	armeenlane	[arme:nlane]
arménia (f)	armeenlanna	[arme:nlanna]
arménio	armeenia	[arme:nia]

Bielorrússia (f)	Valgevenemaa	[ualⁱgeuenema:]
bielorrusso (m)	valgevenelane	[ualⁱgeuenelane]
bielorrussa (f)	valgevenelanna	[ualⁱgeuenelanna]
bielorrusso	valgevene	[ualⁱgeuene]

Geórgia (f)	Gruusia	[gru:sia]
georgiano (m)	grusiin	[grusi:n]
georgiana (f)	grusiinlanna	[grusi:nlanna]
georgiano	gruusia	[gru:sia]

Cazaquistão (m)	Kasahstan	[kasahsⁱtan]
cazaque (m)	kasahh	[kasahh]
cazaque (f)	kasahhitar	[kasahhitar]
cazaque	kasahhi	[kasahhi]

Quirguistão (m)	Kõrgõzstan	[kɜrgɜsⁱtan]
quirguiz (m)	kirgiis	[kirgi:s]
quirguiz (f)	kirgiisitar	[kirgi:sitar]
quirguiz	kirgiisi	[kirgi:si]

Moldávia (f)	Moldova	[mol'doʋa]
moldavo (m)	moldaavlane	[mol'da:ʋlane]
moldava (f)	moldaavlanna	[mol'da:ʋlanna]
moldavo	moldaavia	[mol'da:ʋia]

Rússia (f)	Venemaa	[ʋenema:]
russo (m)	venelane	[ʋenelane]
russa (f)	venelanna	[ʋenelanna]
russo	vene	[ʋene]

Tajiquistão (m)	Tadžikistan	[tadʒikis'tan]
tajique (m)	tadžikk	[tadʒikk]
tajique (f)	tadžikitar	[tadʒikitar]
tajique	tadžiki	[tadʒiki]

Turquemenistão (m)	Türkmenistan	[tʉrkmenis'tan]
turcomeno (m)	turkmeen	[turkme:n]
turcomena (f)	turkmeenlanna	[turkme:nlanna]
turcomeno	turkmeeni	[turkme:ni]

Uzbequistão (f)	Usbekistan	[usbekis'tan]
uzbeque (m)	usbekk	[usbekk]
uzbeque (f)	usbekitar	[usbekitar]
uzbeque	usbeki	[usbeki]

Ucrânia (f)	Ukraina	[ukraina]
ucraniano (m)	ukrainlane	[ukrainlane]
ucraniana (f)	ukrainlanna	[ukrainlanna]
ucraniano	ukraina	[ukraina]

237. Asia

Ásia (f)	Aasia	[a:sia]
asiático	aasialik	[a:sialik]

Vietname (m)	Vietnam	[ʋietnam]
vietnamita (m)	vietnamlane	[ʋietnamlane]
vietnamita (f)	vietnamlanna	[ʋietnamlanna]
vietnamita	vietnami	[ʋietnami]

Índia (f)	India	[india]
indiano (m)	hindu	[hindu]
indiana (f)	hindulanna	[hindulanna]
indiano	india	[india]

Israel (m)	lisrael	[i:srael']
israelita (m)	iisraellane	[i:srael'æne]
israelita (f)	iisraellanna	[i:srael'ænna]
israelita	iisraeli	[i:sraeli]

judeu (m)	juut	[ju:t]
judia (f)	juuditar	[ju:ditar]
judeu	juudi	[ju:di]
China (f)	Hiina	[hi:na]

chinês (m)	hiinlane	[hi:nlane]
chinesa (f)	hiinlanna	[hi:nlanna]
chinês	hiina	[hi:na]
coreano (m)	korealane	[korealane]
coreana (f)	korealanna	[korealanna]
coreano	korea	[korea]
Líbano (m)	Liibanon	[li:banon]
libanês (m)	liibanonlane	[li:banonlane]
libanesa (f)	liibanonlanna	[li:banonlanna]
libanês	liibanoni	[li:banoni]
Mongólia (f)	Mongoolia	[mongo:lia]
mongol (m)	mongol	[mongolʲ]
mongol (f)	mongolitar	[mongolitar]
mongol	mongoli	[mongoli]
Malásia (f)	Malaisia	[malaisia]
malaio (m)	malailane	[malailane]
malaia (f)	malailanna	[malailanna]
malaio	malai	[malai]
Paquistão (m)	Pakistan	[pakisʲtan]
paquistanês (m)	pakistanlane	[pakisʲtanlane]
paquistanesa (f)	pakistanlanna	[pakisʲtanlanna]
paquistanês	pakistani	[pakisʲtani]
Arábia (f) Saudita	Saudi Araabia	[saudi ara:bia]
árabe (m)	araablane	[ara:blane]
árabe (f)	araablanna	[ara:blanna]
árabe	araabia	[ara:bia]
Tailândia (f)	Tai	[tai]
tailandês (m)	tailane	[tailane]
tailandesa (f)	tailanna	[tailanna]
tailandês	tai	[tai]
Taiwan (m)	Taivan	[taiʋan]
taiwanês (m)	taivanlane	[taiʋanlane]
taiwanesa (f)	taivanlanna	[taiʋanlanna]
taiwanês	taivani	[taiʋani]
Turquia (f)	Türgi	[tɯrgi]
turco (m)	türklane	[tɯrklane]
turca (f)	türklanna	[tɯrklanna]
turco	türgi	[tɯrgi]
Japão (m)	Jaapan	[ja:pan]
japonês (m)	jaapanlane	[ja:panlane]
japonesa (f)	jaapanlanna	[ja:panlanna]
japonês	jaapani	[ja:pani]
Afeganistão (m)	Afganistan	[afganisʲtan]
Bangladesh (m)	Bangladesh	[bangladesh]
Indonésia (f)	Indoneesia	[indone:sia]

Jordânia (f)	Jordaania	[jorda:nia]
Iraque (m)	Iraak	[ira:k]
Irão (m)	Iraan	[ira:n]
Camboja (f)	Kambodža	[kambodʒa]
Kuwait (m)	Kuveit	[kuʋejt]

Laos (m)	Laos	[laos]
Myanmar (m), Birmânia (f)	Mjanma	[mjanma]
Nepal (m)	Nepal	[nepalʲ]
Emirados Árabes Unidos	Araabia Ühendemiraadid	[ara:bia ühendemira:dit]

Síria (f)	Süüria	[sʉ:ria]
Palestina (f)	Palestiina autonoomia	[palesʲti:na autono:mia]
Coreia do Sul (f)	Lõuna-Korea	[lɜuna-korea]
Coreia do Norte (f)	Põhja-Korea	[pɜhja-korea]

238. América do Norte

Estados Unidos da América	Ameerika Ühendriigid	[ame:rika ühendri:git]
americano (m)	ameeriklane	[ame:riklane]
americana (f)	ameeriklanna	[ame:riklanna]
americano	ameerika	[ame:rika]

Canadá (m)	Kanada	[kanada]
canadiano (m)	kanadalane	[kanadalane]
canadiana (f)	kanadalanna	[kanadalanna]
canadiano	kanada	[kanada]

México (m)	Mehhiko	[mehhiko]
mexicano (m)	mehhiklane	[mehhiklane]
mexicana (f)	mehhiklanna	[mehhiklanna]
mexicano	mehhiko	[mehhiko]

239. América Central do Sul

Argentina (f)	Argentiina	[argenti:na]
argentino (m)	argentiinlane	[argenti:nlane]
argentina (f)	argentiinlanna	[argenti:nlanna]
argentino	argentiina	[argenti:na]

Brasil (m)	Brasiilia	[brasi:lia]
brasileiro (m)	brasiillane	[brasi:lʲæne]
brasileira (f)	brasiillanna	[brasi:lʲænna]
brasileiro	brasiilia	[brasi:lia]

Colômbia (f)	Kolumbia	[kolumbia]
colombiano (m)	kolumbialane	[kolumbialane]
colombiana (f)	kolumbialanna	[kolumbialanna]
colombiano	kolumbia	[kolumbia]

| Cuba (f) | Kuuba | [ku:ba] |
| cubano (m) | kuubalane | [ku:balane] |

| cubana (f) | kuubalanna | [ku:balanna] |
| cubano | kuuba | [ku:ba] |

Chile (m)	Tšiili	[tʃi:li]
chileno (m)	tšiillane	[tʃi:lʲæne]
chilena (f)	tšiilitar	[tʃi:litar]
chileno	tšiili	[tʃi:li]

Bolívia (f)	Boliivia	[boli:ʋia]
Venezuela (f)	Venetsueela	[ʋenetsue:la]
Paraguai (m)	Paraguai	[paraguai]
Peru (m)	Peruu	[peru:]

Suriname (m)	Suriname	[suriname]
Uruguai (m)	Uruguai	[uruguai]
Equador (m)	Ecuador	[ekuador]

Bahamas (f pl)	Bahama saared	[bahama sa:ret]
Haiti (m)	Haiiti	[hai:ti]
República (f) Dominicana	Dominikaani Vabariik	[dominika:ni ʋabari:k]
Panamá (m)	Panama	[panama]
Jamaica (f)	Jamaika	[jamaika]

240. Africa

Egito (m)	Egiptus	[egiptus]
egípcio (m)	egiptlane	[egiptlane]
egípcia (f)	egiptlanna	[egiptlanna]
egípcio	egiptuse	[egiptuse]

Marrocos	Maroko	[maroko]
marroquino (m)	marokolane	[marokolane]
marroquina (f)	marokolanna	[marokolanna]
marroquino	maroko	[maroko]

Tunísia (f)	Tuneesia	[tune:sia]
tunisino (m)	tuneeslane	[tune:slane]
tunisina (f)	tuneeslanna	[tune:slanna]
tunisino	tuneesia	[tune:sia]

Gana (f)	Gaana	[ga:na]
Zanzibar (m)	Sansibar	[sansibar]
Quénia (f)	Keenia	[ke:nia]
Líbia (f)	Liibüa	[li:bʉa]
Madagáscar (m)	Madagaskar	[madagaskar]

Namíbia (f)	Namiibia	[nami:bia]
Senegal (m)	Senegal	[senegalʲ]
Tanzânia (f)	Tansaania	[tansa:nia]
África do Sul (f)	Lõuna-Aafrika Vabariik	[lɜuna-a:frika ʋabari:k]

africano (m)	aafriklane	[a:friklane]
africana (f)	aafriklanna	[a:friklanna]
africano	aafrika	[a:frika]

241. Austrália. Oceania

Austrália (f)	Austraalia	[aus'tra:lia]
australiano (m)	austraallane	[aus'tra:l'æne]
australiana (f)	austraallanna	[aus'tra:l'ænna]
australiano	austraalia	[aus'tra:lia]
Nova Zelândia (f)	Uus Meremaa	[u:s merema:]
neozelandês (m)	uusmeremaalane	[u:smerema:lane]
neozelandesa (f)	uusmeremaalanna	[u:smerema:lanna]
neozelandês	uusmeremaa	[u:smerema:]
Tasmânia (f)	Tasmaania	[tasma:nia]
Polinésia Francesa (f)	Prantsuse Polüneesia	[prantsuse polʉne:sia]

242. Cidades

Amesterdão	Amsterdam	[ams'terdam]
Ancara	Ankara	[ankara]
Atenas	Ateena	[ate:na]
Bagdade	Bagdad	[bagdat]
Banguecoque	Bangkok	[bangkok]
Barcelona	Barcelona	[barselona]
Beirute	Beirut	[bejrut]
Berlim	Berliin	[berli:n]
Bombaim	Bombay	[bombej]
Bona	Bonn	[bonn]
Bordéus	Bordeaux	[bordo:]
Bratislava	Bratislava	[bratislaʋa]
Bruxelas	Brüssel	[brʉssel']
Bucareste	Bukarest	[bukares't]
Budapeste	Budapest	[budapes't]
Cairo	Kairo	[kajro]
Calcutá	Kalkuta	[kal'kuta]
Chicago	Chicago	[tʃikago]
Cidade do México	Mexico	[mehiko]
Copenhaga	Kopenhaagen	[kopenha:gen]
Dar es Salaam	Dar Es Salaam	[dar es sala:m]
Deli	Delhi	[deli]
Dubai	Dubai	[dubai]
Dublin, Dublim	Dublin	[dublin]
Düsseldorf	Düsseldorf	[dʉssel'dorf]
Estocolmo	Stockholm	[stokhol'm]
Florença	Firenze	[firenzə]
Frankfurt	Frankfurt	[frankfurt]
Genebra	Genf	[genf]
Haia	Haag	[ha:g]
Hamburgo	Hamburg	[hamburg]

Hanói	Hanoi	[hanoj]
Havana	Havanna	[hauanna]
Helsínquia	Helsingi	[helˈsingi]
Hiroshima	Hiroshima	[hiroshima]
Hong Kong	Hongkong	[honkong]
Istambul	Istanbul	[istanbulʲ]
Jerusalém	Jeruusalemm	[jeru:salemm]
Kiev	Kiiev	[ki:eu]
Kuala Lumpur	Kuala Lumpur	[kuala lumpur]
Lisboa	Lissabon	[lissssabon]
Londres	London	[london]
Los Angeles	Los Angeles	[los angeles]
Lion	Lyon	[lyon]
Madrid	Madrid	[madrit]
Marselha	Marseille	[marselʲ]
Miami	Miami	[majæmi]
Montreal	Montreal	[montrealʲ]
Moscovo	Moskva	[moskua]
Munique	München	[munhen]
Nairóbi	Nairobi	[nairobi]
Nápoles	Napoli	[napoli]
Nice	Nice	[nitsə]
Nova York	New York	[nju york]
Oslo	Oslo	[oslo]
Ottawa	Ottawa	[ottawa]
Paris	Pariis	[pari:s]
Pequim	Peking	[peking]
Praga	Praha	[praha]
Rio de Janeiro	Rio de Janeiro	[rio de ʒanejro]
Roma	Rooma	[ro:ma]
São Petersburgo	Peterburi	[peterburi]
Seul	Soul	[soulʲ]
Singapura	Singapur	[singapur]
Sydney	Sidney	[sidni]
Taipé	Taibei	[taibej]
Tóquio	Tokio	[tokio]
Toronto	Toronto	[toronto]
Varsóvia	Varssavi	[uarssaui]
Veneza	Veneetsia	[uene:tsia]
Viena	Viin	[ui:n]
Washington	Washington	[uoʃington]
Xangai	Shanghai	[ʃanhai]

243. Política. Governo. Parte 1

política (f)	poliitika	[poli:tika]
político	poliitiline	[poli:tiline]

político (m)	poliitik	[poli:tik]
estado (m)	riik	[ri:k]
cidadão (m)	kodanik	[kodanik]
cidadania (f)	kodakondsus	[kodakondsus]

brasão (m) de armas	riigivapp	[ri:giʋapp]
hino (m) nacional	riigihümn	[ri:gihʉmn]

governo (m)	valitsus	[ʋalitsus]
Chefe (m) de Estado	riigijuht	[ri:gijuht]
parlamento (m)	riigikogu	[ri:gikogu]
partido (m)	erakond	[erakont]

capitalismo (m)	kapitalism	[kapitalism]
capitalista	kapitalistlik	[kapitalisʲtlik]

socialismo (m)	sotsialism	[sotsialism]
socialista	sotsialistlik	[sotsialisʲtlik]

comunismo (m)	kommunism	[kommunism]
comunista	kommunistlik	[kommunisʲtlik]
comunista (m)	kommunist	[kommunisʲt]

democracia (f)	demokraatia	[demokra:tia]
democrata (m)	demokraat	[demokra:t]
democrático	demokraatlik	[demokra:tlik]
Partido (m) Democrático	demokraatlik erakond	[demokra:tlik erakont]

liberal (m)	liberaal	[libera:lʲ]
liberal	liberaalne	[libera:lʲne]

conservador (m)	konservaator	[konserʋa:tor]
conservador	konservatiivne	[konserʋati:ʋne]

república (f)	vabariik	[ʋabari:k]
republicano (m)	vabariiklane	[ʋabari:klane]
Partido (m) Republicano	vabariiklik erakond	[ʋabari:klik erakont]

eleições (f pl)	valimised	[ʋalimiset]
eleger (vt)	valima	[ʋalima]
eleitor (m)	valija	[ʋalija]
campanha (f) eleitoral	valimiskampaania	[ʋalimiskampa:nia]

votação (f)	hääletamine	[hæ:letamine]
votar (vi)	hääletama	[hæ:letama]
direito (m) de voto	hääleõigus	[hæ:leзigus]

candidato (m)	kandidaat	[kandida:t]
candidatar-se (vi)	kandideerima	[kandide:rima]
campanha (f)	kampaania	[kampa:nia]

da oposição	opositsiooniline	[opositsio:niline]
oposição (f)	opositsioon	[opositsio:n]

visita (f)	visiit	[ʋisi:t]
visita (f) oficial	ametlik visiit	[ametlik ʋisi:t]

internacional	rahvusvaheline	[rahuusuaheline]
negociações (f pl)	läbirääkimised	[lʲæbiræ:kimiset]
negociar (vi)	läbirääkimisi pidama	[lʲæbiræ:kimisi pidama]

244. Política. Governo. Parte 2

sociedade (f)	ühiskond	[ʉhiskont]
constituição (f)	konstitutsioon	[konsʲtitutsio:n]
poder (ir para o ~)	võim	[uɜim]
corrupção (f)	korruptsioon	[korruptsio:n]

| lei (f) | seadus | [seadus] |
| legal | seaduslik | [seaduslik] |

| justiça (f) | õiglus | [ɜiglus] |
| justo | õiglane | [ɜiglane] |

comité (m)	komitee	[komite:]
projeto-lei (m)	seaduseelnõu	[seaduse:lʲnɜu]
orçamento (m)	eelarve	[e:larue]
política (f)	poliitika	[poli:tika]
reforma (f)	reform	[reform]
radical	radikaalne	[radika:lʲne]

força (f)	jõud	[jɜut]
poderoso	tugev	[tugeu]
partidário (m)	pooldaja	[po:lʲdaja]
influência (f)	mõju	[mɜju]

regime (m)	režiim	[reʒi:m]
conflito (m)	konflikt	[konflikt]
conspiração (f)	vandenõu	[uandenɜu]
provocação (f)	provokatsioon	[prouokatsio:n]

derrubar (vt)	kukutama	[kukutama]
derrube (m), queda (f)	kukutamine	[kukutamine]
revolução (f)	revolutsioon	[reuolutsio:n]

| golpe (m) de Estado | riigipööre | [ri:gipø:re] |
| golpe (m) militar | sõjaväeline riigipööre | [sɜjauæəline ri:gipø:re] |

crise (f)	kriis	[kri:s]
recessão (f) económica	majanduslangus	[majanduslangus]
manifestante (m)	demonstrant	[demonsʲtrant]
manifestação (f)	demonstratsioon	[demonsʲtratsio:n]
lei (f) marcial	sõjaseisukord	[sɜjasejsukort]
base (f) militar	sõjaväebaas	[sɜjauæəba:s]

| estabilidade (f) | stabiilsus | [sʲtabi:lʲsus] |
| estável | stabiilne | [sʲtabi:lʲne] |

exploração (f)	ekspluateerimine	[ekspluate:rimine]
explorar (vt)	ekspluateerima	[ekspluate:rima]
racismo (m)	rassism	[rassism]

racista (m)	rassist	[rassisʲt]
fascismo (m)	fašism	[faʃism]
fascista (m)	fašist	[faʃisʲt]

245. Países. Diversos

estrangeiro (m)	välismaalane	[ʋælismaːlane]
estrangeiro	välismaine	[ʋælismaine]
no estrangeiro	välismaal	[ʋælisma;lʲ]
emigrante (m)	emigrant	[emigrant]
emigração (f)	emigratsioon	[emigratsioːn]
emigrar (vi)	emigreerima	[emigreːrima]
Ocidente (m)	Lääs	[lʲæːs]
Oriente (m)	Ida	[ida]
Extremo Oriente (m)	Kaug-Ida	[kaug-ida]
civilização (f)	tsivilisatsioon	[tsiʋilisatsioːn]
humanidade (f)	inimkond	[inimkont]
mundo (m)	maailm	[maːilʲm]
paz (f)	rahu	[rahu]
mundial	ülemaailmne	[ɥlemaːilʲmne]
pátria (f)	kodumaa	[koduma:]
povo (m)	rahvas	[rahʋas]
população (f)	elanikkond	[elanikkont]
gente (f)	inimesed	[inimeset]
nação (f)	rahvus	[rahʋus]
geração (f)	põlvkond	[pɔlʲʋkont]
território (m)	territoorium	[territoːrium]
região (f)	regioon	[regioːn]
estado (m)	osariik	[osariːk]
tradição (f)	traditsioon	[traditsioːn]
costume (m)	komme	[komme]
ecologia (f)	ökoloogia	[økoloːgia]
índio (m)	indiaanlane	[indiaːnlane]
cigano (m)	mustlane	[musʲtlane]
cigana (f)	mustlasnaine	[musʲtlasnaine]
cigano	mustlaslik	[musʲtlaslik]
império (m)	impeerium	[impeːrium]
colónia (f)	koloonia	[koloːnia]
escravidão (f)	orjus	[orjus]
invasão (f)	kallaletung	[kalʲæletung]
fome (f)	näljahäda	[næljahæda]

246. Grupos religiosos mais importantes. Confissões

religião (f)	religioon	[religioːn]
religioso	religioosne	[religioːsne]

crença (f)	usk	[usk]
crer (vt)	jumalat uskuma	[jumalat uskuma]
crente (m)	usklik	[usklik]
ateísmo (m)	ateism	[atejsm]
ateu (m)	ateist	[atejsʲt]
cristianismo (m)	kristlus	[krisʲtlus]
cristão (m)	kristlane	[krisʲtlane]
cristão	kristlik	[krisʲtlik]
catolicismo (m)	katoliiklus	[katoli:klus]
católico (m)	katoliiklane	[katoli:klane]
católico	katoliiklik	[katoli:klik]
protestantismo (m)	protestantism	[protesʲtantism]
Igreja (f) Protestante	protestantlik kirik	[protesʲtantlik kirik]
protestante (m)	protestant	[protesʲtant]
ortodoxia (f)	õigeusk	[ɜigeusk]
Igreja (f) Ortodoxa	õigeusukirik	[ɜigeusukirik]
ortodoxo (m)	õigeusklik	[ɜigeusklik]
presbiterianismo (m)	presbüterlus	[presbʉterlus]
Igreja (f) Presbiteriana	presbüterlaste kirik	[presbʉterlasʲte kirik]
presbiteriano (m)	presbüterlane	[presbʉterlane]
Igreja (f) Luterana	luteri kirik	[luteri kirik]
luterano (m)	luterlane	[luterlane]
Igreja (f) Batista	baptism	[baptism]
batista (m)	baptist	[baptisʲt]
Igreja (f) Anglicana	anglikaani kirik	[anglika:ni kirik]
anglicano (m)	anglikaan	[anglika:n]
mormonismo (m)	mormoonlus	[mormo:nlus]
mórmon (m)	mormoon	[mormo:n]
Judaísmo (m)	judaism	[judaism]
judeu (m)	juudalane	[ju:dalane]
budismo (m)	budism	[budism]
budista (m)	budist	[budisʲt]
hinduísmo (m)	hinduism	[hinduism]
hindu (m)	hinduist	[hinduisʲt]
Islão (m)	islam	[islam]
muçulmano (m)	moslem	[moslem]
muçulmano	moslemi	[moslemi]
Xiismo (m)	šiiitlus	[ʃi:itlus]
xiita (m)	šiiit	[ʃi:it]
sunismo (m)	sunnism	[sunnism]
sunita (m)	sunniit	[sunni:t]

221

247. Religiões. Padres

padre (m)	vaimulik	[ʋaimulik]
Papa (m)	Rooma paavst	[roːma paːʋsʲt]
monge (m)	munk	[munk]
freira (f)	nunn	[nunn]
pastor (m)	pastor	[pasʲtor]
abade (m)	abee	[abeː]
vigário (m)	vikaar	[ʋikaːr]
bispo (m)	piiskop	[piːskop]
cardeal (m)	kardinal	[kardinalʲ]
pregador (m)	jutlustaja	[jutlusʲtaja]
sermão (m)	jutlus	[jutlus]
paroquianos (pl)	koguduse liikmed	[koguduse liːkmet]
crente (m)	usklikud	[usklikut]
ateu (m)	ateist	[atejsʲt]

248. Fé. Cristianismo. Islão

Adão	Aadam	[aːdam]
Eva	Eeva	[eːʋa]
Deus (m)	Jumal	[jumalʲ]
Senhor (m)	Issand	[issant]
Todo Poderoso (m)	Kõigevägevam	[kɜigeʋægeʋam]
pecado (m)	patt	[patt]
pecar (vi)	pattu tegema	[pattu tegema]
pecador (m)	patustaja	[patusʲtaja]
pecadora (f)	patustaja	[patusʲtaja]
inferno (m)	põrgu	[pɜrgu]
paraíso (m)	paradiis	[paradiːs]
Jesus	Jeesus	[jeːsus]
Jesus Cristo	Jeesus Kristus	[jeːsus krisʲtus]
Espírito (m) Santo	Püha Vaim	[pɨha ʋaim]
Salvador (m)	Päästja	[pæːsʲtja]
Virgem Maria (f)	Jumalaema	[jumalaema]
Diabo (m)	kurat	[kurat]
diabólico	kuratlik	[kuratlik]
Satanás (m)	saatan	[saːtan]
satânico	saatanlik	[saːtanlik]
anjo (m)	ingel	[ingelʲ]
anjo (m) da guarda	päästeingel	[pæːsʲtejngelʲ]
angélico	ingellik	[ingelʲik]

apóstolo (m)	apostel	[apos^jtel^j]
arcanjo (m)	peaingel	[peaingel^j]
anticristo (m)	antikristus	[antikris^jtus]

Igreja (f)	kirik	[kirik]
Bíblia (f)	piibel	[pi:bel^j]
bíblico	piibli-	[pi:bli-]

Velho Testamento (m)	Vana Testament	[ʋana tes^jtament]
Novo Testamento (m)	Uus Testament	[u:s tes^jtament]
Evangelho (m)	Evangeelium	[eʋange:lium]
Sagradas Escrituras (f pl)	Pühakiri	[pʉhakiri]
Céu (m)	Taevas, Taevariik	[taeʋas, taeʋari:k]

mandamento (m)	käsk	[kæsk]
profeta (m)	prohvet	[prohʋet]
profecia (f)	ettekuulutus	[etteku:lutus]

Alá	Allah	[al^jæh]
Maomé	Muhamed	[muhamet]
Corão, Alcorão (m)	Koraan	[kora:n]

mesquita (f)	mošee	[moʃe:]
mulá (m)	mulla	[mul^jæ]
oração (f)	palve	[pal^jʋe]
rezar, orar (vi)	palvetama	[pal^jʋetama]

peregrinação (f)	palverändamine	[pal^jʋerændamine]
peregrino (m)	palverändur	[pal^jʋerændur]
Meca (f)	Meka	[meka]

igreja (f)	kirik	[kirik]
templo (m)	pühakoda	[pʉhakoda]
catedral (f)	katedraal	[katedra:l^j]
gótico	gooti	[go:ti]
sinagoga (f)	sünagoog	[sʉnago:g]
mesquita (f)	mošee	[moʃe:]

capela (f)	kabel	[kabel^j]
abadia (f)	abtkond	[abtkont]
convento (m)	nunnaklooster	[nunnaklo:s^jter]
mosteiro (m)	mungaklooster	[mungaklo:s^jter]

sino (m)	kirikukell	[kirikukel^j]
campanário (m)	kellatorn	[kel^jætorn]
repicar (vi)	kella lööma	[kel^jæ lø:ma]

cruz (f)	rist	[ris^jt]
cúpula (f)	kuppel	[kuppel^j]
ícone (m)	ikoon	[iko:n]

alma (f)	hing	[hing]
destino (m)	saatus	[sa:tus]
mal (m)	kurjus	[kurjus]
bem (m)	headus	[headus]
vampiro (m)	vampiir	[ʋampi:r]

bruxa (f)	nõid	[nɜit]
demónio (m)	deemon	[de:mon]
espírito (m)	vaim	[ʋaim]
redenção (f)	lunastamine	[lunasʲtamine]
redimir (vt)	lunastama	[lunasʲtama]
missa (f)	jumalateenistus	[jumalate:nisʲtus]
celebrar a missa	teenima	[te:nima]
confissão (f)	pihtimus	[pihtimus]
confessar-se (vr)	pihtima	[pihtima]
santo (m)	püha	[pʉha]
sagrado	püha	[pʉha]
água (f) benta	püha vesi	[pʉha ʋesi]
ritual (m)	kombetalitus	[kombetalitus]
ritual	rituaalne	[ritua:lʲne]
sacrifício (m)	ohverdamine	[ohʋerdamine]
superstição (f)	ebausk	[ebausk]
supersticioso	ebausklik	[ebausklik]
vida (f) depois da morte	hauatagune elu	[hauatagune elu]
vida (f) eterna	igavene elu	[igaʋene elu]

TEMAS DIVERSOS

249. Várias palavras úteis

ajuda (f)	abi	[abi]
barreira (f)	tõke	[tɜke]
base (f)	baas	[ba:s]
categoria (f)	kategooria	[katego:ria]
causa (f)	põhjus	[pɜhjus]
coincidência (f)	kokkulangevus	[kokkulangeʋus]
coisa (f)	asi	[asi]
começo (m)	algus	[alʲgus]
cómodo (ex. poltrona ~a)	mugav	[mugaʋ]
comparação (f)	võrdlus	[ʋɜrtlus]
compensação (f)	kompensatsioon	[kompensatsio:n]
crescimento (m)	kasv	[kasʋ]
desenvolvimento (m)	areng	[areng]
diferença (f)	erinevus	[erineʋus]
efeito (m)	efekt	[efekt]
elemento (m)	element	[element]
equilíbrio (m)	bilanss	[bilanss]
erro (m)	viga	[ʋiga]
esforço (m)	jõupingutus	[jɜupingutus]
estilo (m)	stiil	[sʲti:lʲ]
exemplo (m)	näide	[næjde]
facto (m)	tõsiasi	[tɜsiasi]
fim (m)	lõpp	[lɜpp]
forma (f)	vorm	[ʋorm]
frequente	sagedane	[sagedane]
fundo (ex. ~ verde)	foon	[fo:n]
género (tipo)	ala	[ala]
grau (m)	aste	[asʲte]
ideal (m)	ideaal	[idea:lʲ]
labirinto (m)	labürint	[labʉrint]
modo (m)	viis	[ʋi:s]
momento (m)	moment	[moment]
objeto (m)	ese	[ese]
obstáculo (m)	takistus	[takisʲtus]
original (m)	originaal	[origina:lʲ]
padrão	standardne	[sʲtandardne]
padrão (m)	standard	[sʲtandart]
paragem (pausa)	seisak	[sejsak]
parte (f)	osa	[osa]

partícula (f)	osake	[osake]
pausa (f)	paus	[paus]
posição (f)	positsioon	[positsio:n]
princípio (m)	põhimõte	[pɜhimɜte]
problema (m)	probleem	[proble:m]
processo (m)	protsess	[protsess]
progresso (m)	progress	[progress]
propriedade (f)	omadus	[omadus]
reação (f)	reaktsioon	[reaktsio:n]
risco (m)	risk	[risk]
ritmo (m)	tempo	[tempo]
segredo (m)	saladus	[saladus]
série (f)	seeria	[se:ria]
sistema (m)	süsteem	[susʲte:m]
situação (f)	situatsioon	[situatsio:n]
solução (f)	lahendamine	[lahendamine]
tabela (f)	tabel	[tabelʲ]
termo (ex. ~ técnico)	mõiste	[mɜisʲte]
tipo (m)	tüüp	[tʉ:p]
urgente	kiire	[ki:re]
urgentemente	kiiresti	[ki:resʲti]
utilidade (f)	kasu	[kasu]
variante (f)	variant	[ʋariant]
variedade (f)	valik	[ʋalik]
verdade (f)	tõde	[tɜde]
vez (f)	järjekord	[jærjekort]
zona (f)	tsoon	[tso:n]

250. Modificadores. Adjetivos. Parte 1

aberto	avatud	[aʋatut]
afiado	terav	[teraʋ]
agradável	meeldiv	[me:lʲdiʋ]
agradecido	tänulik	[tænulik]
alegre	lõbus	[lɜbus]
alto (ex. voz ~a)	vali	[ʋali]
amargo	mõru	[mɜru]
amplo	avar	[aʋar]
antigo	iidne	[i:dne]
apertado (sapatos ~s)	kitsad, tihe	[kitsad], [tihe]
apropriado	kõlblik	[kɜlʲblik]
arriscado	riskantne	[riskantne]
artificial	kunstlik	[kunsʲtlik]
azedo	hapu	[hapu]
baixo (voz ~a)	vaikne	[ʋaikne]
barato	odav	[odaʋ]

| belo | imeilus | [imejlus] |
| bom | hea | [hea] |

bondoso	hea	[hea]
bonito	ilus	[ilus]
bronzeado	päevitunud	[pæeuitunut]
burro, estúpido	rumal	[rumalʲ]
calmo	rahulik	[rahulik]

cansado	väsinud	[ʋæsinut]
cansativo	väsitav	[ʋæsitaʋ]
carinhoso	hoolitsev	[hoːlitseʋ]
caro	kallis	[kalʲis]
cego	pime	[pime]

central	kesk-	[kesk-]
cerrado (ex. nevoeiro ~)	tihe	[tihe]
cheio (ex. copo ~)	täis	[tæjs]
civil	tsiviil-	[tsiʋiːl-]

clandestino	põrandaalune	[pɜrandaːlune]
claro	hele	[hele]
claro (explicação ~a)	arusaadav	[arusaːdaʋ]
compatível	ühtesobiv	[ʉhtesobiʋ]

comum, normal	tavaline	[taʋaline]
congelado	külmutatud	[kʉlʲmutatut]
conjunto	ühine	[ʉhine]
considerável	märkimisväärne	[mærkimisʋæːrne]
contente	rahulolev	[rahuloleʋ]

contínuo	kauakestev	[kauakesʲteʋ]
contrário (ex. o efeito ~)	vastandlik	[ʋasʲtantlik]
correto (resposta ~a)	õige	[ɜige]
cru (não cozinhado)	toores	[toːres]
curto	lühike	[lʉhike]

de curta duração	lühiajaline	[lʉhiajaline]
de sol, ensolarado	päiksepaisteline	[pæjksepaisʲteline]
de trás	tagumine	[tagumine]
denso (fumo, etc.)	tihe	[tihe]
desanuviado	pilvitu	[pilʲʋitu]

descuidado	hooletu	[hoːletu]
diferente	mitmesugune	[mitmesugune]
difícil	raske	[raske]
difícil, complexo	keeruline	[keːruline]
direito	parem	[parem]

distante	kauge	[kauge]
diverso	erinev	[erineʋ]
doce (açucarado)	magus	[magus]
doce (água)	mage	[mage]
doente	haige	[haige]
duro (material ~)	kõva	[kɜʋa]
educado	viisakas	[ʋiːsakas]

encantador	armas	[armas]
enigmático	salapärane	[salapærane]

enorme	tohutu	[tohutu]
escuro (quarto ~)	pime	[pime]
especial	spetsiaalne	[spetsia:lʲne]
esquerdo	vasak	[ʋasak]
estrangeiro	välismaine	[ʋælismaine]

estreito	kitsas	[kitsas]
exato	täpne	[tæpne]
excelente	eeskujulik	[e:skujulik]
excessivo	ülearune	[ʉlearune]
externo	väline	[ʋæline]

fácil	lihtne	[lihtne]
faminto	näljane	[næljane]
fechado	kinnine	[kinnine]
feliz	õnnelik	[ɜnnelik]
fértil (terreno ~)	viljakas	[ʋiljakas]

forte (pessoa ~)	tugev	[tugeʋ]
fraco (luz ~a)	ähmane	[æhmane]
frágil	habras	[habras]
fresco	jahe	[jahe]
fresco (pão ~)	värske	[ʋærske]

frio	külm	[kʉlʲm]
gordo	rasvane	[rasʋane]
gostoso	maitsev	[maitseʋ]
grande	suur	[su:r]

gratuito, grátis	tasuta	[tasuta]
grosso (camada ~a)	paks	[paks]
hostil	vaenulik	[ʋaenulik]
húmido	niiske	[ni:ske]

251. Modificadores. Adjetivos. Parte 2

igual	ühesugune	[ʉhesugune]
imóvel	liikumatu	[li:kumatu]
importante	tähtis	[tæhtis]
impossível	võimatu	[ʋɔimatu]
incompreensível	arusaamatu	[arusa:matu]

indigente	kerjuslik	[kerjuslik]
indispensável	vajalik	[ʋajalik]
inexperiente	kogenematu	[kogenematu]
infantil	laste-	[lasʲte-]

ininterrupto	katkematu	[katkematu]
insignificante	tühine	[tʉhine]
inteiro (completo)	terve	[terʋe]
inteligente	tark	[tark]

interno	sisemine	[sisemine]
jovem	noor	[no:r]
largo (caminho ~)	lai	[lai]
legal	seaduslik	[seaduslik]
leve	kerge	[kerge]

limitado	piiratud	[pi:ratut]
limpo	puhas	[puhas]
líquido	vedel	[ʋedelʲ]
liso	sile	[sile]
liso (superfície ~a)	tasane	[tasane]

livre	vaba	[ʋaba]
longo (ex. cabelos ~s)	pikk	[pikk]
maduro (ex. fruto ~)	küps	[kʉps]
magro	kõhn	[kɜhn]
magro (pessoa)	kõhetu	[kɜhetu]

mais próximo	lähim	[lʲæhim]
mais recente	möödunud	[mø:dunut]
mate, baço	matt	[matt]
mau	halb	[halʲb]
meticuloso	korralik	[korralik]

míope	lühinägelik	[lʉhinægelik]
mole	pehme	[pehme]
molhado	märg	[mærg]
moreno	tõmmu	[tɜmmu]
morto	surnud	[surnut]

não difícil	üsna lihtne	[ʉsna lihtne]
não é clara	arusaamatu	[arusa:matu]
não muito grande	väheldane	[ʋæhelʲdane]
natal (país ~)	kodu-	[kodu-]
necessário-	vajalik	[ʋajalik]

negativo	negatiivne	[negati:ʋne]
nervoso	närviline	[næruiline]
normal	normaalne	[norma:lʲne]
novo	uus	[u:s]
o mais importante	kõige tähtsam	[kɜige tæhtsam]

obrigatório	kohustuslik	[kohusʲtuslik]
original	algupärane	[alʲgupærane]
passado	möödunud	[mø:dunut]
pequeno	väike	[ʋæjke]
perigoso	ohtlik	[ohtlik]

permanente	alaline	[alaline]
perto	lähedane	[lʲæhedane]
pesado	raske	[raske]
pessoal	isiklik	[isiklik]
plano (ex. ecrã ~ a)	lame	[lame]

pobre	vaene	[ʋaene]
pontual	täpne	[tæpne]

possível	võimalik	[uɜimalik]
pouco fundo	madal	[madalʲ]
presente (ex. momento ~)	tõeline	[tɜeline]

prévio	eelmine	[e:lʲmine]
primeiro (principal)	peamine	[peamine]
principal	peamine	[peamine]
privado	era-	[era-]

provável	tõenäoline	[tɜenæoline]
próximo	lähedane	[lʲæhedane]
público	ühiskondlik	[ʉhiskontlik]
quente (cálido)	kuum	[ku:m]

quente (morno)	soe	[soe]
rápido	kiire	[ki:re]
raro	haruldane	[harulʲdane]
remoto, longínquo	kauge	[kauge]
reto	sirge	[sirge]

salgado	soolane	[so:lane]
satisfeito	rahuldav	[rahulʲdau]
seco	kuiv	[kuiʋ]
seguinte	järgmine	[jærgmine]
seguro	ohutu	[ohutu]

similar	sarnane	[sarnane]
simples	lihtne	[lihtne]
soberbo	suurepärane	[su:repærane]
sólido	vastupidav	[ʋasʲtupidau]
sombrio	sünge	[sʉnge]

sujo	määrdunud	[mæ:rdunut]
superior	kõrgem	[kɜrgem]
suplementar	täiendav	[tæjendau]
terno, afetuoso	hell	[helʲ]

tranquilo	vaikne	[ʋaikne]
transparente	läbipaistev	[lʲæbipaisʲteu]
triste (pessoa)	kurb	[kurb]
triste (um ar ~)	kurb	[kurb]
último	viimane	[ʋi:mane]

único	ainulaadne	[ainula:dne]
usado	kasutatud	[kasutatut]
vazio (meio ~)	tühi	[tʉhi]
velho	vana	[ʋana]
vizinho	naabri-	[na:bri-]

500 VERBOS PRINCIPAIS

252. Verbos A-B

aborrecer-se (vr)	igavlema	[igaʋlema]
abraçar (vt)	embama	[embama]
abrir (~ a janela)	lahti tegema	[lahti tegema]
acalmar (vt)	rahustama	[rahusʲtama]
acariciar (vt)	silitama	[silitama]
acenar (vt)	lehvitama	[lehʋitama]
acender (~ uma fogueira)	süütama	[sʉ:tama]
achar (vt)	arvama	[arʋama]
acompanhar (vt)	saatma	[sa:tma]
aconselhar (vt)	soovitama	[so:ʋitama]
acordar (despertar)	äratama	[æratama]
acrescentar (vt)	lisama	[lisama]
acusar (vt)	süüdistama	[sʉ:disʲtama]
adestrar (vt)	dresseerima	[dresse:rima]
adivinhar (vt)	ära arvama	[æra arʋama]
admirar (vt)	vaimustuma	[ʋaimusʲtuma]
advertir (vt)	hoiatama	[hojatama]
afirmar (vt)	kinnitama	[kinnitama]
afogar-se (pessoa)	uppuma	[uppuma]
afugentar (vt)	ära ajama	[æra ajama]
agir (vi)	tegutsema	[tegutsema]
agitar, sacudir (objeto)	raputama	[raputama]
agradecer (vt)	tänama	[tænama]
ajudar (vt)	aitama	[aitama]
alcançar (objetivos)	saavutama	[sa:ʋutama]
alimentar (dar comida)	toitma	[tojtma]
almoçar (vi)	lõunat sööma	[lɜunat sø:ma]
alugar (~ o barco, etc.)	võtma	[ʋɜtma]
alugar (~ um apartamento)	üürima	[ʉ:rima]
amar (pessoa)	armastama	[armasʲtama]
amarrar (vt)	siduma	[siduma]
ameaçar (vt)	ähvardama	[æhʋardama]
amputar (vt)	amputeerima	[ampute:rima]
anotar (escrever)	üles kirjutama	[ʉles kirjutama]
anular, cancelar (vt)	ära jätma	[æra jætma]
apagar (com apagador, etc.)	maha kustutama	[maha kusʲtutama]
apagar (um incêndio)	kustutama	[kusʲtutama]
apaixonar-se de …	armuma	[armuma]

aparecer (vi)	ilmuma	[iⁱmuma]
aplaudir (vi)	aplodeerima	[aplode:rima]
apoiar (vt)	toetama	[toetama]
apontar para ...	sihtima	[sihtima]

apresentar (alguém a alguém)	tutvustama	[tutʋustama]
apresentar (Gostaria de ~)	esindama	[esindama]
apressar (vt)	kiirustama	[ki:rusitama]
apressar-se (vr)	kiirustama	[ki:rusitama]

aproximar-se (vr)	ligi tulema	[ligi tulema]
aquecer (vt)	soojendama	[so:jendama]
arrancar (vt)	ära rebima	[æra rebima]
arranhar (gato, etc.)	kriimustama	[kri:musitama]

arrepender-se (vr)	kahetsema	[kahetsema]
arriscar (vt)	riskima	[riskima]
arrumar, limpar (vt)	korda tegema	[korda tegema]
aspirar a ...	püüdma	[pʉ:dma]
assinar (vt)	allkirjastama	[alⁱkirjasitama]

assistir (vt)	assisteerima	[assisite:rima]
atacar (vt)	ründama	[rʉndama]
atar (vt)	kinni siduma	[kinni siduma]
atirar (vi)	tulistama	[tulisitama]

atracar (vi)	randuma	[randuma]
aumentar (vi)	suurenema	[su:renema]
aumentar (vt)	suurendama	[su:rendama]
avançar (sb. trabalhos, etc.)	karjääri tegema	[karjæ:ri tegema]

avistar (vt)	märkama	[mærkama]
baixar (guindaste)	alla laskma	[alⁱæ laskma]
barbear-se (vr)	habet ajama	[habet ajama]
basear-se em ...	paiknema	[paiknema]

bastar (vi)	piisama	[pi:sama]
bater (espancar)	lööma	[lø:ma]
bater (vi)	koputama	[koputama]
bater-se (vr)	kaklema	[kaklema]

beber, tomar (vt)	jooma	[jo:ma]
brilhar (vi)	helendama	[helendama]
brincar, jogar (crianças)	mängima	[mængima]
buscar (vt)	otsima ...	[otsima ...]

253. Verbos C-D

caçar (vi)	jahil käima	[jahilʲ kæjma]
calar-se (parar de falar)	vait jääma	[ʋait jæ:ma]
calcular (vt)	lugema	[lugema]
carregar (o caminhão)	laadima	[la:dima]
carregar (uma arma)	laadima	[la:dima]

casar-se (vr)	naist võtma	[nais't uɜtma]
causar (vt)	põhjustama	[pɜhjus'tama]
cavar (vt)	kaevama	[kaeʋama]

ceder (não resistir)	alla jääma	[al'æ jæ:ma]
cegar, ofuscar (vt)	pimestama	[pimes'tama]
censurar (vt)	ette heitma	[ette hejtma]
cessar (vt)	katkestama	[katkes'tama]

chamar (~ por socorro)	kutsuma	[kutsuma]
chamar (dizer em voz alta o nome)	kutsuma	[kutsuma]
chegar (a algum lugar)	jõudma	[jɜudma]
chegar (sb. comboio, etc.)	saabuma	[sa:buma]

cheirar (tem o cheiro)	lõhnama	[lɜhnama]
cheirar (uma flor)	nuusutama	[nu:sutama]
chorar (vi)	nutma	[nutma]
citar (vt)	tsiteerima	[tsite:rima]

colher (flores)	noppima	[noppima]
colocar (vt)	panema	[panema]
combater (vi, vt)	võitlema	[uɜitlema]
começar (vt)	alustama	[alus'tama]

comer (vt)	sööma	[sø:ma]
comparar (vt)	võrdlema	[uɜrtlema]
compensar (vt)	hüvitama	[hɐuitama]
competir (vi)	konkureerima	[konkure:rima]

complicar (vt)	keeruliseks tegema	[ke:ruliseks tegema]
compor (vt)	looma	[lo:ma]
comportar-se (vr)	käituma	[kæjtuma]
comprar (vt)	ostma	[os'tma]

compreender (vt)	aru saama	[aru sa:ma]
comprometer (vt)	head nime kahjustama	[heat nime kahjus'tama]
concentrar-se (vr)	kontsentreeruma	[kontsentre:ruma]
concordar (dizer "sim")	nõustuma	[nɜus'tuma]

condecorar (dar medalha)	autasustama	[autasus'tama]
conduzir (~ o carro)	autot juhtima	[autot juhtima]
confessar-se (criminoso)	üles tunnistama	[ɐles tunnis'tama]
confiar (vt)	usaldama	[usal'dama]

confundir (equivocar-se)	segi ajama	[segi ajama]
conhecer (vt)	tundma	[tundma]
conhecer-se (vr)	tutvuma	[tutʋuma]
consertar (vt)	korda tegema	[korda tegema]

consultar ...	konsulteerima	[konsul'te:rima]
contagiar-se com ...	nakatuma	[nakatuma]
contar (vt)	jutustama	[jutus'tama]
contar com ...	lootma ...	[lo:tma ...]
continuar (vt)	jätkama	[jætkama]
contratar (vt)	palkama	[pal'kama]

controlar (vt)	kontrollima	[kontrolʲima]
convencer (vt)	veenma	[ʋe:nma]
convidar (vt)	kutsuma	[kutsuma]

cooperar (vi)	koostööd tegema	[ko:sʲtø:t tegema]
coordenar (vt)	koordineerima	[ko:rdine:rima]
corar (vi)	punastama	[punasʲtama]
correr (vi)	jooksma	[jo:ksma]
corrigir (vt)	parandama	[parandama]

cortar (com um machado)	ära raiuma	[æra raiuma]
cortar (vt)	ära lõikama	[æra lɜikama]
cozinhar (vt)	süüa tegema	[su:a tegema]
crer (pensar)	uskuma	[uskuma]
criar (vt)	looma	[lo:ma]

cultivar (vt)	kasvatama	[kasʋatama]
cuspir (vi)	sülitama	[sʉlitama]
custar (vt)	maksma	[maksma]
dar (vt)	andma	[andma]

dar banho, lavar (vt)	vannitama	[ʋannitama]
datar (vi)	kuupäevastatud	[ku:pæeʋasʲtatut]
decidir (vt)	otsustama	[otsusʲtama]
decorar (enfeitar)	ehtima	[ehtima]
dedicar (vt)	pühendama	[pʉhendama]

defender (vt)	kaitsma	[kaitsma]
defender-se (vr)	ennast kaitsma	[ennasʲt kaitsma]
deixar (~ a mulher)	maha jätma	[maha jætma]
deixar (esquecer)	jätma	[jætma]

deixar (permitir)	lubama	[lubama]
deixar cair (vt)	pillama	[pilʲæma]
denominar (vt)	nimetama	[nimetama]
denunciar (vt)	peale kaebama	[peale kaebama]
depender de ... (vi)	sõltuma ...	[sɜlʲtuma ...]

derramar (vt)	maha valama	[maha ʋalama]
derramar-se (vr)	pudenema	[pudenema]
desaparecer (vi)	ära kaduma	[æra kaduma]
desatar (vt)	lahti laskma	[lahti laskma]
desatracar (vi)	kaldast eemalduma	[kalʲdasʲt e:malʲduma]

descansar (um pouco)	puhkama	[puhkama]
descer (para baixo)	laskuma	[laskuma]
descobrir (novas terras)	avastama	[aʋasʲtama]
descolar (avião)	õhku tõusma	[ɜhku tɜusma]

desculpar (vt)	vabandama	[ʋabandama]
desculpar-se (vr)	vabandama	[ʋabandama]
desejar (vt)	soovima	[so:ʋima]
desempenhar (vt)	mängima	[mængima]

| desligar (vt) | välja lülitama | [ʋælja lʉlitama] |
| desprezar (vt) | põlgama | [pɜlʲgama] |

destruir (documentos, etc.)	hävitama	[hæʋitama]
dever (vi)	pidama	[pidama]
devolver (vt)	tagasi saatma	[tagasi sa:tma]

direcionar (vt)	suunama	[su:nama]
dirigir (~ uma empresa)	juhtima	[juhtima]
dirigir-se	pöörduma	[pø:rduma]
(a um auditório, etc.)		
discutir (notícias, etc.)	arutama	[arutama]

distribuir (folhetos, etc.)	levitama	[leʋitama]
distribuir (vt)	laiali jagama	[laiali jagama]
divertir (vt)	lõbustama	[lɜbusⁱtama]
divertir-se (vr)	lõbutsema	[lɜbutsema]

dividir (mat.)	jagama	[jagama]
dizer (vt)	ütlema	[ɯtlema]
dobrar (vt)	kahekordistama	[kahekordisⁱtama]
duvidar (vt)	kahtlema	[kahtlema]

254. Verbos E-J

elaborar (uma lista)	koostama	[ko:sⁱtama]
elevar-se acima de …	esile kerkima	[esile kerkima]
eliminar (um obstáculo)	kõrvaldama	[kɜrʋalⁱdama]
embrulhar (com papel)	sisse pakkima	[sisse pakkima]

emergir (submarino)	pinnale tõusma	[pinnale tɜusma]
emitir (vt)	levitama	[leʋitama]
empreender (vt)	ette võtma	[ette ʋɜtma]
empurrar (vt)	tõukama	[tɜukama]

encabeçar (vt)	etteotsa asuma	[etteotsa asuma]
encher (~ a garrafa, etc.)	täitma	[tæjtma]
encontrar (achar)	leidma	[lejdma]
enganar (vt)	petma	[petma]

ensinar (vt)	koolitama	[ko:litama]
entrar (na sala, etc.)	sisse tulema	[sisse tulema]
enviar (uma carta)	saatma	[sa:tma]
equipar (vt)	seadmetega varustama	[seadmetega ʋarusⁱtama]

errar (vi)	eksima	[eksima]
escolher (vt)	valima	[ʋalima]
esconder (vt)	peitma	[pejtma]
escrever (vt)	kirjutama	[kirjutama]

escutar (vt)	kuulama	[ku:lama]
escutar atrás da porta	pealt kuulama	[pealⁱt ku:lama]
esmagar (um inseto, etc.)	puruks litsuma	[puruks litsuma]
esperar (contar com)	ootama	[o:tama]

| esperar (o autocarro, etc.) | ootama | [o:tama] |
| esperar (ter esperança) | lootma | [lo:tma] |

espreitar (vi)	piiluma	[pi:luma]
esquecer (vt)	unustama	[unusˈtama]
estar	lamama	[lamama]

estar convencido	veenduma	[ʋe:nduma]
estar deitado	lesima	[lesima]
estar perplexo	nõutu olema	[nɜutu olema]

estar sentado	istuma	[isˈtuma]
estremecer (vi)	võpatama	[ʋɜpatama]
estudar (vt)	uurima	[u:rima]
evitar (vt)	vältima	[ʋælˈtima]

examinar (vt)	läbi vaatama	[lˈæbi ʋa:tama]
exigir (vt)	nõudma	[nɜudma]
existir (vi)	olemas olema	[olemas olema]
explicar (vt)	seletama	[seletama]

expressar (vt)	väljendama	[ʋæljendama]
expulsar (vt)	välja heitma	[ʋælja hejtma]
facilitar (vt)	kergendama	[kergendama]
falar com ...	rääkima, vestlema ...	[ræ:kima], [ʋesˈtlema ...]

faltar a ...	puuduma	[pu:duma]
fascinar (vt)	võluma	[ʋɜluma]
fatigar (vt)	väsitama	[ʋæsitama]
fazer (vt)	tegema	[tegema]

fazer lembrar	meelde tuletama	[me:lˈde tuletama]
fazer piadas	nalja tegema	[nalja tegema]
fazer uma tentativa	püüdma	[pʉ:dma]
fechar (vt)	kinni panema	[kinni panema]
felicitar (dar os parabéns)	õnnitlema	[ɜnnitlema]

ficar cansado	väsima	[ʋæsima]
ficar em silêncio	vaikima	[ʋaikima]
ficar pensativo	mõttesse jääma	[mɜttesse jæ:ma]
forçar (vt)	sundima	[sundima]
formar (vt)	haridust andma	[haridusˈt andma]

fotografar (vt)	pildistama	[pilˈdisˈtama]
gabar-se (vr)	kiitlema	[ki:tlema]
garantir (vt)	tagama	[tagama]
gostar (apreciar)	meeldima	[me:lˈdima]

gostar (vt)	armastama	[armasˈtama]
gritar (vi)	karjuma	[karjuma]
guardar (cartas, etc.)	alles hoidma	[alˈes hojdma]
guardar (no armário, etc.)	ära koristama	[æra korisˈtama]
guerrear (vt)	sõdima	[sɜdima]

herdar (vt)	pärima	[pærima]
iluminar (vt)	valgustama	[ʋalˈgusˈtama]
imaginar (vt)	endale ette kujutama	[endale ette kujutama]
imitar (vt)	imiteerima	[imite:rima]
implorar (vt)	anuma	[anuma]

importar (vt)	sisse vedama	[sisse ʋedama]
indicar (orientar)	näitama	[næjtama]
indignar-se (vr)	pahane olema	[pahane olema]
infetar, contagiar (vt)	nakatama	[nakatama]
influenciar (vt)	mõjuma	[mɜjuma]
informar (fazer saber)	teatama	[teatama]
informar (vt)	teavitama	[teaʋitama]
informar-se (~ sobre)	teada saama	[teada sa:ma]
inscrever (na lista)	sisse kirjutama	[sisse kirjutama]
inserir (vt)	vahele panema	[ʋahele panema]
insinuar (vt)	vihjama	[ʋihjama]
insistir (vi)	nõudma	[nɜudma]
inspirar (vt)	innustama	[innusʲtama]
instruir (vt)	instrueerima	[insʲtrue:rima]
insultar (vt)	solvama	[solʲʋama]
interessar (vt)	huvitama	[huʋitama]
interessar-se (vr)	huvi tundma	[huʋi tundma]
intervir (vi)	vahele segama	[ʋahele segama]
invejar (vt)	kadestama	[kadesʲtama]
inventar (vt)	leiutama	[lejutama]
ir (a pé)	minema	[minema]
ir (de carro, etc.)	sõitma	[sɜitma]
ir nadar	suplema	[suplema]
ir para a cama	magama heitma	[magama hejtma]
irritar (vt)	ärritama	[ærritama]
irritar-se (vr)	ärrituma	[ærrituma]
isolar (vt)	isoleerima	[isole:rima]
jantar (vi)	õhtust sööma	[ɜhtusʲt sø:ma]
jogar, atirar (vt)	viskama	[ʋiskama]
juntar, unir (vt)	ühendama	[ʉhendama]
juntar-se a ...	ühinema	[ʉhinema]

255. Verbos L-P

lançar (novo projeto)	käiku laskma	[kæjku laskma]
lavar (vt)	pesema	[pesema]
lavar a roupa	pesu pesema	[pesu pesema]
lavar-se (vr)	pesema	[pesema]
lembrar (vt)	mäletama	[mæletama]
ler (vt)	lugema	[lugema]
levantar-se (vr)	üles tõusma	[ʉles tɜusma]
levar (ex. leva isso daqui)	ära viima	[æra ʋi:ma]
libertar (cidade, etc.)	vabastama	[ʋabasʲtama]
ligar (o radio, etc.)	sisse lülitama	[sisse lʉlitama]
limitar (vt)	piirama	[pi:rama]

limpar (eliminar sujeira)	puhastama	[puhasᵢtama]
limpar (vt)	puhastama	[puhasᵢtama]

lisonjear (vt)	pugema	[pugema]
livrar-se de ...	vabanema	[ʋabanema]
lutar (combater)	võitlema	[ʋɔitlema]
lutar (desp.)	võistlema	[ʋɔisᵢtlema]
marcar (com lápis, etc.)	ära märkima	[æra mærkima]

matar (vt)	tapma	[tapma]
memorizar (vt)	meelde jätma	[me:lᵢde jætma]
mencionar (vt)	meelde tuletama	[me:lᵢde tuletama]
mentir (vi)	valetama	[ʋaletama]

merecer (vt)	väärt olema	[ʋæ:rt olema]
mergulhar (vi)	sukelduma	[sukelᵢduma]
misturar (combinar)	vahele segama	[ʋahele segama]
morar (vt)	elama	[elama]

mostrar (vt)	näitama	[næjtama]
mover (arredar)	ümber paigutama	[ʉmber paigutama]
mudar (modificar)	muutma	[mu:tma]
multiplicar (vt)	korrutama	[korrutama]

nadar (vi)	ujuma	[ujuma]
negar (vt)	eitama	[ejtama]
negociar (vi)	läbirääkimisi pidama	[lᵢæbiræ:kimisi pidama]
nomear (função)	määrama	[mæ:rama]

obedecer (vt)	alluma	[alᵢuma]
objetar (vt)	vastu vaidlema	[ʋasᵢtu ʋaitlema]
observar (vt)	jälgima	[jælᵢgima]
ofender (vt)	solvama	[solᵢʋama]

olhar (vt)	vaatama	[ʋa:tama]
omitir (vt)	vahele jätma	[ʋahele jætma]
ordenar (mil.)	käskima	[kæskima]
organizar (evento, etc.)	korraldama	[korralᵢdama]

ousar (vt)	julgema	[julᵢgema]
ouvir (vt)	kuulma	[ku:lᵢma]
pagar (vt)	maksma	[maksma]
parar (para descansar)	peatuma	[peatuma]
parecer-se (vr)	sarnanema	[sarnanema]

participar (vi)	osa võtma	[osa ʋɔtma]
partir (~ para o estrangeiro)	ära sõitma	[æra sɔitma]
passar (vt)	mööda sõitma	[mø:da sɔitma]
passar a ferro	triikima	[tri:kima]

pecar (vi)	pattu tegema	[pattu tegema]
pedir (comida)	tellima	[telᵢima]
pedir (um favor, etc.)	paluma	[paluma]
pegar (tomar com a mão)	püüdma	[pʉ:dma]
pegar (tomar)	võtma	[ʋɔtma]
pendurar (cortinas, etc.)	riputama	[riputama]

penetrar (vt)	sisse tungima	[sisse tungima]
pensar (vt)	mõtlema	[mɜtlema]
pentear-se (vr)	kammima	[kammima]

perceber (ver)	märkama	[mærkama]
perder (o guarda-chuva, etc.)	kaotama	[kaotama]
perdoar (vt)	andeks andma	[andeks andma]
permitir (vt)	lubama	[lubama]

pertencer a ...	kuuluma	[ku:luma]
perturbar (vt)	segama	[segama]
pesar (ter o peso)	kaaluma	[ka:luma]
pescar (vt)	kala püüdma	[kala pʉ:dma]

planear (vt)	planeerima	[plane:rima]
poder (vi)	võima	[vɜima]
pôr (posicionar)	paigutama	[paigutama]
possuir (vt)	valdama	[valʲdama]

predominar (vi, vt)	ülekaalus olema	[ʉleka:lus olema]
preferir (vt)	eelistama	[e:lisʲtama]
preocupar (vt)	muret tegema	[muret tegema]
preocupar-se (vr)	muretsema	[muretsema]
preocupar-se (vr)	muretsema	[muretsema]

preparar (vt)	ette valmistama	[ette valʲmisʲtama]
preservar (ex. ~ a paz)	säilitama	[sæjlitama]
prever (vt)	ette nägema	[ette nægema]
privar (vt)	ilma jätma	[ilʲma jætma]

proibir (vt)	keelama	[ke:lama]
projetar, criar (vt)	projekteerima	[projekte:rima]
prometer (vt)	lubama	[lubama]
pronunciar (vt)	hääldama	[hæ:lʲdama]

propor (vt)	pakkuma	[pakkuma]
proteger (a natureza)	valvama	[valʲvama]
protestar (vi)	protesteerima	[protesʲte:rima]
provar (~ a teoria, etc.)	tõestama	[tɜesʲtama]

provocar (vt)	provotseerima	[provotse:rima]
publicitar (vt)	reklaamima	[rekla:mima]
punir, castigar (vt)	karistama	[karisʲtama]
puxar (vt)	tõmbama	[tɜmbama]

256. Verbos Q-Z

quebrar (vt)	murdma	[murdma]
queimar (vt)	ära põletama	[æra pɜletama]
queixar-se (vr)	kaebama	[kaebama]
querer (desejar)	tahtma	[tahtma]

rachar-se (vr)	pragunema	[pragunema]
realizar (vt)	teostama	[teosʲtama]

| recomendar (vt) | soovitama | [so:ʋitama] |
| reconhecer (identificar) | ära tundma | [æra tundma] |

reconhecer (o erro)	tunnistama	[tunnisʲtama]
recordar, lembrar (vt)	meenutama	[me:nutama]
recuperar-se (vr)	terveks saama	[terʋeks sa:ma]
recusar (vt)	ära ütlema	[æra ʉtlema]

reduzir (vt)	vähendama	[ʋæhendama]
refazer (vt)	ümber tegema	[ʉmber tegema]
reforçar (vt)	kindlustama	[kintlusʲtama]
refrear (vt)	tagasi hoidma	[tagasi hojdma]

regar (plantas)	kastma	[kasʲtma]
remover (~ uma mancha)	eemaldama	[e:malʲdama]
reparar (vt)	parandama	[parandama]
repetir (dizer outra vez)	kordama	[kordama]

reportar (vt)	ette kandma	[ette kandma]
repreender (vt)	sõimama	[sɜimama]
reservar (~ um quarto)	broneerima	[brone:rima]
resolver (o conflito)	korda ajama	[korda ajama]
resolver (um problema)	lahendama	[lahendama]

respirar (vi)	hingama	[hingama]
responder (vt)	vastama	[ʋasʲtama]
rezar, orar (vi)	palvetama	[palʲʋetama]
rir (vi)	naerma	[naerma]

romper-se (corda, etc.)	katki minema	[katki minema]
roubar (vt)	varastama	[ʋarasʲtama]
saber (vt)	teadma	[teadma]
sair (~ de casa)	välja minema	[ʋælja minema]

sair (livro)	ilmuma	[ilʲmuma]
salvar (vt)	päästma	[pæ:sʲtma]
satisfazer (vt)	rahuldama	[rahulʲdama]
saudar (vt)	tervitama	[terʋitama]
secar (vt)	kuivatama	[kuiʋatama]

seguir ...	järgnema ...	[jærgnema ...]
selecionar (vt)	välja valima	[ʋælja ʋalima]
semear (vt)	külvama	[kʉlʲʋama]
sentar-se (vr)	istuma	[isʲtuma]

sentenciar (vt)	süüdi mõistma	[sʉ:di mɜisʲtma]
sentir (~ perigo)	tundma	[tundma]
ser diferente	silma paistma	[silʲma paisʲtma]

ser indispensável	vajalik olema	[ʋajalik olema]
ser necessário	tarvis olema	[tarʋis olema]
ser preservado	säilima	[sæjlima]
ser, estar	olema	[olema]

| servir (restaurant, etc.) | teenindama | [te:nindama] |
| servir (roupa) | paras olema | [paras olema] |

significar (palavra, etc.)	tähendama	[tæhendama]
significar (vt)	tähendama	[tæhendama]
simplificar (vt)	lihtsustama	[lihtsusʲtama]

sobrestimar (vt)	ümber hindama	[umber hindama]
sofrer (vt)	kannatama	[kannatama]
sonhar (vi)	und nägema	[unt nægema]
sonhar (vt)	unistama	[unisʲtama]
soprar (vi)	puhuma	[puhuma]

sorrir (vi)	naeratama	[naeratama]
subestimar (vt)	alahindama	[alahindama]
sublinhar (vt)	alla kriipsutama	[alʲæ kri:psutama]
sujar-se (vr)	ära määrima	[æra mæ:rima]

supor (vt)	eeldama	[e:lʲdama]
suportar (as dores)	välja kannatama	[uælja kannatama]
surpreender (vt)	üllatama	[ulʲætama]
surpreender-se (vr)	imestama	[imesʲtama]
suspeitar (vt)	kahtlustama	[kahtlusʲtama]

suspirar (vi)	ohkama	[ohkama]
tentar (vt)	püüdma	[pu:dma]
ter (vt)	omama	[omama]
ter medo	kartma	[kartma]

terminar (vt)	lõpetama	[lɜpetama]
tirar (vt)	maha võtma	[maha uɜtma]
tirar cópias	paljundama	[paljundama]
tirar uma conclusão	kokkuvõtet tegema	[kokkuuɜtet tegema]

tocar (com as mãos)	puutuma	[pu:tuma]
tomar emprestado	laenama	[laenama]
tomar nota	üles kirjutama	[ules kirjutama]
tomar o pequeno-almoço	hommikust sööma	[hommikusʲt sø:ma]

tornar-se (ex. ~ conhecido)	saama	[sa:ma]
trabalhar (vi)	töötama	[tø:tama]
traduzir (vt)	tõlkima	[tɜlʲkima]
transformar (vt)	transformeerima	[transforme:rima]

tratar (a doença)	ravima	[rauima]
trazer (vt)	kohale vedama	[kohale uedama]
treinar (pessoa)	treenima	[tre:nima]
treinar-se (vr)	treenima	[tre:nima]
tremer (de frio)	värisema	[uærisema]

trocar (vt)	vahetama	[uahetama]
trocar, mudar (vt)	vahetama	[uahetama]
usar (uma palavra, etc.)	tarvitama	[taruitama]
utilizar (vt)	kasutama	[kasutama]
vacinar (vt)	vaktsineerima	[uaktsine:rima]

vender (vt)	müüma	[mu:ma]
verter (encher)	valama	[ualama]
vingar (vt)	kätte maksma	[kætte maksma]

| virar (ex. ~ à direita) | pöörama | [pø:rama] |
| virar (pedra, etc.) | ümber pöörama | [umber pø:rama] |

virar as costas	nägu ära pöörama	[nægu æra pø:rama]
viver (vi)	elama	[elama]
voar (vi)	lendama	[lendama]
voltar (vi)	tagasi tulema	[tagasi tulema]

votar (vi)	hääletama	[hæ:letama]
zangar (vt)	ärritama	[ærritama]
zangar-se com ...	vihastama	[uihasʲtama]
zombar (vt)	pilkama	[pilʲkama]

www.ingramcontent.com/pod-product-compliance
Lightning Source LLC
Chambersburg PA
CBHW071327090426
42738CB00012B/2819

* 9 7 8 1 7 8 4 0 0 8 7 2 7 *